U0449977

政治发展比较研究丛书·专题系列

中国社会科学院创新工程学术出版基金

DONGYA MINZHU SHENGCHENG DE LISHI LUOJI

东亚民主生成的历史逻辑

周少来 著

中国社会科学出版社

图书在版编目（CIP）数据

东亚民主生成的历史逻辑／周少来著.—北京：中国社会科学出版社，2013.7

ISBN 978 – 7 – 5161 – 2821 – 3

Ⅰ.①东… Ⅱ.①周… Ⅲ.①民主—政治制度史—研究—东亚 Ⅳ.①D731.9

中国版本图书馆 CIP 数据核字（2013）第 125977 号

出 版 人	赵剑英
责任编辑	喻　苗
责任校对	王雪梅
责任印制	王炳图

出　　版	中国社会科学出版社
社　　址	北京鼓楼西大街甲 158 号（邮编 100720）
网　　址	http://www.csspw.cn
	中文域名：中国社科网　010 – 64070619
发 行 部	010 – 84083685
门 市 部	010 – 84029450
经　　销	新华书店及其他书店
印　　刷	北京君升印刷有限公司
装　　订	廊坊市广阳区广增装订厂
版　　次	2013 年 7 月第 1 版
印　　次	2013 年 7 月第 1 次印刷
开　　本	710×1000　1/16
印　　张	15
插　　页	2
字　　数	253 千字
定　　价	45.00 元

凡购买中国社会科学出版社图书，如有质量问题请与本社联系调换
电话：010 – 64009791
版权所有　侵权必究

目　录

第一章　导论：现代化进程中的民主演进 …………………………（1）
　　一　问题的缘起和研究视角 …………………………………（1）
　　二　研究对象的确定 …………………………………………（3）
　　三　分阶段、分类型比较 ……………………………………（5）
　　四　政党中轴分析 ……………………………………………（6）
　　五　拟揭示的理论性问题 ……………………………………（9）

第二章　被迫上路的现代化 ……………………………………（11）
　　一　半边缘化和边缘化 ………………………………………（11）
　　　（一）国家形态完整下的半边缘化 …………………………（12）
　　　（二）国家衰败化和殖民化 …………………………………（15）
　　　（三）国家形态不完整下的殖民化 …………………………（16）
　　二　殖民危机下的国家形态建构 ……………………………（24）
　　　（一）国家形态下的维新变法 ………………………………（25）
　　　（二）殖民全权主义的掠夺体制 ……………………………（31）
　　　（三）殖民统治下的民族抗争 ………………………………（34）

第三章　多党冲突的民主初试时期 ……………………………（45）
　　一　君主立宪制下的多党冲突 ………………………………（45）
　　二　民族国家分裂下的多党冲突 ……………………………（56）
　　三　民族国家建构中的多党冲突 ……………………………（62）

第四章　一党优位的威权发展时期 ……………………………（75）
　　一　君主立宪制下的一党优位发展体制 ……………………（75）

二　军政主导下的威权发展体制 …………………………………（86）
　　三　一党主导下的威权发展体制 …………………………………（100）

第五章　多党轮替的民主转型时期 …………………………………（112）
　　一　君主立宪下的多党轮替 ………………………………………（113）
　　二　威权移转中的多党轮替 ………………………………………（123）
　　三　威权崩溃后的多党轮替 ………………………………………（129）

第六章　民主生成的历史逻辑
　　　　　——一个理论性阐释 …………………………………………（141）
　　一　东亚民主是"后发型民主"，有着自身独特的生成
　　　　条件和路径特征 ………………………………………………（141）
　　二　东亚民主有着多样化的生成路径和制度模式，但具有
　　　　共同的基本民主原则和制度要素 ……………………………（144）
　　三　东亚政治现代化内在地要求民主化，但民主并不是
　　　　政治发展的唯一价值目标 ……………………………………（148）
　　四　东亚现代化历史逻辑要求发展逻辑与民主逻辑、手段
　　　　性民主和价值性民主协调共进 ………………………………（150）
　　五　民主的生成需要一定的社会基础性条件，但更需要
　　　　政治主体的主动努力建构 ……………………………………（152）
　　六　执政党与反对党的战略互动和理性选择，对民主转型的
　　　　时机和路径有着决定性的影响 ………………………………（154）
　　七　民主转型后，民主体系的运转和巩固依赖于政党及其
　　　　制度的稳定和健全 ……………………………………………（157）
　　八　从民主转型到民主巩固和民主社会的成熟，东亚还有
　　　　一段漫长的路要走 ……………………………………………（159）
　　九　东亚各国民主生成的路径特征、制度体系和成熟程度
　　　　都互有差异，并不存在统一模式的"东亚民主" ……………（163）
　　十　东亚各国民主的未来取决于人民的选择 …………………（165）

附录一　台湾政治发展的历史逻辑 …………………………………（166）

附录二 民主化转型的结构性分析架构
　　　　——以东亚民主化转型为知识背景 ……………………（184）

附录三 影响当代中国政治发展的民主思路 …………………（191）

主要参考文献 …………………………………………………（218）

后记 民主生成难亦易！ ………………………………………（229）

第一章

导论：现代化进程中的民主演进

当世界历史的文明之船驶入近代，在工业化和现代化大潮掀起的狂涛巨浪中，处于封闭自足状态中的东亚各国及地区纷纷被强制性或不自觉地裹挟其中，一路艰难前行。经历了从半殖民化或殖民化，到现代化、民主化的血泪历程之后，东亚各国及地区的经济现代化取得了令人瞩目的巨大成就，其经济发展的过程、特征及其共性模式也得到了充分研究和比较。

而作为现代化内容组成和目标之一的政治现代化，及其对政治现代化过程与特征的研究，则呈现出更为复杂多样、观点纷呈的情景，个中缘由既与各国的政治历史传统、殖民化程度、经济社会发育水平和政党成熟状况等客观性因素紧密相关，也与研究者的价值立场、知识视角及其对政治现代化、民主化的认同和理解等主观性因素紧密勾连。这便造成了对东亚民主发展进程和民主化状况研究中立场多样、观点纷呈和判断各异，由此也影响着东亚民主进程理论研究上的深化和发展政策上的建议。

如何解读和比较东亚的民主演进？解读和比较的分析架构如何确立？各国（地区）有可供比较的相似性或共同性因素吗？从中能够分析和比较出通则性、规律性的认识吗？从东亚民主进程的研究中提升出的理论性问题有哪些？能够阐明东亚民主生成的历史逻辑吗？以上的研究视角和问题意识，便是本书提出的基本背景和解析思路。

一 问题的缘起和研究视角

民主理念包含哪些原则要素和制度构件？各种类型的民主是通过怎样的制度机制实现的？这些问题一直是笔者长期关注和思考的研究主题，但限于主客观研究条件的约束，只能侧重于学理性思辨和架构性制度安排，而少有对各国或地区各种类型民主发展历程的实证性考察和思考。

一个偶然的学术机遇，使自己陷入了一个长久的学术迷思之中。2008年底，笔者有幸参加了房宁先生主持的"东亚政治发展研究"课题组。由此进入了深入认识和研究东亚民主实际演进历程的学术氛围之中，原先有关民主和民主化的抽象性理论原则和认识，也在有关东亚民主研究的资料研读和实地调研中逐渐形象和具体起来。

"东亚政治发展研究"课题的研究对象是日本、韩国、泰国、新加坡和印度尼西亚以及中国的台湾地区，这"五国一区"包括了东亚地区现代化和民主化发展的典型模式和基本样态。经过现有文献研究和国别专题报告、实地调查研究和历史当事人访谈、各国（地区）分报告撰写和总报告研讨三个阶段，历时两年多，课题组在实证和比较研究的基础上，对"五国一区"的政治发展进程和规律取得了一些突破性认识。

如"五国一区"政治发展的阶段性：从第二次世界大战后自由民主体制下的追求自由年代，到威权体制下的实现工业化年代，再到多元体制下的竞争性民主年代。又如对自由民主体制向威权体制转变的原因，威权体制存在和发展的条件，威权体制向多元体制转变的动力和条件，东亚政治发展紧紧围绕东亚各国民族发展和现代化的主题等，都提出了新的认识和解读，丰富了人们对东亚各国（地区）现代化和民主化进程的历史解读和理论剖析。

课题组在深入研究的基础上，特别是对东亚政治发展和民主进程有了更深一步的理论性阐释，在政治体系结构问题上，课题组认为，宪政体制、权力结构和利益结构的互动调适，决定着一个国家政治体系的实质性质和过程特征，也决定着各国（区）民主进程的过程、结构和特征。在政治发展规律问题上，课题组认为，权力结构变化体现为权力分散与权力集中的机制性循环规律，这是适应不同国家（地区）不同发展阶段的发展主题和历史条件的应对性要求。而各国（地区）政治发展和民主进程的路径和特征，则是各国（地区）历史起点、外部影响、经济社会条件、政体规模和国民性文化等综合性作用的结果。[①]

[①] 对于"东亚政治发展研究"课题组的整个过程及取得的结论性认识，课题组有系统性的总结和归纳，详情参见房宁等《自由、威权、多元——东亚政治发展研究报告》，社会科学文献出版社2011年版，"绪论"和"结语"。

经过两年多的案头研究、实地调研和研讨撰写的艰苦过程，笔者逐渐熟悉了东亚各国（地区）的现代化进程和民主发展的文献资料和研究现状，特别是对韩国、印度尼西亚、新加坡、菲律宾和中国台湾地区等的实地考察和调研，使自己的一些理论性想法和研究思路更加明晰。

东亚各国及中国台湾地区的现代化启动，是在什么样的历史条件下开启的？各国（地区）对直接面临的西方列强半殖民化和殖民化威胁，做出了怎样的应对和变革？在与殖民当局的抗争中民族国家的政治建构是如何产生的？推动各国不同历史阶段变迁和政治发展的主体及动力是什么？各国（地区）的政治发展和民主演进是否能够适用统一的路径分析架构来解读？本书的研究是在"东亚政治发展研究"大课题已经取得的认识基础上，进一步细化政治发展和民主化的动力机制分析，特别突出和解剖了各国（地区）政党互动的中介性动力机制，并以此作为解析和研究东亚民主进程的机制核心。在深入分析和解读了东亚各国（地区）近代以来以现代化为核心的政治发展历程后，对东亚民主生成的历史逻辑进行了尝试性理论阐释，以期对东亚民主的生成和演进有一个体系性的架构理解。

二 研究对象的确定

研究对象的确定，隐含着作者自觉或不自觉的价值性预设和前提，这是无法避免的，也是研究的起点和基础。

"东亚政治发展研究"大课题的研究对象，确定为日本、韩国、泰国、新加坡、印度尼西亚以及中国台湾地区。选取这"五国一区"，主要是参照于中国政治发展的问题意识和"五国一区"相似的经济现代化阶段和政治发展进程。特别是其中相似的工业化和现代化这一发展核心主题，以及由现代化发展所促发和要求的政治发展和民主转型。本书的研究则在以上"五国一区"以外再加上马来西亚和菲律宾。研究范围上稍微有所扩大，是为了使问题范围和比较的基础更为广阔。

在东亚，包括从东北亚到东南亚的广阔地域中，有众多的国家和地区，这是一个复杂而多样化的地区，其中经济和社会发展程度参差不齐、民族关系错综复杂、宗教信念多种多样、意识形态也有明显分歧。① 为什么我们选择了以上的"七国一区"作为研究对象？"七国一区"中有哪些相似性和共同性因素可以作为研究和比较的基础？这主要基于以下考虑：

第一，相似的半殖民化或殖民化危机和挑战所激起的现代化起航，相似的遭遇促发成相似的命运。相似的遭遇引发的策略不同的应对和制度变革，决定了现代化启动之后不同的发展路径和发展结果，反映了不同国家（地区）的不同传统政治制度及其应变能力。

第二，现代民族国家独立之后，"七国一区"有着相似的政治制度三大发展阶段，即竞争性体制、非竞争性体制、再到竞争性体制。虽然各国（地区）的政治发展进程和民主成熟程度互有差异，从稳定民主政体的日本，到新兴民主政体的韩国、泰国、印度尼西亚、菲律宾、中国台湾地区，再到半民主政体的马来西亚、新加坡，各国（地区）在政治制度的竞争性和民主性程度上有所差别，但三大阶段政治制度发展路径的相似和差异，同样反映了各国（地区）不同的经济社会发展状况和政治力量博弈对比情况。

第三，对应于三大阶段政治制度发展路径，各国有着相似的政党及政党制度的发展路径，同样存在竞争性政党制度、非竞争性政党制度、再到竞争性政党制度三个相似而互有差异的阶段。政党力量的博弈及其互动规则和制度，构成了政治发展和民主进程的动力机制和核心特征，对政党及其制度的分析可以看出各国（地区）政治运作的组织化和稳定化程度以及政党在组织体系、资源集聚和民众动员等方面的相似或差异。

第四，"七国一区"从其半殖民化或殖民化，到现代化、民主化的整个过程中，都实行资本主义的基本政治和经济制度，这是进行比较分析的大背景中的基础性制度相似点，这也决定了"七国一区"在不同历史时期与西方大国的亲资本主义关系和与社会主义国家的疏远或敌对关系。所以"七国一区"的现代化和民主化，在不同时期和不同的程度上，都受到国际上西方列强直接或间接的制度性影响。

以上的考虑基点，说明我们的研究是以"政党及其制度变迁"为分析核心的比较研究，而不是以文化或宗教因素为基点来选择研究对象的，

---

① 李路曲：《东亚模式与价值重构——比较政治分析》，人民出版社2002年版，第1—7页。

同时，资本主义的基本制度架构，也排除了把中国、越南等社会主义国家作为研究对象。还有，研究对象中的相似性和差异性同样可以反映出问题，相似性中可能因为有共同的原因，差异性中可能反映出共同原因的存在与否及程度大小，差异性与相似性是互为映照和对比的。所以，差异性也应该受到同样的关注，它同样能够反映出政治制度变迁和政党力量博弈的不同样态。

三　分阶段、分类型比较

东亚民主的演变，是隐含在东亚现代化历史进程的逻辑之中的，是在东亚从半殖民化、殖民化到现代化、民主化的大的历史进程中生发和生成的。要深刻理解东亚民主的演进及其逻辑，就必须深刻理解东亚从近代到现代的现代化演进及其逻辑。

本书的"七国一区"民主演进研究，时间跨度从16世纪初的殖民化时代，到21世纪初的民主化时代，横跨400多年的东亚变迁历史。其中涉及从政治传统、民族构成、宗教文化、国家规模到经济、社会发育程度各不相同的多样国家形态。"大历史、长跨度"对于比较研究造成了诸多知识理解上的客观限制，所以，"分阶段、分类型"比较便是接近研究对象实质和揭明问题的必要方法。只有在较短历史阶段中的相似国家形态时期，制度变迁和政党博弈的相似和差异状况分析，才能使民主演进中的问题及其原因的比较更加凸显。具体的分析架构如下：

分阶段的历史架构：把"七国一区"从近代到现代的大历史进程，依据殖民化、现代化到民主化的大历史脉络，从政党及其制度的竞争性体制、非竞争性体制、再到竞争性体制的制度变迁中轴视角，具体划分为四个历史阶段：被迫上路的现代化——多党冲突的民主初试时期——一党优位的威权发展时期——多党轮替的民主转型时期。不同的历史时期各国面临着不同的发展境遇、制度结构和政党力量对比，因而形成不同时期的国家制度形态和民主演进状况。

分类型的比较分析：在不同的历史阶段中，又根据制度变迁路径和政党结构状况，再把不同的国家分为不同的类型，同一类型之中的国家具有更多的相似性，从而更为鲜明地突出类型特征和不同类型之间的差异。如在"被迫上路的现代化"的时期,再分为两个子阶段:一是半边缘化和边缘化阶段,其中有国家形态完整下的半边缘化、国家衰败化和殖民化、国家形态不完整下的殖民化;二是殖民危机下的国家形态建构,其中有国家形态下的维新变法、殖民全权主义的掠夺体制、殖民统治下的民族抗争。在"多党冲突的民主初试时期",再分为三种类型:君主立宪制下的多党冲突、民族国家分裂下的多党冲突、民族国家建构中的多党冲突。在"一党优位的威权发展时期",再分为三种类型:君主立宪制下的一党优位发展体制、军政主导下的威权发展体制、一党主导下的威权发展体制。在"多党轮替的民主转型时期",则再分为君主立宪下的多党轮替、威权移转中的多党轮替、威权崩溃后的多党轮替。

同时,分类型的比较分析并不是固定不变的,如马来西亚和新加坡,在"多党冲突的民主初试时期"是和印度尼西亚、菲律宾同一个类型,属于"民族国家建构中的多党冲突",而在"多党轮替的民主转型时期",印度尼西亚、菲律宾属于"威权崩溃后的多党轮替",而马来西亚和新加坡,则属于未发生明显主转型的"半民主体制"。分析类型的细分和调整,是为了更为明显地突出该阶段、该类型的特征,并与其他类型明显区别开来,是为了更深入地揭示路径特征和演变规律。

四 政党中轴分析

现代政治区别于传统的个人政治、寡头政治和小宗派政治,是公开合法的政党政治。政党是人类政治文明发展中的现代化产物,政党制度是现代政治运行的支柱性制度。政党作为现代政治运行的动力机制和组织化制度,是公民利益和公共意志的代表性组织,其体制性角色和职能体现在集中、整合、表达、引导和沟通等政治过程和作用中。[1]

从近代以来的世界现代化进程来看,在现代民主的建立和运行中,政党的作用更为关键和根本,其中执政党与反对党的互动博弈,更是现代民主政治过程中的基本场景和动力机制。因为,"现代民主是一种有组织、有规则地竞争国家权力的政治,而政党正是实现权力竞争的组织性和规则

---

[1] [意] G. 萨托利:《政党与政党体制》,王明进译,商务印书馆2006年版,第56—81页。

性的主要机制"①。所以,要研究一个国家的民主生成和演进的过程,离不开研究该国以"政党为中轴"的政治权力配置及其博弈过程。

在东亚民主的演进中,同样能看到政党与民主发展紧密相关的政党职能的"中轴原理":执政党与反对党的互动博弈,反映了各自所能动员的组织力量、物资资源和民众力量的大小强弱,也体现和标志着政党制度稳定性和民主发展的程度,政党因此成为组织整合和资源凝聚的"组织化中轴"。所以,我们的研究在"分阶段、分类型"历史分析架构下,在每一个阶段和历史类型中,以每一个国家政治发展中的政党互动和博弈为中轴展开,论述经济发展、社会结构、阶层分化、利益集团和公民社会时,也是以其能否对政党博弈施加影响为主线。以此来关注和突出东亚民主生成的政党动力和制度性标志。这种"政党中轴分析"的视角和方法主要体现在以下几点:

第一,大的历史分阶段特征,是以政党及其制度的状况为分段标志的。依据竞争性政党体制、非竞争性政党体制再到竞争性体制的基本"政党中轴"架构,在半殖民化和殖民化时期,关注现代性国家因素的引进和民族性政党的萌芽和生成,民族性政党的组织发展和壮大,领导和整合了民族国家独立和统一的力量。在多党冲突的民主初试时期,关注西式民主制度和要素的引进,导致多党竞争和冲突的加剧,进而影响到经济和社会的稳定与发展,从而为威权体制的引入奠定了社会和民意基础。在一党优位的威权发展时期,关注经济和社会发展的压力,促成了从多党竞争性制度到一党优位威权型制度的发展,威权型政党和发展体制,促进了现代化的发展,也为民主化的转型积累了社会经济基础。在多党轮替的民主转型时期,则关注威权型体制的僵化和低效,长期压制和排斥公民政治参与的要求和行动,以及由此为反对党和民众运动提供的契机和动力,在执政党与反对党的互动博弈和协商谈判中,各国(地区)进入了不同路径和制度结果的民主转型时期。

第二,执政党与反对党的博弈,构成了各个时期组织资源、物资资源和民众力量集聚的"中轴主线"。殖民化、工业化和现代化,只是构成了东亚民主生成的大的历史场景和社会历史条件,真正在第一线推动政治演变和民主生成的能动性力量则是政党及其政治参与者。而作为政治参与者

---

① 李剑鸣主编:《世界历史上的民主与民主化》,上海三联书店2011年版,第40页。

的个人，在现代政治运作中，其利益和权力要求如果要得以组织化表达，也更多地甚至必须通过政党这一"组织化中介"。所以，经济发展、阶层分化和教育普及等发展性成果，都要通过与执政党和反对党的直接或间接的组织关联，通过"政党中介"这一组织渠道而对政治发展进程产生作用。执政党可以动员和集中各种组织和资源，特别是动用国家和政府的体制内组织和资源，用以巩固执政党的地位和压制反对党的活动。同样，反对党也可以动员和集中各种组织和资源，特别是民间经济资源和公民社会的力量，来反抗执政党的压制和推翻执政党的统治。执政党与反对党在各自的组织资源、物资资源和人力资源的支持下，形成了执政党——反对党互动博弈的制约和平衡机制。反对党的地位合法与否、力量大小，以及是否可以和平和合法地替换执政党，在东亚民主的演进中体现了民主生成发展的状况。

第三，政党及其制度的状况和稳定性，也反映和代表着政治发展和民主演进的状况和稳定性。"无政党国家即保守国家，反政党国家即反动国家。"① 政党状况构成政治发展文明程度的制度性标志，东亚国家政治发展从竞争性体制到非竞争性体制，再到竞争性体制，集中表现在政党制度上的从多党冲突到一党威权，再到多党轮替的政党演进主线。同时这一政党演进主线，也反映了历史阶段、经济发展和政治稳定等条件的不同，甚至反映了世界格局的紧张或和解。在东亚民主的历史生成中，各种民主因素或体制的引进、孕育、生长，甚至混乱、冲突、窒息，直到民主化的转型与民主成熟等，都和各国（地区）政党及其制度的生成、发育和成熟息息相关。东亚民主的未来也与各国（地区）多党竞争体系的稳定和制度化成熟状况密切相关。

当然，在现代化和民主化的历史演进中，执政党和反对党都不可能是"铁板一块"，其在不同的发展时期也隐含着不同的内部分歧和派系斗争。如执政党内的保守派和改革派、反对党阵营中的激进派和温和派，还有两者中的各种机会主义者，各个政党内部各自的权力博弈和派系争斗，都在影响着执政党和反对党的力量和作用。特别是在民主转型的动荡时期，在各种民众抗议运动的激励和刺激下，执政党和反对党各自内部的分

---

① ［美］塞缪尔·P. 亨廷顿：《变化社会中的政治秩序》，王冠华等译，三联书店1988年版，第376页。

裂、分化和重组，都对民主转型的时机和制度建构取向有着重大的决定性影响。但不管怎样，执政党与反对党各自内部的分歧和分化，也都是围绕着掌握"政党权力"这一"政党中轴"的政治力量博弈的主线展开的，这也就更加凸显了政党及其制度对政治发展和民主演进的直接决定性作用。

五 拟揭示的理论性问题

分阶段、分类型的比较和政党中轴分析，只是为了使民主演进的历史进程更具深度，同时使民主生成的逻辑更加凸显。但历史进程所要求的"发展逻辑"和政治进程所要求的"民主逻辑"始终处于阶段性的紧张和纠结之中。如何使"发展"促进的物质性力量和"民主"要求的价值性追求相互促进和相互增强，是本书拟揭示阐释的学理性目标。经过对东亚"七国一区"民主生成的历史逻辑的梳理和分析，我们能否对以下问题有更进一步的解读或揭示？

1. 东亚"七国一区"的"后发型民主"相对于西方的"原生型民主"有什么不同的发生条件、生成路径和过程特征？这是否决定了我们的研究从什么样的视角和切入点，梳理和研究东亚各国（地区）民主的发生和成长的过程？在西方列强殖民化威胁的严重压力和挑战下，东亚各国（地区）有自主选择自己现代化或民主化道路的权利和机遇吗？

2. 现代化或民主化有唯一的生成路径或"单一道路"吗？东亚国家（地区）能够移植或重复西方发达国家的现代化或民主化道路吗？有通用的民主标准和制度模式吗？但各国（地区）民主之所以能够、或有资格被称为"民主"，是否存在根本性或"最低底线要求"的民主原则和核心要素？

3. 现代化目标包括政治现代化内涵吗？政治现代化在面临巨大的经济社会发展重任的发展中国家，首先要解决的是什么问题？政治现代化必然意味着民主化吗？民主是政治发展的唯一价值目标吗？民主与秩序、效率等发展性目标存在什么样的紧张或协调关系？

4. 民主是在历史演进中生发和生成的，民主逻辑和发展逻辑必然处于冲突和紧张关系之中吗？民主逻辑必须服从于发展逻辑和更大的历史逻辑？如果民主逻辑服从于历史逻辑，民主价值还是目标性价值吗？民主岂不成了历史发展的手段？

5. 民主的生成和成熟必须具备一定的社会历史条件吗？民主是经济社会发展的自然结果，还是更具有主体建构性的人为建构？民主需要什么样的经济社会条件？民主必须以什么样的主体推动和自觉建构？

6. 能否从东亚"七国一区"民主化的转型中看出，执政党与反对党的战略互动和策略选择，对民主转型的时机和制度性路径有着决定性的影响？为什么政党及其互动博弈发挥了"中轴性中介"作用？社会组织、民间资源和公民个体，是如何通过与"政党中介"的关联而对民主化的生成发挥作用？

7. 民主的运作和成熟与政党及其制度的稳定性密切相关，在东亚民主的生成进程中，各国政党及其制度体系，具体发挥着什么样的功能和作用？"政党中轴"的作用机制与各国（地区）的政治发展和民主生成有着怎么样的紧密关联？

8. 民主转型之后，民主的巩固成熟和民主生活方式的形成，需要什么样的经济和社会条件呢？公民社会的生成和成长在民主的巩固成熟中有着什么样的功能？

9. 在东亚各国（地区）现代化的历史大潮中，东亚"七国一区"民主生成的时机、条件、路径、制度体系、成熟度都各不相同，学理上能够说存在统一模式的"东亚民主"吗？另外，是否存在"最低底线要求"的民主原则和制度要素呢？

10. 通过东亚"七国一区"的现代化进程和民主生成的历史性梳理、研究，从一个发展中大国的政治发展视角，我们能得出什么样的历史性启示和借鉴？在经济社会结构发生了深刻变革，当代中国日益开放和多元的条件下，中国未来的民主化进程该如何取得突破和深化呢？

......

以上只是作者初步的理论设问和探求目标，其实每一个人还可以按照自己的知识视角和价值取向提出更多、更深刻的设问和目标。再美好的设想，关键在落地实现，理论研究同样如此。心有所想，力有不逮，本书研究问题的广阔和深邃，非笔者一人所能完成，好在有众多国别政治发展史专家的成果积累和热情指导。在前辈和好友成果的基础上，笔者将奋力为之，至于结果，方家自与评说。

第二章

被迫上路的现代化

开端蕴涵着结局,起始影响着路径。东亚各国的现代化进程,是在西方列强殖民主义枪炮的威逼下,被动而无奈地开启的。封闭自给的农业文明自发进程被强制性中断,各国内部社会结构脆弱而分散,国家形态残缺而无效,被裹挟之下,现代化进程匆忙上路,在东亚各国便呈现出了各具过程特征和不同结局的多样形态。现代化之始,是我们分析东亚民主化历程的近代起点,可以从边缘化和半边缘化、政权结构和国家认同、社会结构和发展状态几个方面,对各国现代化之始的政治和社会状况加以分析。

一 半边缘化和边缘化

科学分类是科学描述的基础,而分类的前提是要有切合对象特征的分类标准。罗荣渠先生认为,19世纪西方资本主义势力的殖民扩展,使东亚各国被逐步地纳入了以西方为中心的世界体系,于是东亚各国屈辱而无奈地被卷入了世界巨变的大潮之中,开始了从传统农业社会向适应现代工业世界的新的社会经济体制缓慢转变的过程。他把这一转变过程分解为自身衰败化、边缘化和半边缘化、革命化、现代化四个过程。[①] 我们把这一标准加以扩展,加上"国家形态成熟程度"这一政治发展维度,可以把东亚国家在西方殖民主义扩展之时的政治和社会状况,大致分为三种类型。

---

① 罗荣渠、董正华编:《东亚现代化:新模式与新经验》,北京大学出版社1997年版,第5页。

(一) 国家形态完整下的半边缘化

这类东亚国家在近代西方殖民主义侵扰之前，没有经历国家内部明显的政治和社会的衰败化，并只受到外部列强的半边缘化威胁，传统的政治架构得以保全并继续发挥政治功能。在西方殖民威胁的压力挑战下，这些国家的早期现代化的启动和推进，是在相对完整的传统政治架构变革与维新中进行的。近代日本和泰国是典型。

1. 日本

日本进入 1600 年之时，德川家康赢得了日本历史上重要的关原之战，1603 年德川家康迫使日本皇室封其为征夷大将军，在江户设立幕府，从此，幕府将军实际上成为日本的最高统治者，日本进入了持续 260 余年的德川时代，而日本天皇只是国家和民族的政治象征。

从国家政治结构来说，幕藩体制是德川幕府建立之后的基本统治方式，幕府的直辖领地约占全国土地的四分之一，其余的大部分国土则被分割给 200 多个藩国的"大名"。幕府既处于对各藩的统辖地位，又允许各藩有相对的自治性。① 幕藩体制由此建立并运作起来。

在德川时代相对封闭而安定的政治社会环境下，日本社会虽然产生了许多重要的变革和进步，但这些变革却无助于幕藩体制顺利过渡到近代的民族国家体制。因此进入近代以后，幕藩体制遇到了许多挑战和难题：无所事事的武士发生身份认同危机，固有的制度及思想无法应对内外交迫的压力。② 面对政治社会日益紧张的氛围，国内抗争活动不断，此时又遭逢西方列强的不断侵扰：

1711 年，俄皇彼得一世派兵探测日本北方及本州沿岸，并同日本北海道虾夷族通商。1792 年，俄国派出使节拉克斯曼携国书到根室要求通商，为幕府所拒。1804 年，俄美公司经理雷扎诺夫到长崎要求通商，又遭拒绝。1806—1807 年，俄国海军便曾攻击日本人在北海道、库页岛及择捉岛上的殖民区。

1808 年，英国战舰"费顿"号进入长崎，要求攻击港内的荷兰人。

---

① 王振锁、徐万胜：《日本近现代政治史》，世界知识出版社 2010 年版，第 1 页。
② [美] 安德鲁·戈登：《日本的起起落落——从德川幕府到现代》，李朝津译，广西师范大学出版社 2008 年版，第 11 页。

1818年。英船开进江户附近的蒲贺，但幕府马上拒绝了其通商要求。

1837年，美国船只"莫利逊"号开进蒲贺要求通商，遭炮击后退走。1846年，美国使节比德尔率舰再来蒲贺要求建交，仍被拒绝。①

1853年6月3日，美国东印度舰船司令佩利率领4艘军舰进入蒲贺港，带来了西方列强历来最明确有力之警告：若不愿和平签订商约，则只有战争一途。6月9日，幕府被迫命令浦贺奉行在浦贺附近的久里滨接受了美国国书，并约定明年春对其要求做出答复。"佩利来航"强行打开了封闭已久的日本国门。

1854年初，佩利率9条战舰重回日本，在美国的威逼之下，美日签订《神奈川条约》，日本同意美国船只停靠日本港口，亦同意美国在日本伊豆半岛南端设立领事馆。此后，这一所谓的《神奈川条约》亦陆续适用于法国、英国、荷兰、俄罗斯等列强。

1858年2月，在美国的再三威逼利诱下，美日签订《日美友好通商条约》，内容大致与中国在鸦片战争后所订的屈辱条约相似。日本同意开放8个通商口岸，日本放弃关税自主权，亦允许条约港口的"治外法权"。德川幕府在其后陆续与其他西方列强订立了类似的条约。尽管日本的被殖民境遇没有当时中国那样悲惨，但这些"不平等条约"仍迫使日本处于半殖民地、半边缘化的地位之中。可以说"从1850年代到1880年代，日本原是个无独立性的半殖民地，为西方列强所掌控。但到了1905年，这个新国家却成为殖民强国，与西方列强平起平坐"②。这其中的境遇翻转则与在殖民危机之下的国家应对之策大有关系。

面对西方强敌的殖民威胁和战争要挟，分散乏力的德川幕府政治结构无力应对，引发政治社会领域一片惊慌、人心思变，封建性的幕藩体制在现代性的冲击下陷入了正当性危机。此后，在内外压力的巨大推动下，日本朝野被迫开启了国家形态建构的现代化进程，通过"公武合体"、"尊王攘夷"、"奉还大政"等一系列革命性变革举措，日本迎来了废除封建国家体制，构建现代国家形态的"明治维新"。

2. 泰国

现代泰国的前身暹罗进入1782年之时，吞武里王朝被推翻，郑信王

---

① 王振锁、徐万胜：《日本近现代政治史》，世界知识出版社2010年版，第5页。
② ［美］安德鲁·戈登：《日本的起起落落——从德川幕府到现代》，李朝津译，广西师范大学出版社2008年版，英文版序第9页。

被杀死，暹罗军队领导人却克里夺得政权，在曼谷建立了却克里王朝，又称曼谷王朝。却克里即位后，史称拉玛一世（1782—1809 年在位），拉玛一世是当今泰国国王拉玛九世的祖先。

拉玛一世掌权后，即开始大力恢复和强化中央集权的政治体制变革，他首先强化国王的权威，国家的一切法律、命令都由国王颁布，全国的行政事务都以国王的名义进行。同时，恢复和健全了封建等级制度，王室成员被授予最高的爵位，并执掌重要的行政官位。

由于历史上暹罗与缅甸多次进行战争，曼谷王朝初期的对外政策，仍然将邻国缅甸作为主要的国际竞争对手，1785 年、1786 年、1787 年缅甸 3 次侵入暹罗，但都遭到失败。拉玛一世时期，除了多次击败缅甸的入侵，巩固了从南至北的边界外，还使原藩国老挝、柬埔寨和南部马来半岛重新归顺暹罗。① 以国王为首的中央集权的政治体制得以建立并有效运转，暹罗因此成为中南半岛的区域性大国。

但暹罗并不能完全自闭于西方强国的殖民侵扰和掠夺。1684 年，英国被迫关闭了在暹罗的贸易商馆，1688 年驱逐西方殖民者运动之后，暹罗一直执行锁国封闭的政策，严禁与西方贸易和西方商人进入。到了 1819 年，英国在新加坡建立殖民地后，在英国强大的殖民压力之下，1821 年暹罗被迫与英国开始接触。而在 1820 年，暹罗就与葡萄牙签订了一项商业条约。1826 年，英国在第一次侵略缅甸战争结束后，终于迫使暹罗同意签订《伯尼条约》，这终于打破了暹罗闭关锁国的政策。1833 年，美国跟进介入也与暹罗签订了商业条约。

1855 年，暹罗与英国进一步签订了《鲍林条约》，暹罗单方面给予英国领事裁判权，并取消暹罗政府对进出口贸易的一切限制且只能征收低税率。这一条约开启了暹罗允许外国人在本土自由经商的先例，彻底打开了暹罗的国门。此后，从 1855 年至 1899 年，暹罗与英、法、丹、荷、德、瑞士、挪威、比利时、意、俄、日本等 15 个国家签订了各种各样的不平等条约。②

《鲍林条约》之后，英、法两国在湄公河流域展开了激烈的殖民地

---

① 田禾、周方冶编著：《列国志——泰国》，社会科学文献出版社 2009 年版，第 96—98 页。

② 同上书，第 102 页。

争夺，而处于争夺中间地带的暹罗则成为殖民实力和权力的"角斗场"。1893年的《法暹条约》把湄公河东岸地区划归法国。英法经过反复较量与妥协，在1896年签订了《英法公约》，公约规定保证暹罗独立，任何一方都不能把军队开进暹罗的中部地区。1904年，英法又签订协议，重申了1896年公约的原则，确定以湄南河为界划分各自的势力范围，湄公河以西为英国人的势力范围，湄公河以东则为法国人的势力范围。1907年暹罗又被迫与法国签订了另一个《法暹条约》，把马德望和暹粒割让给法国。英国人同样不甘示弱，1909年其迫使暹罗签订《英暹条约》，把暹罗南部的几个属国吉兰丹、定加奴等并入英属马来王国。[①]

至此，英法两国在暹罗的殖民争夺暂告结束。暹罗在国家形式上保存了一定的独立性质，但却使部分属地划归殖民者的控制范围，而被深深地浸染了殖民主义的烙印。暹罗成为英、法殖民者霸权争夺的缓冲带，有幸而无奈地保存了所谓独立国家的有限生存空间。

（二）国家衰败化和殖民化

这类东亚国家和地区在进入19世纪之后，中央集权的君主专制体制内部已逐渐陷入腐化和衰败，受到官僚地主阶层抵制和分裂的中央权威，已无力整合政权和社会力量，更无力应对日益紧迫的内外压力。在外部殖民列强的强力侵扰下，体制僵化、分裂低效的专制体制衰败无能，终于沦为列强的殖民地而被强力侵占。此后的现代化进程和政治变迁，是在丧失主权和自主性的屈辱状态下，在殖民化和外来殖民当局统治的架构中展开的。这以韩国为典型。

朝鲜半岛地处中国和日本之间，长期受到中国儒家文化的影响，并作为朝贡国得到帝制中国的保护。在列强侵扰之前，李氏王朝从1392年起，给朝鲜半岛带来近五百年的连续稳定统治，但在王朝末期，中央权威衰败低能，早已无力整合国家力量来抗御外来列强的入侵了。

1871年6月，美国公使镂霏迪在一支美国海军舰队的护送下来到朝鲜，试图用海军准将佩利强开日本国门的方式打开朝鲜王国的大门，但遭

[①] 戴维·K.怀亚特：《泰国史》，郭继光译，东方出版中心2009年版，第192—197页。田禾、周方冶编著：《列国志——泰国》，社会科学文献出版社2009年版，第103页。

到朝鲜人的武力抵抗。10 天后，美国舰队重回朝鲜，作为报复行动，美国舰队轰击了 5 个朝鲜要塞，炸死 250 名朝鲜人。① 但美国人此行并未达到打开朝鲜国门的目的。

与此同时，日本对朝鲜半岛觊觎已久，在多次试图与朝鲜建立贸易联系而遭到拒绝后，在中国的让步和建议下，1876 年，朝日经过谈判后签订了《江华条约》。由此，共有 3 个朝鲜港口为日本贸易开放。此后，中国与日本就朝鲜半岛展开了针锋相对的控制权争夺，并都诉诸武力进行了强制干涉。

1897 年李朝的高宗王将朝鲜国号改为大韩帝国。到了 1904 年，日俄战争爆发，日本迫使大韩政府允许日军在朝鲜半岛使用所需要的地区。同时，强迫大韩政府第一次签订《韩日协约》，要求大韩政府在财政和外交部门聘用日本推荐的人作为顾问。1905 年，日本在日俄战争胜利后，便强迫大韩政府第二次签订《韩日协约》，并设立了统监府，统监不仅掌控了韩国的外交政策，更控制了韩国的内政事务。

1907 年，日本统监完全掌握了韩国的行政权，并开始自行处理韩国内政，接着便解散了韩国军队，掌握了司法权和警察权，并开始封杀舆论，剥夺集会和结社的自由。此时韩国已完全处于日本的掌控之下。②

日本通过各种残酷的军事屠杀，镇压了韩国的各种反日运动后，于 1910 年 8 月强迫大韩政府签订《日韩合并条约》，将韩国强行吞并。从此，日本开始了对韩国长达 35 年的殖民统治。

（三）国家形态不完整下的殖民化

此类东亚国家在被西方列强殖民侵略之前，近代意义上的国家形态和国家政权并不存在，政治形态为分散性的独立王国和众多的部落统治。殖民者的武力侵入，强行中断了散漫性传统统治和政治整合方式。在不断反抗殖民统治的长期抗争过程中，近代意义上的民族认同和国家认同才在斗争中逐渐形成。这类国家有印度尼西亚、马来西亚、菲律宾

---

① ［德］戈特弗里特—卡尔·金德曼：《中国与东亚崛起——1840—2000》，张莹等译，社会科学文献出版社 2010 年版，第 42 页。

② 《东亚三国的近代史》共同编写委员会：《东亚三国的近代史》，社会科学文献出版社 2005 年版，第 58 页。

和新加坡。

1. 印度尼西亚

在今天属于印度尼西亚国土管辖的区域内，由 1 万多个岛屿组成，有上千个种族和亚种族，有数千种语言和方言，就文化多样性和政治整合来说，这个区域是世界上最复杂的地区之一。直到近代，这些分散地域中的人口才被松散地包含在一个政治架构形式之中，即通过构建荷兰殖民帝国——荷属东印度公司的方式，把众多形态各异的社会松散地聚合在一起。① 这便开启了血腥曲折的殖民化过程，当然这也是这一地域现代民族国家形成的开始。

在印度尼西亚古代众多的王国中，有两个最为重要，一个是室利佛逝帝国，从 8 世纪到 14 世纪，它建立起了对马来亚一部分、婆罗洲和西爪哇的半宗主权。第二个是满者伯夷帝国，从 1293 年到 1520 年，它的疆域扩展到苏门答腊、马来半岛、巴厘岛和婆罗洲的一部分。

满者伯夷帝国衰落后，分裂为众多王国和分散的种族部落，此时正遭遇了西方殖民列强的入侵。1511 年，葡萄牙人征服了马六甲海峡之后，在印度尼西亚群岛各处建立了据点，后来，葡萄牙人将除了东帝汶以外的地方，转交给了荷兰殖民者，由此开始了荷兰对印度尼西亚群岛的殖民统治历史。

1596 年，荷兰第一支远征船队抵达西爪哇万丹。1598 年由分属 5 家荷兰公司的 22 艘舰船组成的大型舰队涌向东南亚。1599 年，一只荷兰船队首次抵达马鲁古群岛。1600 年，安纹岛统治者同意荷兰人在岛上修建城堡，并由其垄断当地的丁香贸易。1601 年又有 14 支船队从荷兰开往爪哇等地。为了协调众多荷兰人公司之间分抢贸易利益和贸易纠纷，1602 年成立了荷兰联合东印度公司，公司设有 76 人的董事会，实际活动由 17 人的理事会管理，荷兰国会授予公司以贸易特权，并配有武装力量加以保护。

1605 年，荷兰东印度公司与希图岛结盟将葡萄牙人赶出了安纹岛。1610 年，荷兰东印度公司设立总督一职，总督由公司理事会任命。

1615—1619 年，荷兰人和英国人在班达群岛发生殖民争夺战争。1619 年，荷兰任命燕·彼得逊·昆为驻东印度总督，他极力说服公司理

---

① 史蒂文·德拉克雷：《印度尼西亚史》，郭子林译，商务印书馆 2009 年版，第 1 页。

事会使用武力征服印度尼西亚。早在1611年，荷兰人就在西爪哇查雅卡尔达（今雅加达）设立了贸易站，到了1619年荷兰人占领查雅卡尔达并把它改名为巴达维亚。

此后，荷兰殖民者不断与印度尼西亚各地的统治者爆发战争，如1628年荷兰人与马塔兰国王苏丹阿贡的争夺巴达维亚的战争。在爪哇之外，荷兰人1659年占领了巨港，1667年迫使蒂多雷岛承认荷兰公司的统治权，1688年又利用安纹人和武吉人组成的雇佣军，征服苏拉威西岛上的戈阿王国。此后荷兰东印度公司几乎摧毁了它在印度尼西亚的所有对抗者。① 但殖民地人民反抗殖民统治的战斗还在继续。

1740年9月，巴达维亚华侨5000多人起义，反对荷兰殖民者，但起义失败，近万人惨遭杀害。

荷兰殖民者对印度尼西亚实行"分而治之"的策略，1757年，马塔兰王国统治的中爪哇一分为二，1773—1774年，中爪哇再分裂为三个小国，三个小国都受制于荷兰东印度公司，实际上已丧失了独立的主权。欧洲拿破仑战争期间（1811—1816年），爪哇和苏门答腊暂时处于英国的统治之下。拿破仑战争结束后，1816年英国把东印度群岛交还给荷兰。

其后，荷兰殖民当局再次遭遇殖民地人民的强烈抗争，1821—1838年爆发了反抗殖民统治的西苏门答腊战争，1825—1830年爆发了反抗殖民统治的爪哇战争。荷兰对亚齐的征服开始于1873年，直到1903年才在名义上结束。荷兰对巴厘岛的征服开始于1846年，直到19世纪50年代，荷兰才有效地统治了北巴厘岛和西巴厘岛。此后，1859年和1860年之间荷兰对马晨国家的征服，1894年和1907年对龙目岛的征服，1905年对波尼国家的征服，都充满了殖民地人民对殖民者的暴力抗争。但巴东王国和克隆贡王国仍奋力保持独立，并一直抗争到1906年和1908年。随着这个最后的征服浪潮的结束，荷兰对东印度群岛的殖民，在1910年达到了最大的地域范围。②

但殖民征服的结束，就是殖民地人民反抗征服的开始，随后而起的就是反抗殖民统治的民族独立运动的汹涌波涛。

---

① 梁英明：《东南亚史》，人民出版社2010年版，第79页。
② 史蒂文·德拉克雷：《印度尼西亚史》，郭子林译，商务印书馆2009年版，第38—40页。

2. 马来西亚

在众多马来古国兴衰存亡的王国更替中，1402 年马六甲王国崛起了，并在其不断兴盛和扩张中，建立了较为完备的君主统治制度。15 世纪成为马来西亚历史上的黄金时代，马六甲王国的统治遍及马来半岛上所有小苏丹国以及印度尼西亚部分地区的类似政治实体。由于它的强盛和繁华，这个被西方殖民者誉为"寓言中的东方香料之岛"，终于勾起了觊觎已久的殖民者的侵略野心，血腥残酷的殖民掠夺历史开始了。①

1509 年，葡萄牙船队首次到达马六甲港口，被苏丹马哈茂德派兵赶走，滞留在岸上的约 30 名葡萄牙人被马来人杀死或俘虏。

1511 年 7 月，葡萄牙人带领 18 只舰船组成的庞大舰队再次来到马六甲。经过多次激战后，同年 8 月，马六甲陷落，其从此成为葡萄牙的殖民地。苏丹马哈茂德率余部逃到了柔佛，并建立柔佛王国继续与葡军对抗。1515 年、1516 年、1519 年、1523 年、1524 年，马哈茂德 5 次领兵进攻马六甲，企图收复失地，但均告失败。

同时，殖民者采取"分而治之"的统治策略，利用柔佛王国和亚齐王国的矛盾，不仅保住了马六甲，而且使柔佛和亚齐两败俱伤。1547 年，亚齐进攻马六甲，柔佛袖手旁观。1551 年柔佛进攻马六甲，亚齐同样不予相助，因此，这两次进攻都被葡萄牙人分别击败。1568 年，亚齐再次进攻马六甲，柔佛派兵协助葡萄牙人击退亚齐人的强大攻势。1629 年，亚齐出动 2 万人的大军和 200 只战舰大举进攻马六甲，但柔佛人再次和葡萄牙人结成联盟，重创亚齐舰队，从此，亚齐王国走向衰落。②

荷兰殖民者同样对东南亚的殖民企图觊觎已久，自 1602 年荷兰东印度公司成立以后，便开始策划占领马六甲。荷兰人允许伊斯兰教的传播，因此获得柔佛和亚齐两国的支持和配合。在多次进攻马六甲失败之后，1630 年荷兰军队从海上封锁马六甲长达 10 年之久。1637 年，荷兰东印度公司与柔佛苏丹订立协议，柔佛同意帮助荷兰人攻取马六甲。1640 年 6 月，荷兰军队联合柔佛和亚齐的军队，向马六甲发起猛攻，在长达几月围攻下，1641 年 1 月，荷兰人终于攻陷马六甲，结束了葡萄牙人长达 130

---

① [澳] 约翰·芬斯顿主编：《东南亚政府与政治》，张镇锡等译，北京大学出版社 2007 年版，第 145 页。
② 梁英明：《东南亚史》，人民出版社 2010 年版，第 65 页。

多年的统治。① 殖民地易主,荷兰人成了新的主人。从此开始了荷兰人对马六甲长达154年的统治,但同样遭到柔佛人和武吉斯人的多次反抗和攻击。

早在16世纪末,英国人为在马六甲海峡沿岸建立贸易基地,就曾与葡萄牙人多次发生冲突。随着英国的强大,英国开始了侵占马来半岛的进程。1785年英国东印度公司委派莱特前往,与吉打苏丹谈判在吉打海岸建立港口事宜。1786年6月,莱特率领英军正式占领槟榔屿,莱特自任总督,槟榔屿此后成为英国侵占马来半岛的桥头堡。

英法战争期间,荷兰是英国的盟军。英军曾于1795—1818年占领马六甲,战后英国又把马六甲归还给荷兰。

1819年,英国侵占柔佛王国管辖的荒岛新加坡,新加坡成为英国的殖民地。

英国与荷兰在东南亚的殖民地争夺战中,经过多次武装冲突和谈判妥协,1824年,两国终于签订了划分东南亚殖民地势力范围的英荷《伦敦条约》。根据条约:英国最终放弃对东印度的领土和商业特权要求,将爪哇、苏门答腊划归荷兰;以换取荷兰退出马来半岛的承诺,荷兰将马六甲让与英国。这是殖民侵略者强加给殖民地人民的一副殖民枷锁。②

1826年,英国建立"海峡殖民地",将槟榔屿、马六甲以及新加坡纳入其统治范围。1867年海峡殖民地转由英国殖民部管辖,海峡殖民地成为英国皇家殖民地。

1881年,沙捞越和北婆罗洲成为英国的殖民地。

1895年,英国人与马来半岛中部地区的彭亨州、雪兰州、霹雳州、森美兰州的苏丹签署协定,将其组成为"马来联邦"。1909年,英国政府通过《曼谷条约》,从暹罗手中取得对马来半岛北部四邦——吉打、吉兰丹、玻璃市和丁加奴的宗主权。1914年,马来半岛最后一个独立土邦柔佛王国也被迫成为英国的保护国。以上5邦不久组成"马来属邦"。

至此,马来半岛被分成海峡殖民地、马来联邦和马来属邦三个部分,但都归属英国的殖民统治,英国的最高统治地位是完整的,英国也完成了控制马来半岛的殖民化进程。

---

① 马燕冰、张学刚、骆永昆编著:《列国志——马来西亚》,社会科学文献出版社2011年版,第99页。

② 梁英明:《东南亚史》,人民出版社2010年版,第113页。

3. 菲律宾

素有"千岛之国"之称的菲律宾，在西方殖民者到来之前，还没有形成一个统一的国家形态。到 15 世纪之时，苏禄、棉兰老等地区已出现了封建苏丹国家。但当时的大部分地区都处于一个个独立的"村国"状态，名曰"巴朗加"，一般的巴朗加只有 30—100 户人家，最大的也只有 2000 户左右，经济结构和政治形态还处于传统社会的缓慢演进之中。

1519 年 9 月，麦哲伦奉西班牙国王之命，率领 265 人的船队开始了第一次环球探险，经过千辛万苦于 1521 年 3 月，船队在前往马鲁古群岛途中，因航向偏差而来到今天的菲律宾群岛，并将它命名为"圣拉扎罗群岛"。在后来的征服战斗中，麦哲伦及其大部分船员被当地居民杀死，西班牙对菲律宾的第一次征服遂告失败。

1525—1527 年，西班牙又多次派遣船队远征菲律宾，但都没有收获。直到 1542 年，西班牙又组织了 200 多人的船队再次出发，这次远征获得成功。西班牙以王位继承人菲利普的名字将圣拉扎罗群岛改称为"菲律宾群岛"[①]。

1564 年，由黎牙实比率领的西班牙 380 人的远征队再度出发。1565 年 2 月到达宿务，经过激战占领宿务。1570 年 5 月，西班牙船队开往马尼拉，经过激战获得成功。到了 16 世纪末，西班牙基本完成了对菲律宾的侵占。

但由于当地穆斯林居民的顽强抵抗，直到 1606 年，西班牙仍未能占领南部的苏禄群岛和棉兰老岛。此后 300 多年间，南部穆斯林始终捍卫自己的伊斯兰教和马来文化，持续抵抗西班牙的侵占。19 世纪末，在一些亲西班牙的穆斯林首领的配合下，苏禄群岛和棉兰老岛才最终丧失独立。[②]

西班牙对菲律宾的殖民统治，行政系统由国王任命的总督府来全权掌控，在精神上，则由天主教组织加以控制，而大主教和主教则由西班牙国王推荐、教皇任命。

西班牙对菲律宾的占领，激起了菲律宾人民的顽强抗争，16—18 世

[①] 梁英明：《东南亚史》，人民出版社 2010 年版，第 69—70 页。

[②] 马燕冰、黄莺编著：《列国志——菲律宾》，社会科学文献出版社 2007 年版，第 87—88 页。

纪的300多年中，整个群岛爆发的反抗起义就有200多次。19世纪70年代，一些菲律宾知识分子不堪忍受西班牙殖民当局的专制统治，逃亡香港、新加坡、伦敦等地，并在国外发起了一系列独立"宣传运动"。其核心领袖是何塞·黎萨尔，他在西班牙获得医学博士学位，又是著名的诗人和作家。黎萨尔通过大量的小说和文章抨击西班牙殖民当局和天主教会的黑暗统治。1892年6月，黎萨尔回到菲律宾，在马尼拉创立了"菲律宾联盟"，但不久黎萨尔就被逮捕并流放，"菲律宾联盟"也遭瓦解。通过黎萨尔等人的反殖民统治的斗争和宣传，为革命性反殖民组织的诞生奠定了理论和组织基础。①

1892年7月，贫苦出身的博尼法西奥在马尼拉成立了"民主儿女的尊贵协会"的革命组织，简称"卡迪普南"。在发展革命组织力量的同时，卡迪普南的领导人也在积极准备革命武器。1896年8月，卡迪普南领导的"菲律宾革命"爆发，博尼法西奥在吕宋岛北部成立革命政府。而在甲米地的另一位革命领导人阿奎纳多，则以出色的军事才能赢得了众多起义者的拥护，1897年3月，阿奎纳多被推选为总统。

从此，革命者队伍发生分裂，阿奎纳多掌握大权后，解散了卡迪普南组织，并杀害了博尼法西奥。10月，起义者在比亚克纳巴托召开了制宪会议，11月1日通过了《比亚克纳巴托宪法》，它宣告了菲律宾脱离西班牙的统治，成为独立的菲律宾共和国，阿奎纳多当选为总统。虽然坚持了一年多的革命最终失败了，但西班牙的殖民统治遭到重创，并被迫寻求和平解决。在西班牙当局的劝诱下，1897年12月，"和平协议"终于签订，反西班牙殖民统治的革命暂时平息。民族独立运动领袖阿奎纳多及其同伴流亡香港，继续开展反抗殖民主义的斗争。

随着美国的崛起和强大，趁着西班牙殖民帝国衰落之际，美国插手西班牙殖民地古巴和菲律宾的反殖民革命。1898年4月25日，美国对西班牙宣战，5月1日美国舰队进入马尼拉湾，迅速摧毁了那里的西班牙战舰。随后在美国的要求下，阿奎纳多等人回到菲律宾，5月19日重新担任菲律宾武装反抗力量的领导人。5月24日，阿奎纳多建立了以他为首的革命政府，随着起义队伍的迅速壮大，6月12日，阿奎纳多在甲米地省卡维特发表了《独立宣言》，它标志着西班牙对菲律宾333年的殖民统

---

① 梁英明：《东南亚史》，人民出版社2010年版，第127页。

治宣告结束,菲律宾民族独立国家诞生。8月,美国攻陷马尼拉城。9月15日,革命者在共和国首都马洛洛斯召开国会,通过了新宪法,后被称为《马洛洛斯宪法》。这部宪法确定了三权分立和保障公民私有财产权利等一系列重要政治原则,是菲律宾历史上最民主的一部宪法,但在当时国家主权不独立的困境中,根本无法落实。

然而,在阿奎纳多领导菲律宾革命进行的同时,美国也与西班牙达成了政治妥协协议。1898年12月,美西签订《巴黎条约》,西班牙承认古巴独立,将波多黎各、关岛和菲律宾割让给美国。菲律宾人民结束了西班牙长达300多年的殖民统治,但又立即落入美国长达46年的霸权统治和日本为期3年的侵略占领。菲律宾人民的反抗殖民统治的斗争还将继续。

4. 新加坡

自16世纪末以来,西方列强在马来半岛区域的殖民争夺日趋激烈,英国的殖民触角也延伸到几乎荒无人烟的新加坡荒岛。

19世纪初,英国为了同荷兰争夺马六甲海峡的贸易权,英国驻印度总督决定派斯坦福·莱佛士在海峡南端建立新的商站。1819年1月28日,莱佛士的船队抵达新加坡。当时新加坡属于柔佛王国管辖下没有开发的荒岛,1月30日,莱佛士与柔佛天猛公签约,英方以每年交付3000元西班牙币的条件,换取在新加坡建立商站。2月6日,莱佛士又与柔佛苏丹和天猛公签订另一项条约,规定英国东印度公司每年付给苏丹5000元,付给天猛公3000元,换取新加坡由英国东印度公司管理。

新加坡优越的地理位置加上殖民者实行的自由贸易政策,使其在开埠后迅速发展繁荣。1819年新加坡只有150多人,1821年达5000人,1824年已超过万人,1860年则达到6万多人。1820年的贸易额已经超过马六甲,到1864年,新加坡的贸易额已达1325万英镑,成为英国向东方进行贸易掠夺的重要基地。①

1823年和1824年,英国再次与柔佛苏丹和天猛公签订两项条约,其中规定:柔佛苏丹放弃传统的贸易垄断权及其在新加坡的司法权,将新加坡永远割让给英国,未经英国同意,柔佛苏丹不得与任何国家结盟,而柔

---

① 马燕冰、张学刚、骆永昆编著:《列国志——马来西亚》,社会科学文献出版社2011年版,第101页。

佛苏丹和天猛公仅仅获得少量的金钱补偿。至此，新加坡完全成为英国的殖民地。①

1826年，英国建立"海峡殖民地"，将槟榔屿、马六甲以及新加坡纳入其统治范围。1832年，新加坡成为英国马来亚海峡殖民地政府的所在地。

1830—1851年，海峡殖民地由孟加拉总督管辖，之后又由印度大总督管辖。1867年转由英国殖民部直接管辖，海峡殖民地成为英国的皇家殖民地。从此，新加坡由英国的次殖民地成为英国直接殖民地。

二 殖民危机下的国家形态建构

在现代民族国家形态的政治架构下，西方列强挟其强大的殖民扩展能力，从16世纪开始，不断地推进着殖民掠夺扩展的进程和范围，从而把东亚各国置于不同程度的半殖民化和殖民化境地。

在内置着掠夺野心的现代国家形态和现代文明的裹挟下，东亚国家在19世纪末叶以来，被迫走上了"命定的"或"被诅咒地"现代化或"世界化"道路，并且有意识或无意识地以西方模式为摹本和原型。在这种强制性被迫"化"为"现代"的单行道上，东亚各国并没有太多选择的余地，但却决不是没有自我创造的空间。②而东亚各国"自我创造的空间"的大小，便和各国的"内在成熟度"密切相关。东亚各国各自传统的国家形态和社会发展程度，以及各国政治精英的民族意识和危机应对之策，直接或间接地影响了在危机之下各国的现代国家形态建构和政治变迁。同时也决定了各国其后不同的现代化发展路径和民主化难易程度。

我们按照政治制度变迁这一主线，对殖民化或半殖民化以后，直到二战结束这一时期东亚各国的政治发展进行了分类梳理，这也是战后各国政治发展的政治要素渊源和民主构建基础。

---

① 梁英明：《东南亚史》，人民出版社2010年版，第69—70页。
② 金耀基：《中国现代的文明秩序的建构》，载刘军宁等编：《经济民主与经济自由》，三联书店1997年版，第50、53页。

(一) 国家形态下的维新变法

殖民危机之下，各国自有不同的应对之策。在没有被完全殖民化，国家形态相对完整的日本和泰国，在内部衰败和外部侵扰的双重压力之下，面对国家的存亡兴衰，如何重构国家形态，整合各方力量，集中应对紧迫危机，就成为两国政治精英必须全力解决的问题。各种内外因素促使了两国走上政治维新、集中国家权力的自强变法之路。

1. 日本

巨大的外部殖民化压力，威胁到日本国家的完整和生存，德川政权无力应对，暴露了幕藩分散体制的软弱和低效，激发了对德川政权久存积怨的各个雄藩的变革欲望。废除德川幕府体制，加强天皇权威，集中国家权力，聚合国力应对危机，是促使这一时期政治变革的强大共识。

经过倒幕派和幕府派的激烈斗争，1867 年 11 月，德川庆喜将军被迫向天皇奏请"奉还"大政，并辞去"征夷大将军"之职。1868 年 1 月，在倒幕派的武力坚强支持下，16 岁的睦仁天皇颁布"王政复古大号令"，宣布废除幕府体制，一切权力重归天皇。[①] 由此，名义上中央集权的国家架构开始逐渐建立和加强。天皇不仅是日本民族统一的象征，也是国家权力的最高执掌者，日本国的现代国家意识和民族主义从此滋长起来。

1868 年 3 月，明治天皇发布"五条誓文"，第一条即为"广兴会议，万机决于公论"，由此推出一系列加强中央权力，构建新式民族国家各种政治经济制度的维新变法。日本开始了快速走向富国强兵的现代化之路。

但幕府派分裂势力并不愿自动退出历史舞台，最终决定政治力量去留的还是军事实力，武力扫除旧幕府势力成为决定性一步。从 1867 年 12 月，萨长联军进军京都促请天皇维新，经过一年半之久的"戊辰战争"，新政府军取得胜利，基本扫除分离反抗势力，实现了国家形式上的统一。

同时，从"版籍奉还"到"废藩置县"，也是这一时期政治变革的重要内容。从 1869 年 3 月起，由萨长、长州、土佐、肥前四强藩藩主上书天皇，奏请将四藩的土地和人民奉还给天皇，其他各藩也被迫仿效四藩奏

[①] 房宁等：《自由、威权、多元——东亚政治发展研究报告》，社会科学文献出版社 2011 年版，第 33 页。

请"版籍奉还"。到1869年7月,有236个藩实施了版籍奉还。从1871年7月,明治政府借天皇名义下诏"废藩置县",县知事不再由原来藩主出任,而是由中央政府直接任命。在命令发布后短短三个月内,日本的地方政治制度为之一变,由原来的280个藩变为72个县。① 实行了260年的封建幕藩体制就此走下历史舞台,中央集权的国家政权由此建立。

建立中央集权政府架构,统一国家权力和政令,是现代国家形态的重要体现,也是保证现代化推进、扫除分离障碍因素的政治前提。在1868年初,在天皇之下,设置总裁、议定、参与三职,由朝廷公卿、大名和武士担任,向天皇负责。稍后,维新派又设立太政官,作为最高权力机关,而太政官组织在1869年和1871年又先后修正完善。到了1871年,把太政官分为正院、左院和右院,设立太政大臣,下辖大藏、外务、工部等8省,左院负责立法,右院负责草拟政令。

经过以上革命性的政治维新,日本形成了"一君万民"的天皇集权体制,天皇成为日本近代政治秩序的核心。中央集权体制的国家能力极大提高,现代化的推进有了一个坚强的组织和主导核心,一系列为了实现富国强兵目标的经济、社会变法相继出台实施。如1872年提出的取消封建特权、实现"四民平等";1872年提出实行四年义务小学教育;1873年推行全民征兵制;1874年大久保利通向政府提出《关于置产兴业建议书》,明确了依靠国家力量推进产业化的方针;从1873年到1879年的地税改革,使中央集权体制有了强大雄厚的经济基础。到1894年中日甲午战争爆发时,日本已有现代化的工厂5985个,初步形成了现代工业体系。②

明治维新伊始,开国进取的社会风尚为之一新,各社会阶层参与国是的热情为之蓬发和见涨,反抗藩伐专制和要求自由权利的运动随之发展。这场运动以要求开设国会、制定宪法、减轻地租、修改不平等条约、确立地方自治为目标而展开,民权论和国权论的争论和斗争因此爆发出来。

早在1872年,左院即向政府提议"开设下议院",并为此起草了

---

① [美]安德鲁·戈登:《日本的起起落落——从德川幕府到现代》,李朝津译,广西师范大学出版社2008年版,第75—76页。

② 房宁等:《自由、威权、多元——东亚政治发展研究报告》,社会科学文献出版社2011年版,第41页。

"民选议院暂定规则"，但并未落实。1874 年 1 月，板垣退助等人把"幸福安全社"改组为"爱国公党"。同月，板垣等 8 人联名发表了《民选议院设立建白书》。同时，为了敦促政府订定宪法，召开国会，自由民权运动掀起署名请愿活动，签名人数有时达 20 多万人。在爱国公党被政府强行解散之后，1874 年 4 月，板垣等人又成立了"立志社"，继续鼓动自由民权思想。1875 年 2 月，来自各地的民权运动团体决定成立"爱国社"，以此作为全国自由民权运动的联合体。1877 年 6 月，立志社向天皇递交了《立志社建议书》，完整阐述了开设国会、建立立宪政体的纲领。

但在民权论和国权论的争论中，政府内的主流派极力主张强化国权，为国权论的主导性力量。以右大臣岩仓具视为首的主流派，在出洋考察西方各国政治制度之后，极力主张德国的政治制度更适合日本。1881 年 10 月，明治政府发布《召开国会诏敕》，制定了 10 年后公布宪法和开设国会的时间表。此后，组党风潮迭起，政党林立，以板垣退助为首的自由党和以大隈重信为首的立宪改进党引领自由民权的风潮。同年 10 月，因北海道官产私售风潮而受怀疑的大隈重信及 10 多位追随他的官员被罢免，此后，自由民权运动走向低潮。国权派取得主导日本政治走向的胜利。在详细考察普鲁士宪法的精神之后，经过反复的审议，1889 年 2 月，《大日本帝国宪法》颁布，同时还颁布了《议院法》、《贵族院法》、《众议院议员选举法》等。此后，以天皇为中心的立宪制代议制政治架构终于确立，开启了以议会制度、政党制度和选举制度为支柱的现代政治体制的运转时代。

国会的开设及其运转，各个政党和政治势力争斗的舞台自然就转移到国会选举及内阁组阁权上。1890 年第一届国会召开后，围绕国会和组阁的斗争就成为日本政治的中心和焦点。但在多党选举后组成的国会中，国会内多数党党首为首相并组阁的议会制惯例并没有形成。因此，此时围绕国会和组阁的斗争往往处于不稳定的混乱状态，也直接影响着政局的稳定。从 1890 年到 1894 年的头六届国会，是国会恶斗政治最典型的实例。政府内阁由"元老"们提议后由天皇任命，与政府对着干的则是反对党，其主要成员是昔日的自由民权运动的活跃分子，第一届国会选举后，他们组成立宪自由党和立宪改进党参选，并以 171 席取得多数席位，而亲政府的政党只取得 79 席。这样自然是国会与政府冲突不断、相持不下。政府预算和法案难以通过，而政府往往诉诸解散国会。

1892年的第二届国会选举尤为血腥，在投票期间的暴力混乱中，至少有25名选民死亡，数百人受伤。而反对党依然在国会中占多数，政府为了通过其议程议案，手段无所不用，包括恐吓、贿赂、由天皇发出警告、解散国会等，议会政治运转十分艰难。[①] 1900年，伊藤博文联合各方势力，成立新党"立宪政友会"，此后，伊藤以政友会总裁的身份出任首相并组建政友会内阁，标志着从"非政党内阁"向"政党内阁"的过渡。此后12年中，首相便由西园寺公望与桂太郎轮流担任，政友会在这段时间逐步成为众议院的核心力量，两人都依赖政友会得以顺利执行政策。政党的稳定成为政局稳定的组织核心和制度支柱。

1912年7月，明治天皇去世，由其子嗣大正天皇继位，一代明君的离去，留下的新时代也孕育着新的风暴。1912年12月，西园寺内阁因为拒绝陆军大臣提出的增加两个师团的预算，陆军大臣愤而辞职，并拒绝推荐后继人选，西园寺无法组阁，被迫内阁总辞职。对于军阀干政的这种"非立宪行动"，立即引起社会各界人士的愤慨。"破除阀族，拥护宪政"的第一次护宪运动由此兴起。同年12月桂太郎内阁成立，他同时发起成立了自己的新政党"立宪同志会"，但只有83名议员，而且没有一人属于政友会。同时，西园寺公望所在的政友会等反对派议员对桂太郎内阁提出不信任案，获得234名议员的支持。护宪派也在各地持续举行护宪大会，对政府施压。桂太郎内阁被迫在1913年2月辞职。这一时期的政治斗争就更直接地体现在"组阁"与"倒阁"的权力争夺焦点之上。

1924年1月1日，枢密院议长清浦奎吾奉摄政裕仁之命组阁，而阁员大部分为贵族院的特权官僚。此事立即引起社会各界的反对。1月10日，政友会、宪政会和革新俱乐部等护宪三派联合抗议，提出抵制"特权内阁"的口号，联合发起倒阁运动，第二次护宪运动再次兴起。1924年5月，在第15届众议院选举中，护宪三派大获全胜，在464个议席中获得284席。组成以宪政会总裁加藤高明为首的联合内阁。[②]

大正时期民主运动的开展，促使日本的政治权力结构和政治规则发生

[①] ［美］安德鲁·戈登：《日本的起起落落——从德川幕府到现代》，李朝津译，广西师范大学出版社2008年版，第154页。

[②] 房宁等：《自由、威权、多元——东亚政治发展研究报告》，社会科学文献出版社2011年版，第55—56页。

了变化，使内阁由"元老"与天皇任命和掌控，转变为议会中的多数党党首来组阁，"贵族内阁"被"政党内阁"替代，通过议会选举实现政党轮替逐渐被各派政治力量接受和成为政治制度性惯例。立宪君主下的议会内阁制也逐渐完善巩固起来。

此后，日本的军国主义路线膨胀崛起，经过中日甲午战争、日俄战争、日韩合并和第一次世界大战，日本军部势力通过直属天皇的特殊制度性机制和管道，对日本政治的干预和支配更加直接并有恃无恐。通过一系列军人掀起的"改造国家"运动和明目张胆的暗杀活动，以军部为首的军国主义势力完全操控了日本的国家走向，日本陷入了万劫不复的军国主义道路。第二次世界大战期间，日本罪恶的侵略战争不仅给世界人民带来了无尽的灾难，也摧毁了明治维新以来日本所取得的所有现代化和民主化成果。

2. 泰国

直到1851年拉玛四世登上王位时，暹罗依然极力保持着传统的经济社会结构以及因袭传统的封建政治体制。王室和几大家族势力控制着几乎主要的政府权位，现代的职能分化的政府部门还没有建立起来。

在外部殖民列强的侵扰和内部豪族及地方寡头的双重压力下，拉玛四世开始了缓慢的小心翼翼的变法改革。如废除在国王面前爬跪的礼节以示平等；选举法官，宣扬朴素的民主思想；在宫廷推行西方教育，使教育从寺院走向世俗；此外，还有提倡宗教自由，铸造新币，开掘运河，建立造船厂等等，以期在危机重重中图存自强。但传统僵固的政治和社会结构并未发生根本性变化。

1868年，拉玛五世朱拉隆功亲王登上王位时，年仅15岁。他度过了一段任由摄政素立亚旺摆布的艰难日子。直到1873年，朱拉隆功第二次加冕合法地成为国王以后，才逐渐地开展了一系列展示其现代化观点和目标的改革。特别是随着素立亚旺等豪族和老部长在1882—1888年间的相继去世和退位，通过任命其充分准备的皇家兄弟到这些关键的位置，才终于把权力真正地控制到了自己的手里。[①] 由此，根本性的现代化变革才得以顺利推行。如1874年，宣布废除奴隶制，规定凡奴隶出生的儿童，到21岁时便可获得自由；仿效西方议会制，设立内阁政府；改革行政管辖

---

① 戴维·K. 怀亚特：《泰国史》，郭继光译，东方出版中心2009年版，第186页。

按地区划分的旧例，如北部归内政部管辖，南部归国防部管辖，而统一改为中央政府建立12部，按照职能行使相应的职权。此外，朱拉隆功还加大经济社会改革，把封建的按爵授田的"萨迪纳"制度改为薪俸制；将王室预算和国家预算分开；改革税务制度，税收由财政部专人征收；实行义务兵制，建立军校；推进世俗教育，加强医疗防治，修建铁路，开通电报，重申宗教自由等，一系列根本性的政治社会变革由此展开并发挥效力。

朱拉隆功的改革引发了"自上而下的革命"，特别是其加强中央权威的行政管理体制的改革，奠定了现代泰国的基础性政治制度。在西方英、法两大列强殖民侵扰的夹缝中，强烈的民族生存的危机意识，使朱拉隆功顺应了历史发展的生存逻辑，按照现代的社会政治制度大力推进改革。依靠这些根本性的改革，朱拉隆功使泰国幸运地免遭被殖民的厄运。但在殖民主义列强的强大军事和贸易的强力夹击中，当时的暹罗也只是名义上的独立主权国家，实际上同西方国家签订的一系列不平等条约，依然决定了它是一个半殖民地国家。[①] 在殖民列强主导的东南亚政治格局中，保持民族生存和国家独立依然是泰国面临的最严峻挑战。

1910年朱拉隆功国王驾崩，王储瓦差拉冗继承王位，是为拉玛六世，其时的暹罗已是一个君主制巩固的官僚制国家。拉玛六世继续改革，以图加强独立国家地位。1914年，第一次世界大战爆发后，暹罗加入协约国向同盟国宣战，战后由于暹罗战胜国的地位，暹罗得以废除了和西方列强签订的许多不平等条约，收回了部分主权和治外法权。

1925年，拉玛六世的胞弟帕恰迪波继位，是为拉玛七世。拉玛七世掌权以后，长期困扰暹罗政权的经济混乱问题更加严重：国家的财政处于极度混乱之中，财政预算严重赤字；皇家账户成为会计员的"梦魇"，充满了各种各样的债务和有问题的交易。经济问题反过来在许多层面上演化为政治问题。政府各部门对消减债务的争吵和恶斗，使政府陷入无效率和半瘫痪的状态。日益严重的政治经济和社会问题，使力量渐渐强大的官僚和军队精英对君主政府失去了信心，甚至开始怀疑建立在君主专制制度基础之上的社会和政治体制的基本信条。[②]

---

① 田禾、周方冶编著：《列国志——泰国》，社会科学文献出版社2009年版，第106页。
② [美] 戴维·K.怀亚特：《泰国史》，郭继光译，东方出版中心2009年版，第225页。

与经济混乱同时存在的是,随着朱拉隆功改革的推进,西方式的职业官僚队伍和知识分子影响力不断加强。仅在1925年,暹罗就有七份暹罗文、三份英文和三份中文日报出版,公共舆论空间初步形成。1927年,暹罗出现了第一个西方式的政党——民党。民党的政治纲领即为维护国家的独立和安全,法律面前人人平等,推翻贵族制度,建立君主立宪制国家。民党中的代表人物就有后来对泰国政治发生重大影响的比里·帕侬荣和披耶·帕凤。

1929年开始的世界经济大萧条,更使风雨飘摇中的暹罗君主制政权雪上加霜。在国王度假之时,仅仅超过100多人的一小组中等军官和官僚,在1932年6月24日凌晨,发动了一场闪电般的武力政变。他们是由比利·帕浓荣和披汶·颂堪领导的,戏剧性地结束了曼谷王朝150多年的君主专制制度。

军事政变的成功,也埋下了泰国军人频繁政变、不断干政的祸种。一夜之间急速地从君主专制制度转向君主立宪制度,使民主法治基础薄弱的泰国政治,长期陷入了军人集权和民主分权的恶性循环。人们将在此后的泰国民主曲折艰难的历程中,一再地品味最后一位专制君主帕恰迪波国王的判断:1932年转向民主为时过早了!①

(二) 殖民全权主义的掠夺体制

随着内部的衰败化和完全殖民化,韩国和中国台湾地区被日本帝国完全占领和控制,日本在这两个地区开始了长达半个世纪的殖民全权主义的掠夺体制。② 政治上实行总督绝对专权的官僚统治,殖民者掌握着最终的政治控制权和绝大部分重要职位;经济上实行强制性工业化,大肆开发和掠夺当地资源,完全服务于日本帝国的东亚霸权战略;在社会生活领域,则依赖宪兵警察系统,严密监视和镇压任何对殖民统治的异议和反抗行为。虽然,日本帝国的殖民统治,在经济和社会领域也许给当地人民带来了些许的现代化因素,但政治上的绝对殖民统治给当地人民没有留下任何

---

① [美] 戴维·K. 怀亚特:《泰国史》,郭继光译,东方出版中心2009年版,第234页。
② "殖民全权主义",是亨德森 (G. Henderson) 概括日本帝国对朝鲜半岛进行殖民统治的概念,是指一种没有宪法或民众限制,殖民统治者绝对掌权的严酷刻板、集权化的、官僚化管理的绝对统治,其目的是完全同化殖民地人民,并掠夺其财富和资源用于服务日本帝国的霸权目的。Gregory Henderson, *Korea*: *The Politics of the Vortex*, Harvard University Press, 1968, p. 72.

民主发展的可用因素。

1910年8月，日本正式吞并朝鲜半岛后，朝鲜李朝500多年的封建君主制度完全终结。根据《日韩合并条约》规定："韩国皇帝陛下将关于韩国全部之一切统治权，完全永久让与日本国皇帝陛下。"① 此后，殖民全权主义的绝对统治架构建立起来。

日本在韩国设立总督府，总督由日本天皇任命，并对天皇和内阁负责，受日本内务大臣、防务大臣、海军大臣和拓殖大臣的监督。总督在韩国是绝对的权力掌控者，具有任意支配韩国事务的权力，总督拥有立法、司法和行政权，并且拥有统帅在韩国日本军队的权力，可以行使有关"防备朝鲜"的所有事宜。而作为日本明治维新以来近代化象征的宪法体制却并不适用于韩国。

日本在韩国建立殖民体制的根本目的，就是尽力改造大韩王国遗留下来的支离破碎的国家政权，以此来加强对韩国社会的政治控制和经济改造。韩国国王被迫退位，日本军队打败"反叛"的韩国士兵并将其余军官编入日本人控制的宪兵队中，韩国本土的政治力量，要么与日本人合作，要么就遭到残酷镇压。在韩国君主制政权的世袭要素被彻底取消后，日本官僚制管理的体制被建立起来。从此，在伊藤博文及其各位后继总督的强制下，高度发达的日本官僚制政府中的诸多元素，就这样被直接地移植到了朝鲜半岛。

1910年，日本在韩国的殖民政府中共有约10000名官员，到了1937年在各级政府中的公务员就达到了87552名。其中超过一半是日本人，高级职位的80%以上，中级职位的60%以上，办事员的50%以上都为日本人所占据。而法国在越南的殖民地，大约只有3000法国人来统治同样大小的殖民地。② 日本总督控制的官僚体制对朝鲜殖民地的渗透程度或强度都是空前的。

为了有效支持殖民全权主义的绝对统治，日本在韩国建立了中央高度控制的、训练有素的宪兵警察队伍。1910年只有大约6222名宪兵和警

---

① 姜万吉：《韩国近代史》，东方出版社1993年版，第204页。
② [美]阿图尔·科利：《国家引导的发展——全球边缘地区的政治权力与工业化》，朱天飚等译，吉林出版集团有限责任公司2007年版，第12—13页。尹保云：《韩国为什么成功——朴正熙政权与韩国现代化》，文津出版社1993年版，第22页。

察，1922年则有20777名，1941年超过了60000名。① 宪兵警察广泛分布、严密监督，他们几乎深入到韩国的每一个村庄，其具体职责也远远超过了一般的仅仅维持治安的警察部队。宪兵警察不仅维持治安，而且从户籍事务到日语普及、传染病预防、降雨量测量，以及坟地管制等，警察控制着政治、教育、宗教、道德、健康、税收与公共福利等所有领域的事务。"可以说朝鲜人从出生的一刻起到进入坟墓，一刻都逃不出宪兵警察的监视和统治。"② 日本殖民者把朝鲜半岛变成了一个殖民大军营。

1919年3月1日，在国际上"民族自决论"的影响下，韩国人民爆发了由30多万人参加的要求民族独立的游行请愿活动，并在中旬把运动扩展到全国的11府206个郡，共计有200多万人参加的游行和暴动。③ 从此以后，日本改变了"武力统治"的方式，实行所谓的"文化政治"怀柔政策。如非军人出身的文官也可以做朝鲜总督，废弃宪兵警察制度，扩大朝鲜人的教育机会等。但形式主义的"文化政治"，并没有改变殖民全权主义的统治本质。警察力量还是不断加强，并制定了《治安维持法》，对反对殖民统治的民族独立分子，处以更为严酷的刑罚；对报纸和结社、集会等还是加以严格控制。仅1929年，禁止发售报纸就达63次，新闻被删除就达82次之多。④ 所谓的"文化政治"只是日本殖民者分裂同化朝鲜人，加强其殖民地统治的怀柔伎俩。

总之，用阿图尔·科利的话来说，日本殖民者在朝鲜建立并运作起来一个具有高度渗透性凝聚性的殖民政权，这个政权能有效地压制社会、渗透并控制整个社会。这一凝聚性国家的核心要素就是一个高度集中的中央政权，这一中央政权首先拥有立法以及执行方面的绝对权力来设定和实现殖民目标，其次则是具有广泛渗透且纪律严明的文职官僚和

---

① [美]阿图尔·科利：《国家引导的发展——全球边缘地区的政治权力与工业化》，朱天飚等译，吉林出版集团有限责任公司2007年版，第15页。
② 《东亚三国的近代史》共同编写委员会：《东亚三国的近代史》，社会科学文献出版社2005年版，第69页。
③ 尹保云：《民主与本土文化——韩国威权主义时期的政治发展》，人民出版社2010年版，第63页。
④ 《东亚三国的近代史》共同编写委员会：《东亚三国的近代史》，社会科学文献出版社2005年版，第70—71页。

警察官僚。① 而这一具有高度强制性的殖民政权，则是完全服务于殖民全权主义的统治和殖民掠夺的扩展目的，而与殖民地的现代化与民主化发展没有半点主观关联。

（三）殖民统治下的民族抗争

随着西方殖民列强对东南亚地区殖民地瓜分和掠夺的推进，随之而起的就是殖民地人民各种形式的反抗活动不断涌现。在反抗殖民统治的艰难过程中，殖民地人民的民族意识和国家认同逐渐形成，并会聚成要求民族解放和国家独立的强大反殖民主义浪潮。

第二次世界大战中，日本帝国对这些国家的侵略和占领，突然结束了原来殖民国家的统治结构，给殖民地人民争取国家独立的运动带来机遇和鼓舞。二战结束后，在民族自治和国家独立的国际大潮冲击下，东南亚各国殖民地人民，在经过与新老殖民国家的武力抗争后，纷纷取得了国家独立并获得国际社会的认同和支持，也从此进入到自主推进本土民族意识和现代国家建构的新的历史时期。

1. 印度尼西亚

随着殖民统治和反殖民主义斗争的拉锯式推进，在20世纪之初，印度尼西亚接受西方教育和现代思想的新的年轻一代成长起来，印度尼西亚的民族主义意识和思想逐渐萌发，并不断地进行有组织的表达。在各式各样的民族主义组织的带领下，反抗殖民主义的民族主义运动不断壮大，并最终取得民族国家独立。

1908年，由中爪哇的医学学生建立的"至善社"，是印度尼西亚民族主义渴望的第一次有组织表达。它的宗旨是通过合法手段推进教育、科技和工商业的发展，不从事明确的政治活动。其成员一般仅限于传统的官僚贵族精英。但至善社在唤起印度尼西亚人民的民族意识和增加民族自尊心方面发挥了推进作用。至1909年，至善社已有40个分社，社员1万多人，其中大部分是公务员。②

其后，各种唤起印度尼西亚人民自主意识和民族意识的组织逐渐建立

---

① ［美］阿图尔·科利：《国家引导的发展——全球边缘地区的政治权力与工业化》，朱天飚等译，吉林出版集团有限责任公司2007年版，第16页。
② 梁英明：《东南亚史》，人民出版社2010年版，第148页。

起来,并在反抗殖民统治、保护本土人民利益方面发挥着越来越重要的组织化作用。

1911年,伊斯兰商业联盟建立,在第二年其改名为伊斯兰联盟,它的宗旨是在保持荷兰主权的情况下,建立印度尼西亚人的自治政府。至1915年,其拥有成员36万人。

1911年,另一个更明确的民族主义组织——东印度群岛协会成立,它号召民族独立,宣扬所有居住在东印度群岛的人们具有平等公民权的激进非种族主义思想,因此1913年被殖民当局禁止。但在1914年,继承其激进政治思想的东印度社会民主联盟建立,在它的政治纲领中第一次明确提出来印度尼西亚独立,主张以社会主义思想教育群众,建立工会和农民合作社等要求。1920年5月,社会民主联盟第七次代表大会决定将联盟改组为东印度共产主义联盟,1924年又改名为印度尼西亚共产党。从1920年到1927年,这一政治组织多次领导工人罢工,并发动了1926年底到1927年的武装起义,却遭到荷兰殖民政府的残酷镇压。

1912年,在日惹市,至善社成员阿赫迈德·达贺兰建立了穆罕马迪亚,其表面上是非政治组织,限于宗教和社会福利活动。它旨在印度尼西亚宣扬现代伊斯兰教思想。其后,一个与其密切相关的发展是1926年教士复兴会的建立。这是传统主义的穆斯林对达贺兰建立的穆罕马迪亚的迅速发展所作出的组织性反应。以期保卫他们更保守的伊斯兰习俗。尽管两者不是正规的政治组织,但它们的社会影响和反殖民主义也使其成为广义的民族主义运动的主要成员。[①]

1927年7月,以苏加诺为首的印度尼西亚民族联盟成立,翌年,其改名为印度尼西亚民族党。伊斯兰联盟、至善社都以团体身份加入该党,印度尼西亚民族主义组织力量得以整合壮大,这引起了荷兰殖民政府的恐惧和镇压。

随着印度尼西亚民族主义组织的多样化和快速发展,其民族主义组织内部也发生着分化甚至分裂。思想信仰上就存在着伊斯兰教、马克思主义、民族主义和本土信仰等多种思想元素和成分。印度尼西亚穆斯林也经常被划分为散蒂利教派和阿邦安教派。但反抗殖民主义的共同经验和政治诉求,鼓励他们发现共同的条件,锻造共同的身份认同,并把这种身份认

---

① 史蒂文·德拉克雷:《印度尼西亚史》,郭子林译,商务印书馆2009年版,第58页。

同设想为自己民族国家的一种国家身份认同。这是一种在殖民主义刺激下逐渐觉悟而产生的新的共同体意识，这就是现代的民族国家意识。正如印度尼西亚前总统哈比比所概括的：印度尼西亚国家的统一力量有其共同的历史，即"由同一殖民者 350 年来殖民开发的历史"①。

"印度尼西亚"在 19 世纪只是一个地理名词，印度尼西亚民族主义领袖哈达在 1922 年首次将其引入政治新意识之中，他把东印度群岛协会更名为印度尼西亚协会。1928 年 10 月，在巴达维亚举行的青年代表大会上，通过了著名的青年宣言，喊出了民族意识和国家认同的新口号："一个国家，印度尼西亚；一个祖国，印度尼西亚；一种语言，印度尼西亚语。"② 一个新的民族国家已经呼之欲出，势不可当！

面对不断强大的民族主义运动，荷兰殖民政府在镇压和逮捕的同时，也不得不采取怀柔和让步对策。1917 年殖民政府同意设立国民参议会，国民参议会开始时只有 19 个被选出的议员，其中 10 个是印度尼西亚人；还有 19 个成员是被任命的，其中 5 人是印度尼西亚人。到 1931 年，印度尼西亚人占到 30 个议席，25 个席位被分给欧洲人，5 个席位给予"外来东方人"。国民参议会的开启，并不能完全满足印度尼西亚民族主义者民族独立的愿望。但这一小小的让步，开启了殖民者和被殖民人民的和平直接对话，并为未来引进议会民主制度提供了最初的制度要素和民主训练。

第二次世界大战的推进，日本帝国突然中断了东南亚的殖民主义进程。1942 年 3 月，日本横扫东南亚后迫使荷兰投降，日本侵占印度尼西亚地域。原殖民者的退出，为印度尼西亚的独立提供了潜在的机会。在与日本侵略者的合作和斗争中，印度尼西亚民族主义组织也在不断壮大，1943 年成立的"祖国捍卫者志愿军"和 1945 年成立的"神的军队"，培育和训练了民族独立的武力力量基础。1944 年，爪哇奉公会的组织系统建立起来，这个组织通过现存的直到村一级的政府组织来广泛动员本土民众。

1945 年 8 月 15 日，日本战败投降，8 月 17 日，苏加诺和哈达在匆忙之中宣告印度尼西亚独立。但随后，企图恢复殖民统治的英荷联军入侵印

---

① ［印度尼西亚］巴哈鲁丁·尤素夫·哈比比：《决定命运的时刻——印度尼西亚走向民主之路》，李豫生等译，世界知识出版社 2008 年版，第 10 页。
② 史蒂文·德拉克雷：《印度尼西亚史》，郭子林译，商务印书馆 2009 年版，第 65 页。

度尼西亚，经过残酷曲折的5年抗荷独立战争，在美国和联合国的压力下，印度尼西亚人民终于真正结束了外来殖民统治，赢得了真正的民族国家独立。1950年8月15日，苏加诺宣布统一的印度尼西亚共和国成立。

2. 马来西亚

至1919年，整个马来半岛都处于英国殖民统治之下。英国人实行分而治之的政策，在海峡殖民地、马来联邦和马来属邦实行不同的管理体制。海峡殖民地，属于皇家殖民地，由英国殖民大臣指定的总督在行政、立法两个会议的协助下统治。马来联邦，是英国政府的保护国，由总驻扎官（后称联邦辅政司）向海峡殖民地总督负责。马来属邦，是英国的保护国，隶属海峡殖民地总督管辖。虽然三地设有不同形式的立法会议和州务会议，但各地的实际大权都绝对地掌权在总督和各级驻扎官手中，英国人对殖民地权力的绝对垄断完全服务于控制和掠夺殖民地的殖民化目的。

英国人以武力为支撑的绝对统治和现代政治行政管理体系的建立，在客观上为殖民地经济社会的发展提供了基本的法律保障和社会秩序，有效遏制了殖民地各种族之间的纷争和冲突，也建立起了以殖民地为基地的外向出口型经济。特别是具有现代化取向的教育的普及和发展，殖民地人民接受了现代教育的年轻一代成长起来，马来各民族的民族意识开始觉醒，宣传和推进民族自治和独立的运动也随之高涨。

1930年，马来亚共产党成立，它的起源则是19世纪20年代华人社团和华人民族主义组织，在当时英属马来亚华人多于马来人的情况下，[①]这反映了马来亚出现了民族性经济和社会的分裂状况。

1936年，马来亚成立印度人中央协会，用以维护印度人的利益。

1938年，尽管对"马来人"身份认同还有不同的分歧，州级马来人协会还是成立了，致力于维护马来人的利益，并服务于具体各州事务。

1939年末，马来青年联盟成立，这是一个民族主义组织，与荷兰东印度群岛涌现的左翼青年团体非常相似。

1940年，英属马来亚各团体举行盛大的"五一节"反殖民主义大集会，随后又组织了各种罢工活动，引起了殖民政府的强烈反应，也预示着

---

① 据1931年数据，当时英属马来亚的华人有1709392人，而马来人有1644173人。但外来的华人和印度人还是被看做暂时的移居者。芭芭拉·沃森·安达娅、伦纳德·安达娅：《马来西亚史》，黄秋迪译，中国大百科全书出版社2010年版，第289页。

反殖民主义的民族独立运动的高潮就要到来。

但在第二次世界大战中，日本的快速扩展，突然中断了英属殖民主义的统治。1941年12月，日本军队入侵和控制了马来半岛和婆罗洲诸州，日本军队以迅雷不及掩耳之势代替了英国的殖民统治地位。日本人以军事为后盾，第一次把马来人置于一个统一的政府管理之下，各州和各地方统治者的重要性大为降低。这就为马来亚以统一的国家形态实现独立提供了基础和机遇。但日本统治者对待马来人、印度人和华人的不同方式，更使先前复杂的民族关系增添了仇恨和纠结的因素。特别是由于马来亚共产党领导的马来亚人民抗日军的顽强抗战，马来华人受到了最残酷的迫害和屠杀。

1945年8月15日，日本战败投降，9月3日英国人重返马来亚。马来亚各民族和各政治组织，又重新开始了与英国就自治和独立问题的艰难斗争。

其实，早在1942年，英国就开始讨论战后马来亚的自治问题。1944年，英国政府接受了爱德华·根特的方案，计划将马来联邦、马来属邦、槟榔屿和马六甲各自独立分散的行政机构合并为一个"马来亚联盟"（Malayan Union），公民权将扩大到非马来人。1946年1月，英国在一份白皮书中公布了马来亚联盟的计划，新联盟将建立一个统一的国家，包括马来联邦、马来属邦、槟榔屿和马六甲，并设立一个中央政府、一个总督及立法和行政委员会，马来各邦苏丹将保留他们的地位，但是其统治权力移交给英国王室。但由于担心联盟的成立将损害马来人的传统和特权，也担心联盟将赋予非马来人平等的公民权利，当马来亚联盟在1946年4月1日成立时，立即遭到各苏丹和地方官员及马来人的有组织的强烈抗议。

1946年5月，马来人全国统一组织（即巫统）成立，拿督·翁担任第一任主席。马来人第一次团结在一个政治组织中，它得到了马来社会中几乎所有重要人物的支持，他们共同要求撤销"马来亚联盟"。

1946年8月，马来亚印度人国大党成立，提倡给予"非马来人"更大的政治权利。

由于马来人的强烈抗议，马来亚联盟根本就无法正常运作。无奈之下，英国放弃了这一计划，而同马来民族统一机构和各邦苏丹重新谈判，同意建立"马来亚联邦"（Federation of Malaya）。在1948年2月1日，马来亚联邦宣告成立。联邦将维护苏丹权利、各邦自身的特点以及马来人享有的特权。同时建立一个强大的统一的中央政府。对公民资格也设定了更严格的认定条件。随着马来亚联邦的成立，由于马来亚共产党的活动日益频繁和走向暴力，1948年6月，联邦宣布进入紧急状态，两年后，左翼的马来亚民族主义党也被取缔。

1949年2月，马来亚华人公会成立，致力于推进华人社区的"马来亚化"，主张华人参与政治，保护华人的利益和权利。在1952年2月的地方选举中，巫统和马华公会结成统一战线，两党同意在对内保持各自的政党地位和政治目标的格局下，对外联合一致地行动。从1952年到1954年，巫统—马华公会联盟赢得了268个市政议会席位中的226个。1954年12月，印度人国大党加入这一联盟，马、华、印联盟党正式成立。在1955年7月举行的联邦议会选举中，马、华、印联盟党赢得了81%的选票和52个选举席位中的51个。① 加上规定经多数党同意而由高级专员指派的5席，联盟党成为在议会中的绝对多数党。联盟党领袖、巫统主席东姑·拉赫曼出任马来亚联邦首席部长兼内政部长。

在战后反对殖民主义和民族独立的大潮下，1949年4月，英国议会许诺马来亚独立，翌年3月由英国首相予以重新确认，1952年新任高级专员坦普勒一就任，就宣布他的目标是建立一个统一的马来亚国家。1955年至1957年5月，以东姑·拉赫曼为首的联邦政府代表多次前往伦敦，同英国政府谈判独立及制宪等问题。1957年8月15日，马来亚独立宪法在立法会会议上得以批准，8月31日，正式的马来亚联邦成立，宣告马来亚联邦国家独立。

3. 菲律宾

美国在取得了对菲律宾的殖民统治地位后，随即开始了镇压菲律宾共和国领导的反抗力量。1899年2月，美国向菲律宾共和国军队发动进攻，到3月31日，共和国首都马洛洛斯陷落，革命武装力量被迫进入山区开展游击战争。

美国在无法根本消灭反美民族力量的情况下，希望通过政治手段来分化革命力量。1899年和1900年，美国先后成立两届菲律宾委员会并派往

---

① ［美］芭芭拉·沃森·安达娅、伦纳德·安达娅：《马来西亚史》，黄秋迪译，中国大百科全书出版社2010年版，第303—329页。

菲律宾考察政局，同时提供对策方案，它们在重申美国对菲律宾主权的同时，建议成立立法机构和文官机构，并表示将尊重菲律宾人民的传统和习惯。在美国强大的军事压力下，菲律宾共和国政府内部出现主战派和主和派的分裂，阿奎纳多总统动摇不定。1901年3月23日，阿奎纳多被美军诱捕。4月1日阿奎纳多投降并宣誓效忠美国。4月19日，阿奎纳多发表《致菲律宾人民书》，号召各地菲律宾抵抗战士放下武器并接受美国的统治。但各地仍不时爆发分散的抗美游击战斗。

1901年7月4日，美国菲律宾委员会主席塔夫脱任菲律宾的民政总督。起初，菲律宾委员会既是菲律宾最高的行政机构，也是最高的立法机构。到1902年7月，美国国会通过了菲律宾组织法案，规定将成立由80人组成的众议院，菲律宾委员会转成为参议院。同时还规定，菲律宾可以派两名代表出席美国国会，但没有表决权。美国希望借此法案对菲律宾原有殖民机构进行美国化政治改造。根据菲律宾组织法案，菲律宾从1907年开始实行议会制，并举行了第一次普选。但候选人须懂英语或西班牙语，并有严格的财产限制。菲律宾国民党在大选中获胜，由塞希奥·奥斯敏纳任众议院议长，曼努埃尔·奎松任国民党领袖。此后，原先多由美国人担任的政府部长也逐步由菲律宾人来担任。1912年以后，政府各部部长几乎全由菲律宾人来担任。

1916年，美国国会通过了第二个菲律宾法案，规定由参议院完全取代菲律宾委员会，参议院由24人组成，其中22人由选举产生，2人由菲律宾总督任命。众议院中84人由选举产生，9人由总督任命。总督有权否决立法机构通过的法案，美国国会也可以取消菲律宾的任何法令。[①] 美国仍握有菲律宾的最高主权和最终裁定一切的权力。这种统治制度一直持续到1935年建立菲律宾自治政府。

在20世纪30年代初世界经济危机的冲击下，美国改变了对菲律宾的政治态度，1933年1月，奥斯敏纳和罗哈斯成功说服美国国会通过了《海尔—哈卫斯—加亭独立法案》，也即《菲律宾独立法案》，但由于其中关于贸易和禁止菲律宾移民的条款过于苛严，遭到菲律宾国会的反对。1933年10月，奎松又说服美国国会通过了一项修订案，即《泰丁斯—麦克杜菲法案》，该法案规定在十年的自治政府过渡期以后允许菲律宾独

---

① 梁英明：《东南亚史》，人民出版社2010年版，第140—142页。

立。1934年,美国国会决定给予菲律宾自治权,3月23日,罗斯福总统签署法令,规定由民选制宪委员会制定一部菲律宾宪法。1935年5月14日,美国殖民当局主导制定的菲律宾宪法由公民投票批准。1935年9月17日,菲律宾举行了第一次国民选举,为自治政府做准备,国民党的奎松和奥斯敏纳分别当选共和国总统和副总统。11月15日,自治政府举行了就职仪式并开始运转。① 但菲律宾的国防和外交大权仍由美国掌握,美国在菲律宾建有海军和空军基地并有大量军队驻扎。

奎松自治政府成立以后,致力于采取一系列措施促使国家的"菲律宾化",健全现代政府机构,发展民族经济,推动土地改革,整顿社会风气,进行教育改革和提高妇女地位等。但殖民地时期的问题积重难返,加上美国对菲律宾政治和经济的控制,菲律宾现代国家的建构和发展仍十分艰难。1939年菲律宾举行了第二次国民选举,国民党再次获胜,奎松再次当选总统,奥斯敏纳当选副总统。

太平洋战争爆发后,日本侵略的触角伸向东南亚。1941年12月,日本军队开始在菲律宾登陆,美国在空军被摧毁后地面部队无法阻挡日军攻势。1942年1月,日军占领马尼拉,5月美国和菲律宾部队宣布投降,菲律宾完全被日本占领。日军扶持傀儡政权"行政委员会",开始实行军事管制下的"日本化"统治。1943年10月,日本占领当局还虚伪地宣布给予菲律宾"独立",宣布撤销军事管制,任命何塞·劳雷尔为"菲律宾共和国"的"总统"。1944年10月,麦克阿瑟率领15万人的强大舰队,协同菲律宾总统奥斯敏纳(流亡的奎松总统已于1944年8月在美国逝世),重回菲律宾。1945年7月5日,菲律宾获得解放。

美国虽然重新占领了菲律宾,但在战后强大的民族独立和解放的时代大势中,美国不得不同意如期给予菲律宾独立。1946年4月23日,菲律宾自治政府举行了最后一次选举,从国民党中分离出来的罗哈斯集团在美国的支持下,另行成立自由党。经过激烈的竞选,罗哈斯的自由党战胜奥斯敏纳的国民党,5月28日,罗哈斯和季里诺分别就任菲律宾自治政府的总统和副总统。1946年7月4日,菲律宾共和国成立并宣布独立。菲律宾作为独立主权国家开始了现代国家建构和政治发展的新的历史篇章。

---

① 马燕冰、黄莺编著:《列国志——菲律宾》,社会科学文献出版社2007年版,第101页。

4. 新加坡

1867年，新加坡在成为由英国殖民事务部直接管辖的殖民地后，海峡殖民地总督对新加坡拥有绝对的统治权，同时，英国在新加坡成立了两个重要机构。一是行政会议，由总督、负责海峡防务的军官和6名高级官员组成。二是立法会议，由总督和12名官吏、12名非官吏组成，总督任议长。1868年，英国殖民事务部通过最高法庭案，规定在新加坡的大法官对立法会议和总督负责。行政会议协助总督处理行政事务，立法会议负责立法，以大法官为首的司法机关行使司法权。① 总督在立法和司法方面享有最终决定权，同时担任行政会议和立法会议的主席。总督、行政会议和立法会议的成员都由欧裔白人担任，新加坡本地人被完全排斥在政治过程之外。

1933年，英国政府批准，将海峡殖民地、马来联邦和马来属邦合并组成马来亚殖民地，并制定统一的关税和贸易制度。英国在马来半岛和新加坡的殖民统治巩固并统一起来。

1942年2月到1945年8月，日本的侵略占领，暂时中断了英属殖民统治。日本投降后，英国立即派军队进入马来亚和新加坡，9月在马来亚和新加坡成立临时军政府。如何处理马来亚共产党领导的马来亚人民抗日军的武装问题，成为军政府面临的最大问题。

1945年12月，新加坡第一个现代政党——马来亚民主联盟成立，该党以结束英国殖民统治，建立一个包括新加坡和马来亚在内的统一国家为宗旨，但该党很快消退。

1946年，英国政府在提出建立马来亚联盟的计划时，将新加坡排除在马来亚联盟之外，新加坡单独成为英国的直辖殖民地。新加坡由一名英国总督治理，并建立行政会议和立法会议等机构。行政会议由11名成员组成，其中7名为官方议员，4名为非官方议员（由总督任命）。立法会议将由22名成员组成，其中9名为官方议员，13名为非官方议员（内有9名经选举产生）。此外，还设有市政委员会等机构。

由于在抗击日本侵略中的重大作用，战后以马来亚共产党为代表的左翼政治力量在新加坡影响巨大，并要求新加坡独立。1945年10月，马共在新加坡成立了总工会，1946年总工会发动总罢工。由于担心马共势力

---

① 卢正涛：《新加坡威权政治研究》，南京大学出版社2007年版，第61页。

在新加坡的扩张，1948 年 6 月，英国宣布新加坡进入紧急状态，宣布马共为非法组织并用武力来围剿马共的武装力量。对此，左翼中的温和派作出了反应，也成立了相应的自己的政党。1947 年 8 月，陈清方等人就发起成立了新加坡进步党，主张新加坡与英国合作，争取逐步走向自治。1948 年，与进步党政治性质相近的民主党成立，同属保守政党、右翼政党。1956 年，进步党和民主党合并为自由社会党。1948 年，新加坡劳工党成立，主张新加坡自治，然后与马来亚合并而实现独立。1951 年后，劳工党内部形成以林有福为首的温和派和以威廉斯为首的激进派，导致 1952 年出现分裂。1954 年，新加坡劳工党与新加坡社会主义党合并为劳工阵线。

1948 年 3 月，在新加坡人民要求自治参与的压力下，新加坡举行了自开埠以来的第一次选举，选举结果如下：在立法会议 22 名议员中，官吏议员 9 名，总督指定 4 名，英人总商会、中华总商会和印度人总商会三大功能团体各选 1 名，6 名民选议员，其中进步党 3 名，无党派人士 3 名，进步党是唯一一个参加选举的政党。①

虽然立法会议根本上还是受到英国政府和总督的掌控，但毕竟开启了通过部分选举赋予立法机关合法性的参与大门，是英国在新加坡移植和培育议会民主制的起点，对独立以后的新加坡议会内阁制也有深远影响。

1953 年底，英国政府派出以乔治·伦德尔为首的制宪调查团。1954 年 2 月，英国政府发表了伦德尔报告书，即"宪法委员会报告书"，主要政治设计为：成立一个由 32 个议席组成的立法会议，其中民选议员 25 人，官方议员 3 人，非官方议员 4 人；以部长会议取代行政会议，其主席仍由原来的行政会议的首脑——总督担任，首席部长由立法会议中多数党领袖担任，其中，6 个部长由民选议员担任，政务部、司法部和财政部 3 个重要部门由英国殖民官员担任，新加坡的外交、防务和内政仍由英国负责。②

1954 年 11 月，新加坡人民行动党成立，该党的宗旨即为不使用武力而获得民族的独立和自由。以李光耀、林清祥等为首的行动党成立之后，随即投入到即将到来的大选中，由此，人民行动党登上新加坡的历史舞

---

① 梁英明：《东南亚史》，人民出版社 2010 年版，第 213—216 页。
② 陈祖洲：《新加坡："权威型"政治下的现代化》，四川人民出版社 2001 年版，第 86 页。

台，并长期左右着新加坡的现代化进程和政治发展。

  1955年4月，根据伦德尔宪制改革规划，新加坡举行了立法会议选举，大选结果是：劳工阵线获得10席，进步党获得4席，人民行动党获得3席，民主党获得2席。在选举中获胜的劳工阵线领导人大卫·马歇尔和林有福分别担任首席部长和副首席部长。这次选举在形式上确立了民选政府对议会负责的内阁制政府机制，但以马歇尔为首的民选政府权力，处处受制于英国总督及其重要部门的英国部长，甚至连马歇尔的办公室都要由总督来安排。[①]

  1955年大选后，新加坡民众政治参与热情随之兴起，争取完全自治独立的运动进一步高涨。1956年3月9日，新加坡劳工阵线、人民行动党、自由社会党等举行联席会议，决定发起"默迪卡（独立）运动周"的大型活动，共有20多万人在独立意见书上签名。但因与英国政府在新加坡政治地位问题上谈判未果，马歇尔辞去首席部长职务，由林有福接任。其后，新加坡各政党代表又于1957年和1958年两次赴伦敦与英国政府谈判，1958年英国政府最终同意新加坡自治的要求。其中重点在于：新加坡今后成为新加坡自治邦，新加坡首席部长改为总理，拥有最高行政权，由英王委派一位出生于马来亚的人士充任新加坡之国家元首，新立法议院共由51名议员组成，全部民选，由英国殖民部委派的政务部长、财政部长和司法部长将由民选部长接替，新加坡将拥有与外国进行贸易和文化交流的权力，英国政府将控制防务和外交。这一《新加坡自治宪法草案》于1958年11月由英国政府颁布。[②]

  1959年5月31日，新加坡举行了自治后的第一次大选，1954年刚成立的人民行动党大获全胜，获得了51个席位中的43席，以54.1%的得票率成为多数党。6月3日，以李光耀为首的新加坡自治政府登上历史舞台，开始了李光耀和人民行动党长期执掌国家政权的传奇故事。

---

 ① C. M. Tumbull, *A History of Singapore 1819—1988*, Singapore: Oxford University Press, 1998, p. 258.
 ② 卢正涛：《新加坡威权政治研究》，南京大学出版社2007年版，第65—66页。

第三章

多党冲突的民主初试时期

　　第二次世界大战的结束,使东亚各国的现代化和政治发展有了崭新的契机和转折。由于殖民化程度和内在发展水平的各不相同,东亚各国走向了特征各异的政治发展之路。

　　日本和泰国在西方列强的强制和压力下,通过修宪变法而改造原来的传统政治体系,在君主立宪制的架构下,迈开了和平渐进民主化的现代化步伐;韩国、中国台湾地区、印度尼西亚、马来西亚、菲律宾和新加坡则经过与殖民列强的不断抗争后,取得了民族的解放和国家的独立,走向了现代国家建构和现代化发展的曲折之途。

　　但在匆匆上路和匆忙移植西方民主政治体系之后,东亚各国这一时期基本上都处于多党竞争和政局不稳的民主初试时期。民主发育的社会条件和民主文化的欠缺和薄弱,多党竞争和各方冲突的政治格局,使东亚各国的现代化发展艰难迟缓和充满变数,也给威权发展型政权的上台提供了历史机缘和合理性根据。寻找适合各国实际的现代化道路,平衡经济发展和政治发展、社会秩序和社会活力的关系,也使多党冲突的民主初试时期充满了各种艰难的抉择和探索。东亚各国的现代化之路,也从早期的被动盲从的模仿性阶段,逐渐地进入到自主自觉的探索性阶段。

一　君主立宪制下的多党冲突

　　传统政治资源的开掘和改造,可以为现代国家的政治体系建构提供历史性基础和支撑,没有经过彻底民主革命的日本和泰国,都是在传统君主制的民主化改造中,逐渐地开启现代民主国家的进程的。日本经过二战战败的摧毁性挫折,在美国的单独占领下,被强制性移植建构了现代民主体系，走向了多党竞争的战后民主。泰国虽然幸免于被完全殖民化的悲惨命运，但也是在战前西方列强的殖民威胁下，通过军人政变的途径被快速转向民主化之途的，留下了惯例性军人干政的长期隐患。通过传统君主制的立宪化改造而引进的多党竞争体系，虽有作为国家象征和权力平衡的君主的终极性协调，但在支持多党体制的政治力量和社会基础还极不稳定的条件下，同样呈现出多党冲突、政局不稳的充满变数的政治演化格局。

1. 日本

作为东亚最早进行现代化维新变革的日本，有过早期的和较长时间的多党民主的经历，从明治初年的民权论和国权论的争论，到大正民主时期的议会制实践和多党纷争，日本的多党民主有了一定的社会基础和政治经验。只是到了军国主义崛起之后，多党民主被军部势力强制终止，只允许成立为军国主义御用服务的"大政翼赞会"。二战结束之后，日本在被美国占领的困局中，被强制开始了第二次的"返工的现代化"。[①] 进入多党竞争民主的"二次再试验"。

1945年8月30日，麦克阿瑟以盟军最高司令官的身份飞抵日本，开始了美国占领日本、以美国为主导变革日本政治的重新民主化进程。美国占领当局力图恢复日本国民中的民主主义倾向和扫除日本军国主义，因而非军事化和民主化就成为日本战后改革与重整的总体方向。

1945年9月10日，盟军总部向日本政府递交的第一项改革指令即为《关于言论和新闻自由的指令》，随后又陆续发布了《关于日本新闻规划备忘录》，《废除对新闻、电影、通信一切限制的法令》。10月14日，麦克阿瑟颁布《撤销对于政治自由和其他自由的限制的法令》，正式拉开了战后日本政治民主改革的大幕。[②] 同时，美国占领当局还通过解散军队、逮捕战犯，废除治安维持法、释放政治犯和剥夺军国主义者公职等措施，清除军国主义的保守势力，为非军事化和民主化改革扫清道路。

民主化大门的重新开启，促使日本原先被压制的各种政党组织重现活力，各种各样政党也相继重建和成立。1945年11月2日，日本社会党成

---

① [日]富永健一：《日本的现代化与社会变迁》，李国庆、刘畅译，商务印书馆2004年版，第104页。

② 张伯玉：《日本政党制度政治生态分析》，世界知识出版社2006年版，第52页。

立，11月9日，日本自由党成立，11月16日，日本进步党成立，12月18日，日本协同党成立，12月3日，日本共产党成立。在这五大政党中，日本自由党、日本进步党、日本协同党属于"保守政党"，日本社会党和日本共产党属于"革新政党"，初步隐含着"保革对立"的政党制度发展格局。除了五大党之外，日本各地还相继建立了360多个小党，可谓是"群党乱立"的时代。

1946年4月10日，日本举行了战后第一次众议院选举，选举结果展现五大党分立现象：在466个议席中，自由党140席，进步党94席，社会党92席，协同党14席，共产党5席，其他各党派38席，无党派81席。① 但占领时期的日本政治变革并不由日本政党组织来左右，而是由美国占领当局来控制其政治进程和政治体系的设计。这尤其体现在美国主导下强制性制定的日本宪法。

1945年末，美国最高司令部命令日本政府对宪法进行修改。1946年初，币原内阁领导的宪法修订委员会提出了两套新宪法修改方案，但都遭到麦克阿瑟的否定。2月3日，麦克阿瑟命令盟军最高统帅部民政局起草宪法。在没有日本人参与的秘密状况下，共由27个美国人参与起草，仅仅用了7天时间就完成宪法起草，并在威胁日本天皇和政府的情况下进行了最小范围的修改，即强迫日本接受。② 1946年11月3日，《日本国宪法》公布，并于1947年5月3日正式实施。

日本新宪法体现了国民主权主义、和平主义、尊重基本人权这三大基本原理，确立了象征天皇制、国会至上、议会内阁制、司法独立、地方自治和非武装和平主义等一系列民主政治的基本原则和制度体系。在修改宪法的同时，美国最高占领当局还指令日本政府制定了一系列具体法律来保证新宪法的实施，如1947年的《参议院选举法》、《内阁法》、《地方自治法》、《国会法》、《公务员法》，1948年的《国家行政组织法》、《政治资金规正法》，1950年的《公职选举法》等。日本通过新宪法重新架构的民主法治体系，在多党竞争的动力机制中开始运转起来。

在新宪法确立的议会内阁制的宪政体系架构中，内阁对国会负责，由

---

① 王振锁、徐万胜：《日本近现代政治史》，世界知识出版社2010年版，第204页。
② ［德］戈特弗里特—卡尔·金德曼：《中国与东亚崛起——1840—2000》，张莹等译，社会科学文献出版社2010年版，第377—378页。

国会中的多数党或多数党联盟组阁。所以，议会中议员政党身份的改变，就会影响执政党议会席位的多少，战后初期频繁的政党分化和重组的变数，就直接地影响到内阁的稳定及频繁改换。加上不时发生的解散国会、重新大选，这一切都改变着国会中各政党的席位，并进而影响到内阁的更替，因此，这一多党冲突时期的内阁就经常处于不断的改组和更换之中。

1946年战后第一次大选后，4月22日，币原喜重郎首相辞去职务。由于任何政党都没有取得议会多数席位，自由党总裁吉田茂出任首相，第一届吉田茂内阁成立，组成自由党和进步党的"保守联合"内阁。吉田内阁的政治改革任务是协助修改和公布落实新宪法。

此后，日本各政党也处于不断的分化重组之中。1946年5月8日，日本协同党联合日本民主党及其他小会派，组成协同民主党，拥有国会议员增至42人。1947年3月8日，协同民主党又与国民党合并，组建国民协同党，众议院议员增至78人。1947年3月，日本进步党宣布解散，组建民主党，日本自由党内部也发生分裂，芦田均等人退出自由党后加入民主党。民主党成立后，进步党114名议员全部加入民主党，加上自由党的芦田均等9人，国民协同党的15人，小党派和无数党派有7人也加入，共计有145名议员，民主党一举成为众议院的第一大党。① 政党分化组合的"幽灵"变数，影响着各个政党的众议院席位的多少，进而影响组阁与否和内阁稳定，这样的政党—内阁变换路径由此形成，并在其后的日本政治中不断地发生着联动效用。

1947年4月，日本进行了宪法公布后的"国民主权下"的第一次大选。在众议院中，日本社会党意外获得143议席，自由党获得131议席，民主党获得124议席，国民协同党获得31议席，共产党获得4个议席，其他小党18席。由于没有一个政党取得过半数的绝对多数，多党联合组阁谈判的进程异常艰难，直到6月1日，以社会党委员长片山哲为首相的联合内阁终于组成，片山内阁中17名成员，社会党7人，民主党7人，国协党2人，参议院绿风会1人。片山内阁是日本历史上第一个社会党组阁的内阁，是"保守、革新联合内阁"。由于没有稳定的多数，在民主党分裂为以芦田均为首的主流派和以币原为首的反主流派的外压下，加上社会党内部分裂为左派和右派，短命的片山内阁在1948年2月辞职。经过

---

① 王振锁、徐万胜：《日本近现代政治史》，世界知识出版社2010年版，第220页。

艰难协商之后，1948年3月，以民主党总裁芦田均为首相的三党联合内阁组成，内阁中民主党人6人，社会党人8人，国协党2人。① 但政党的分合重组的"幽灵"变数，同样威胁着这个多党联合内阁的稳定性。

民主党分裂后，以币原为首的反主流派退出民主党后，组建同志俱乐部，随后斋藤隆夫等人退出民主党后与同志俱乐部合并成立民主俱乐部。1948年3月，民主俱乐部又与自由党合并，成立了以吉田茂为总裁的民主自由党。由此，民主自由党在众议院的议席增加到152席，这是保守势力的第一次大联合。同时，社会党分裂出了社会革新党和劳动者农民党，社会党实力受到极大削弱。

芦田内阁的成员由于直接牵涉"昭和电工事件"的受贿案件，芦田内阁被迫总辞职。由于民主自由党在众议院中的大党地位，民主自由党总裁吉田茂第二次奉命组阁，1948年10月，第二届吉田内阁成立。但由于民主自由党在众议院中只占34%的议席，属于民主自由党单独组成的少数派内阁，12月，国会通过对吉田内阁的不信任案。吉田起而反击，于1949年1月宣布解散众议院、提前举行大选。大选后，吉田的民主自由党议席猛增到264席，占议席总数的56.7%，单独组阁成为可行。1949年2月，稳定有效的第三届吉田内阁形成。在此后，民主党总裁芦田均被犬养毅取代，在是否和民主自由党联合组阁问题上发生分歧，民主党发生分裂。1950年2月，主张联合的22名民主党议员并入民主自由党。3月，民主自由党改名为自由党。而原民主党在野派与重组后的国协党等党派联合于4月组建国民民主党。② 此后，众议院议席分配为：自由党286席，国民民主党67席，社会党46席，吉田内阁就在这种自由党稳占多数的基础上，从占领后期一直执政到日本独立后的初期。

日本政党体系的稳定，保障了国会多数党席位的稳定，进而保障了内阁的稳定和政治格局的稳定，这是日本政治发展和民主化进程一再被验证的规律性现象。

在日本国内多党竞争政治格局不断变换的同时，国际政治格局也发生了深刻的变化，特别是随着冷战格局的形成和朝鲜战争的爆发，日本也从美国的民主化改造对象，变成了对抗共产主义势力的前哨阵地，美国也因

---

① 张伯玉：《日本政党制度政治生态分析》，世界知识出版社2006年版，第115页。
② 王振锁、徐万胜：《日本近现代政治史》，世界知识出版社2010年版，第228页。

此改变了对日本的战略和政策。

从第三届吉田内阁成立后，美国对战后初期的日本民主化改革方向和原则进行了调整和修正。如重整军队力量、成立自卫队；修改劳动法规、限制工人运动；撤销剥夺公职令、恢复军国主义分子的公职和活动；镇压革新性力量、进行"赤色整肃"等，在极大地削弱革新力量的同时，巩固了保守势力的地位和实力，使日本的政治运转格局发生了保守化转向。1951年9月，在美国的主导下，签订了对日媾和的《旧金山和约》，同时签订了具有军事同盟性质的《日美安全保障条约》。1951年10月，日本国会参众两院通过了《媾和条约》和《安保条约》，1952年4月28日，媾和、安保两条约生效。日本在法律形式上取得独立，恢复主权。

同时，1951年10月，因对媾和问题意见发生分歧，社会党内部裂痕加深，分裂为左派社会党和右派社会党。在保守政治力量一方，随着撤销整肃而复出的政界保守人物，在自由党内部形成了以鸠山一郎为首反主流派，自由党内部面临分裂：自由党内的主流派吉田派有140名议员，而鸠山派有119名议员。吉田派自由党内阁从内部发生了动摇。同时，自由党外部的保守势力也在进行着联合，1952年1月，国民民主党，联合以旧民政党为基础的新政俱乐部、农民协同党、参议院绿风会、第一俱乐部等保守力量，成立了改进党，书记为三木武夫。改进党的成立从外部对吉田内阁也构成了挑战。

在党内外反吉田势力的夹击之下，吉田突然宣布解散众议院，提前举行大选。1952年10月大选后的结果是：自由党共获得240席，其中吉田派73席，鸠山派68席，中间派99席。改进党85席，右派社会党57席，左派社会党54席，劳农党5席，共产党一席未得，其他各派和无党派人士26席。① 吉田受命组织第四届吉田内阁，而自由党内的反吉田派则在吉田组阁后，结成了反吉田的民主化同盟，继续给吉田内阁施压。1953年3月14日，三木、河野等23名民主化同盟派退出自由党，组建院内团体"分党派自由党"，同时，在野党对吉田内阁的不信任案，因"分党派自由党"的赞成而通过，强硬的吉田再次选择解散众议院。3月16日，自由党内的广川派15人退出自由党，并于分党派自由党合并，组成所谓

---

① ［日］升味准之辅：《日本政治史》（第四册），董果良、郭洪波译，商务印书馆1997年版，第1000—1001页。

的鸠山自由党。4月19日重新大选的结果是：吉田自由党获得199席，鸠山自由党获得35席，改进党获得76席，右派社会党获得66席，左派社会党获得72席，劳农党5席，共产党1席。5月，第五届吉田少数执政党内阁成立。此后，在修改宪法和重整军备等问题上，保守和革新两大集团的意见分歧越来越加深，而吉田自由党和改进党、鸠山自由党之间的政见主张则有了实质性的接近，为保守势力的再次联合奠定了基础。

1954年11月24日，以鸠山为首的反吉田势力大联合，一致同意组建反吉田的新党，因此日本民主党成立，拥有众议员121名，其中改进党68人，日本自由党8人，自由党鸠山派和岸派37人，无党派和小党派8人，鸠山任总裁。日本民主党成立后，11月30日，立即联合左右两派社会党对吉田内阁提出不信任案，吉田内阁总辞职。左右两派社会党以早日解散国会为条件支持日本民主党总裁鸠山组阁。1955年1月，鸠山内阁解散众议院，2月举行大选，大选结果是：民主党185席，自由党112席，左派社会党89席，右派社会党67席，劳农党4席，共产党2席，无党派8席。革新阵营的两派社会党、劳农党和共产党共获162席，占议席总数的34.7%，超过议席总数的1/3，堵死了保守阵营修改宪法所需2/3议席之路。[①] 3月19日，第二届鸠山内阁成立。

就在吉田内阁风雨飘摇之际，两派社会党产生了通过合并来夺取政权的设想，1955年1月18日，两派社会党各自召开临时大会，分别通过了迅速实现合并的决议，9月3日确定了统一后的日本社会党纲领草案，10月3日，在两派社会党存在严重分歧的情况下，宣布日本社会党成立。

两派社会党的重新合并，并没有实现上台执政的目的，但却极大地刺激了保守阵营，并加快了保守势力大联合的节奏。还有为了稳保鸠山内阁的执政地位和政局稳定，保守政党联合也势在必行。1955年4月12日，民主党总会长三木武吉发布保守势力联合的号召，5月23日，民主、自由两党的干事长和总务会长进行会谈，6月4日，民主党和自由党总裁鸠山和绪方举行正式会谈，商讨两党合并事宜。同时，在日本财界组织的大力吁求和经费捐助的支持下，终于在1955年11月14日，自由、民主两大党分别召开解散大会，15日，举行自由民主党成立大会，参加自由民

[①] 张伯玉：《日本政党制度政治生态分析》，世界知识出版社2006年版，第160—164页。

主党成立的众议院议员299人，参议院议员118人，由此，一个强大的保守政党——自由民主党诞生，也由此开启了自民党一党优位长期执政的新的历史时期。

2. 泰国

由于泰国是东亚国家中除日本以外，唯一没有被殖民化的国家，泰国的政治发展保持了自己传统的节奏和特征：一是迈开民主化步伐的时间，是在1932年政变之后的君主立宪制实行；二是政变前后崛起的军人力量从此成为支配泰国政治发展的决定性因素，君主立宪制的多党竞争多是处于军人政权放松控制之际或过渡时期。军人独裁和文官民主交替循环，成为此后泰国政治发展和民主化进程中的独有特点。

1932年6月24日政变之后，政变集团逮捕了曼谷的王室成员和大臣，控制了首都，成立了以披耶·帕风为首的临时政府。6月26日，拉玛七世返回首都，被迫同意了民党的要求，并于27日签署颁布了比里·帕侬荣代表民党起草的《1932年临时宪法》。宪法宣告了"国家的最高权力属于全体人民"，宣布实行君主立宪。

根据宪法，民党指派了70人组成临时议会作为立法机关，同时采取了与保皇派合作的态度，任命保皇派领袖玛努·巴功出任国民委员会（临时内阁）总理。玛努·巴功通过拉拢以披耶·颂素拉德上校为首的军人中的民党保守派，逐渐掌握了临时政府的主导权。1932年12月，制宪委员会颁布暹罗国永久宪法，永久宪法取消了临时宪法对国王的限制，赋予国王更多的权力：国王行使国家主权，国王神圣不可侵犯，国王拥有指挥三军、解散议会等大权。面对保守保皇派的反扑，民党自由派领袖比里·帕侬荣作出回应，1933年2月，他提出了"社会经济发展计划"，主张实行高度计划经济，实现土地和资本的国有化，推行经济民族主义政策等。但他的经济改革计划遭到保守势力的反对，被指责为"共产党人的计划"。同年3月，内阁总理玛努·巴功下令所有官员退出民党。4月，国王下令解散议会，重新组阁。4月12日，比里·帕侬荣被迫流亡国外，披耶·帕风等民党高层被迫辞职。4月21日，国王下令解散民党，改为社会团体性质的俱乐部。保守保皇势力在第一轮政治博弈中暂时占了上风。

玛努·巴功等保皇势力的专权，引起了民党内少壮派军官集团的强烈不满。1933年6月20日，以披耶·帕风为首的民党军官集团发动政变，占领了曼谷，迫使玛努·巴功辞职，恢复议会，决定由披耶·帕风任总理，民党重新夺回政治的主导权。9月，比里·帕侬荣回国。10月，国王的堂兄波翁拉德亲王从呵叻府起兵造反，民党政府拒绝和谈，中校披纹·颂堪领兵反击并取得胜利，从此披纹·颂堪实力渐强，而比里·帕侬荣逐渐丧失在民党中的影响力。11月，全国举行大选，只有不到10%的合格选民参加了投票。民党在大选中获得最多的选票，披耶·帕风连任总理，经过民党和保皇派的反复较量，暹罗的君主立宪制终于确立。①

1934年1月，拉玛七世以治病为由前往欧洲，1935年3月，拉玛七世在英国签署诏书，宣布退位。从此直到1957年，泰国王室在泰国政治变迁中是缺席的。保皇势力从此消退以后，民党内的派系权力博弈渐强，一是以披耶·帕风为首的高级军官派系，二是以披纹·颂堪为首的年轻陆军和海军派系，三是以比里·帕侬荣领导的文官派系。而在泰国危机重重的国内外压力中，决定了政治竞争将对具有军事实力的年轻军人更为有利。

1938年11月，议会举行第一次直接选举，人口中26%的选民参加了投票，选举了全国委员会182个成员中的91个，另一半成员由任命产生。议会的职能开始显露。1938年9月，在一个预算案的通过中，议会迫使内阁辞职，厌倦了权力斗争的披耶·帕风就此从公共政治生活隐退。12月，披纹·颂堪成为总理。开始了披纹1938—1944年的第一次掌权。

披纹大权在握后，立即开始了建构现代民族主义国家的伟大进程，25人的内阁中15人是军人，而国防和内务事务则由披纹亲自掌管，这样就能够确保他自己密切控制军人和省级长官，保证了披纹有强大的权力来实施他的国家构想。在一个月之内，他以阴谋推翻政府为罪名，逮捕了40多名王室成员、旧官僚贵族和政治反对者，他还修改宪法，把训政期从10年延长为20年，在训政期间，议会的一半成员是任命的。

披纹更大的抱负是建设一个新的民族的民族国家建构。他在1939年把"暹罗"的国名改为"泰国"，这将意味着国家属于泰人，而不是属于经济上占主导地位的华人。披纹开始了一系列民族国家的制度性建构：政治上，消除民众的地区主义传统，促进对统一的民族国家的效忠。经济上，颁布一系列反华人的法令，组建股份公司控制大米、食盐、烟草和石

---

① 梁英明：《东南亚史》，人民出版社2010年版，第158页。

油等贸易，许多职业禁止非公民进入。文化上，政府在1939—1942年颁布了12个"文化命令"，旨在激发民族精神和民族道义，并把进步的趋向和"新鲜感"灌输到泰人的生活中。①披纹极力通过这种大众民族主义的动员，把泰国塑造成为一个现代的民族国家，紧紧地聚集在强大的领袖之下，以应对步步逼近的世界大战的危机。

在日本侵略者的紧逼之下，披纹认为，泰国人没有别的选择，只能同意日本军队借道泰国的要求，来换取日本尊重泰国独立地位的保证。1941年12月，泰国与日本签订了一个军事同盟关系，一个月之后，这种关系扩展成泰国向美国和英国宣战。同时，泰国驻华盛顿大使社尼·巴莫领导的反日"自由泰"运动兴起，而自由泰运动的国内接应者则是此时被任命为摄政的比里·帕侬荣。1944年7月8日，日本的东条内阁辞职，仅仅六天后，泰国的全国议会拒绝了两个政府法案，并且迫使披纹政府辞职。宽·阿派旺被任命为总理，在当时复杂的国际环境中，宽总理忙于应付日本，而摄政比里则通过自由泰对付盟国。日本的突然投降，促使泰国政局也发生变化，作为摄政，比里把泰国对盟军宣战称为是不合法的、无效的，并且取消了披纹与日本签订的所有条约。由于过去与日本的联系，总理宽·阿派旺被迫辞职，组成由文官政治家塔威·波雅克特领导的看守政府。1945年9月，社尼·巴莫回国担任内阁总理，接着，泰国与美国、英国等国恢复了外交关系。

由于战后军人政府不得人心，政治性政党涌现出来并组织竞选。1946年初，至少有四大政党展示在政治舞台上：以比里为首的民党，宽·阿派旺领导成立的民主党，以社尼弟弟克立·巴莫为首的进步党，以及东北部的合作党。此时，1942年成立的泰国共产党也获得合法的地位。但此时的政党还相对不成熟，除成立于东北部的合作党外，其他政党基本没有基层大众支持的基础。所谓的政党，只是少数政治家之间的松散联合组织起来的政治派系，并且政党内部的关系常常被个人争权夺利所撕裂。

1946年1月，泰国举行战后多党大选，两个支持比里的政党获得了议会中的大多数席位。而大选后产生的宽·阿派旺内阁只存在了两个多月就被迫辞职，由比里·帕侬荣接任组阁。比里组织领导新宪法的起草，该

---

① [美]戴维·K.怀亚特：《泰国史》，郭继光译，东方出版中心2009年版，第245—247页。

宪法1946年付诸实施，新宪法使政党合法化，并引进两院制国会，众议院议员由选举产生，参议院议员由众议院产生。比里政府对右翼军人势力采取了妥协的策略，未经审判就将被捕的披纹等人释放。

1946年6月，刚刚回国即位不久的拉玛八世在卧室中遭枪击身亡。在瑞士求学的弟弟普密蓬·阿杜德继承王位，史称拉玛九世，由于年少求学，1950年才回国加冕。右翼军人集团利用国王之死迫使比里政府辞职，1946年8月，宪法阵线的领导人探隆·那瓦沙继任总理，右翼军人集团实际上掌握大权。① 这次由于比里的政党失去对国会的控制，议会制政府陷入混乱，1947年11月，以中将平·春哈旺、上校沙立·他那叻等为首的陆军部队发动政变，推翻现政府。宽·阿派旺被任命为过渡政府总理，并暂时保留1946年宪法。1948年1月举行的选举中，宽的民主党在议会中获得微弱的多数，而比里的政党遭到惨败。眼看民主党势力再次变大，军人集团一次次使用武力，迫使宽辞职，披纹在军人的拥护下1948年4月8日也再次成为总理，泰国政治再次进入军人专制的时代。

披纹政府上台伊始，即宣布泰国共产党及其领导的工会组织为非法，并以武力强行镇压工农运动。1949年3月，披纹集团控制下的国会修改宪法，使政府不再受国会的限制。1951年11月，披纹政府宣布恢复1932年宪法，废除刚刚制定的1949年宪法，披纹政府获得任命半数国会议员的权力。随后，披纹政府又宣布解散国会，取缔政党和政治集会。1952年3月，披纹集团将1932年宪法修订后重新颁布，新宪法恢复一院制国会，半数民选，半数任命，从此，披纹政府完全控制着国会。1952年，在军人专制控制下的泰国国会，通过新的反共条例。1954年，通过加入东南亚集体防务体系条例。

在多次镇压反政府的政变之后，特别是1951年镇压"曼哈顿号"政变之后，披纹不得不面对1947年政变团中两个主要对手权力的崛起，一是以少将帕敖·斯雅依为总长的高达4.5万人的警察部队，二是以陆军元帅沙立·他那叻为首的6.5万人的陆军。披纹只是不安地主持着这三头政治，并且逐渐地失去与其两个对手竞争的能力。到了1955年，披纹似乎已经意识到他正在失去控制政局的能力。当年，他延长访问美国和英国，回国后立即主动掀起了民主改革的运动，解除党禁，开放舆

---

① 梁英明：《东南亚史》，人民出版社2010年版，第238页。

论监督，民主化地方政府，承诺自己将成为民选议员总理等。披纹其实自己打着如意算盘：获得民众的敬重和爱戴，以民主之手制约沙立的军队和帕敖的警察。

1957年2月的民主选举终于开始了，披纹领导的社里·玛兰卡西拉党只有通过公然欺诈、选举舞弊、篡改和威胁等非法手段，才勉强获得超过半数的席位——162席中的85个。① 然而，公众对这一"泰国历史上最肮脏的选举"的愤怒和抗议，终于使披纹的竞争者找到了"翻天"的时机，沙立"顺势"也站到了抗议者一边。披纹的民主化改革为时已晚。1957年9月17日，武装部队最高司令沙立·他那叨发动政变，披纹政府就此垮台。沙立自认武装部队最高统帅及国家社会主义党主席，朴·沙拉信被奉命组织看守政府，披纹和帕敖逃亡国外。一个军人专制政权倒台了，另一个军人专制政权又建立了起来。

总结起来，从1932年到1957年的短短25年间，泰国政治艰难曲折的进程中经历了6部宪法、9次选举、10次政变，平均下来，这25年间，每部宪法的平均寿命仅为4.1年，每2.7年就举行一次选举，每隔2.5年就发生一次军事政变。② 如此动荡反复的政治环境中，在国王几乎缺位的政治条件下，政治力量之间的权力恶斗失去了终极平衡。但军事强人始终处于政权的主导地位，各方政治势力也大都专注于政治权力的分配和各自政党的私利，罔顾经济社会的发展，更遑论国家和人民的长远利益。政局动荡、经济凋敝、民生艰难，这就为沙立夺权后建立强权型发展政府，提供了深厚的社会和民意基础。

二 民族国家分裂下的多党冲突

第二次世界大战结束后，日本的战败和投降，骤然裂解了大日本帝国的殖民体系，朝鲜半岛也因此摆脱了日本帝国的殖民侵略和占领，有望在和平统一的环境中开始新的现代化建设，但美好的愿望瞬刻幻灭。

---

① [美]戴维·K. 怀亚特：《泰国史》，郭继光译，东方出版中心2009年版，第267页。
② 陈佩修：《军人与政治——泰国的军事政变与政治变迁》，台北中研院人社中心亚太区域研究专题中心2009年版，第67页。

由于各自国内政治力量的斗争及美苏两大国的冷战介入,朝鲜半岛很快就被拖入地缘政治上的冷战与冲突中,并最终导致了统一民族国家的分裂和对立。从此,韩国进入美国主导的反共产主义同盟和战略格局中,在美国的决定性影响之下,各自开始了民族国家分裂下分断性政府之内的现代化进程。

1945年8月,虽然日本殖民帝国战败投降,日本统治朝鲜半岛的殖民历史就此结束,但朝鲜半岛人民迎来的却不是自主决定命运的"民族解放与独立"。就在同月,苏联红军占领了三八线以北的地区,9月,美军从仁川登陆,占领了三八线以南的半岛南部地区。这种外部势力分别占领的方式,宿命式地预定了朝鲜民族国家分裂分治的不幸命运。

在日本殖民统治时期,朝鲜半岛内外就存在不同性质和组织的民族独立组织,这奠定了光复后半岛多党政治的组织萌芽和基础。光复后,被长期压制的政治权利和民众自由得以爆发式释放,出现了组党、建党的迸发和井喷现象。但左右半岛南部政党格局和政治走向的却是美国占领当局。1945年9月,美国占领军司令官霍奇发表施政方针时明确指出:"只与有组织的政治团体对话",[1] 这更是极大地刺激了韩国政治团体的组建和发展。到10月底,已经有54个政党在军政府登记注册,而一年之后,竟有300多个政治团体活动在政治舞台。[2] 鉴于政党乱立的多党混乱局面,美国军政厅主导的政党政策也由自由结社建党、政党申报制、政党登记制转变为政党许可制,对政党组建的管理趋于严格。

1945年10月10日,占领军司令部正式宣布:美国军政厅是南部朝鲜唯一合法的政府。同月16日,美军政厅把李承晚从美国接到首尔。1946年10月,军政厅出台"过渡立法议院"操作方案,规定议员90名,其中一半民选,一半由军政厅任命。1947年9月,军政厅公布了由过渡立法议院起草的国会选举法。1948年5月,根据国会选举法,朝鲜南部在美军政厅的组织下举行了第一届国会的选举。选举共选出了198个国会议员,任期两年。同时,第一届国会也成为"制宪国会",李承晚被推举

---

[1] C. I. Eugene Kim and Young Whan Kihl, eds, *Party Political and Elections in Korea*, The Research Institute on Korean Affairs, 1976, p. 8.

[2] Gregory Henderson, *Korea: The Politics of the Vortex*, Harvard University Press, 1968, p. 130.

为临时议长。制宪国会成立后,在军政厅的指令下匆忙运转。7月17日公布了《大韩民国宪法》和《政府组织法》。

《大韩民国宪法》规定了韩国多党民主制度的基本架构,包括保障公民的自由权,实现三权分立,设立一院制国会,总统由国会间接选出,任期四年,可连任一次。7月28日,李承晚以压倒多数当选大韩民国第一任总统。8月15日,"大韩民国"政府正式宣告成立。9月9日,朝鲜北部宣告"朝鲜民主主义人民共和国"政府成立。朝鲜民族从此正式分裂为两个分断性国家,由此开始了朝鲜半岛南部与北部对立、冲突,并在不同的社会性质与政治道路上开展现代化的各异历史进程。

李承晚就任总统后,曾希望超越各个党派之上,而领导所有的政党,但这种"超然中立"的总统形象和权力行使,不但不符合民主架构下多党竞争的格局和趋势,而且很难满足各个政党的政治主张和权力要求,韩国多党政治势必进一步分化、重组。1950年5月的第2届国会选举中,政党格局更具分散性、广泛性,除了韩民党、民主国民党、大韩国民党等右翼政党外,社会党、民族自主联盟等革新政党也进入国会,而众多小党和无党派也分散了国会议席,总共210个议席中无党派就占了126席。

就在第2届国会选举后不到一个月,朝鲜战争爆发了,韩国多党民主政治运行的国际局势和国内环境发生了巨大变化。同时,在国会多党竞争的压力下,李承晚不得不建立自己的政治支持基础。但1951年底成立的支持李承晚的"自由党",由于由不同政治派系和政治组织聚合而成,从一开始成立,就内在地分裂为院内自由党和院外自由党。由于支持李承晚的议员在国会并不占绝对优势,李承晚担心国会选举第2届总统时他很难连任,所以李承晚只好选择依靠院外自由党来直接动员群众,并以实现总统直选来保住自己的总统连任。

1952年7月,李承晚利用朝鲜战争的特殊紧张环境,以"反共"为借口宣布全国戒严,并在武装警察的包围下,军警陆续将拒绝参与讨论修宪案的国会议员强行带到国会大厅,拼凑"出席"会议的166名议员以起立表决的方式,强行"通过"了政府提出的修宪案。就这样以强制性方式,实现了李承晚决定的总统、副总统由国民直选和实行两院制的政治意愿。李承晚由此在当代韩国政治发展史,开启了用强制和不正当手段"修宪",以此达到确保自己政治权力的恶劣先例。1952年8月5日,韩国第 2 届总统选举改为选民直选进行，李承晚获得 75.3% 的选票当选为第 2 届总统。①

由于宪法规定总统和副总统分别由选民直接选举产生，在副总统选举中，李承晚没有尽力支持自己所在政党——自由党的副主席李范奭，而导致其落选，二者随后发生分裂。李承晚在把以李范奭为首的族青帮骨干16人开除出党后，从而进一步统一和控制了自由党，自由党势力也大为增加。在 1954 年 5 月，第三届国会选举中，自由党第一次参选即取得胜利，在下院（民议院）总共 203 个议席中，自由党获得了 114 席，李承晚的亲信李起鹏被选为国会议长。

虽然此后的韩国国会，在经历了朝鲜战争之后，左翼政党在遭到残酷打压以后基本消失，以前存在的左、右意识形态紧张对立不复存在，但李承晚总统的连任问题却引发了新的国会斗争，由于宪法规定总统只能连任两届，但李承晚的权力贪欲还未满足，还想继续参加 1956 年的总统选举。李承晚再次玩起政治权术、操控自由党又一次提出宪法修正案，试图取消总统连任限制。但宪法修正案必须获得在册议员总数的三分之二以上通过。也即必须 126 张赞成票才能通过，而此时自由党议员只有 114 人。1954 年 11 月 27 日，在国会表决中，在 203 名议员中，只有 135 票赞成，60 票反对，7 名议员弃权，1 名缺席。戏剧性的政治丑剧出现了，203 的三分之二应是 135.3，而赞成票只有 135，还差 0.3 票。当时主持国会的副议长当即宣布"此案被否决"，同时立即被媒体披露了。第二天，李承晚及其自由党却绞尽脑汁想出"四舍五入"辩词，"0.3"可以忽略不计，这样恰好合乎宪法通过的赞成票。国会 29 日复会重新宣布"此案获得通过"，李承晚的政治谋算再次无赖地侥幸得逞。为了个人保住权位而多次强行修改宪法，置宪法尊严于不顾，李承晚恋栈贪权、走火入魔的权力野心，却也早已埋下自我毁灭的种子。

在 1956 年 5 月的第三届总统选举中，李承晚在美国的极力支持下虽然再次当选，但却由上届的 75.3% 的得票率骤降到 29.2%，民心向背已经显现。1958 年 12 月，在在野党议员遭到暴力强制而未能出席国会的情况下，国会又一次强制通过了"新国家保安法"，并以此为根据加倍打击

---

① 尹保云：《民主与本土文化——韩国威权主义时期的政治发展》，人民出版社 2010 年版，第 72—78 页。

和镇压进步党等反对党势力。1959年2月,李承晚当局捏造所谓"北朝鲜间谍"和"颠覆大韩民国"等罪名,判处竞选对手曹奉岩死刑,并强令解散了进步党。①

而在1958年5月,第四届国会选举进行时,由于一些在野党并入了民主党,韩国国会中显现出了两大党对峙的格局,在总共233个议席中,自由党126席,民主党79席。民主党实力的壮大,直接威胁着李承晚总统再次连任的权力梦想。

1960年1月底,第四届总统竞选活动进入了高潮,自由党推举85岁的李承晚和李起鹏为总统和副总统候选人,民主党推举赵炳玉和张勉为总统和副总统候选人。戏剧性的政治丑剧再次上演,由于赵炳玉于2月在美国治病时突然逝世,民主党来不及推举新的总统候选人,而导致自由党优势大增、获胜在望。

但李承晚及其自由党贪权成疯、肆无忌惮,谁也无法阻挡其走向毁灭。李承晚指使的特务流氓冲进民主党的地方党部,用铁棍大肆乱打该党的领导人,并把持公共场所不让民主党成员发表竞选演讲。并从3月12日起,李承晚宣布韩国实行"特别戒严",并派大量警察对选民进行威胁。同时,李承晚及其党徒,无视基本的法律规则和公平正义,指使警察和自由党党员制造"幽灵选民名单",把占选票40%的赞成票成捆地投入票箱等,同时还制造假选票、替换投票箱、换票及伪造统计报告等,各种暴力胁迫和非法手段,无所不用其极。虽然3月15日的投票,李承晚获得了88.7%的选票当选为总统,李起鹏获得78%的选票当选为副总统。②但公然的罪恶已引起天理报应,毁灭的灾难已悄然来临,从2月28日的大邱市抗议开始,遍及韩国全境的各种各样的抗议烈火已熊熊燃烧,"四月革命"的愤怒狂潮已无法阻拦。4月27日上午,李承晚宣布辞去总统职务,随后流亡夏威夷,次日,李起鹏被自己儿子枪杀,第一共和国就此遽然落幕。

民众高度动员和参与的"四月革命"的成功,结束了李承晚在民主架构下的独裁专制,似乎带来了韩国民主化的新的春天,韩国民众的政治

---

① 郭定平:《韩国政治转型研究》,中国社会科学出版社2000年版,第41—42页。
② 尹保云:《民主与本土文化——韩国威权主义时期的政治发展》,人民出版社2010年版,第92—95页。

参与和民主期望更是大为增加。但此后韩国现代化和民主化的路途并不平坦、依然血迹斑斑。

李承晚辞职流亡后，总统职务由首席国务委员许政接任，开始了过渡政府时期。到 5 月 31 日，自由党 144 名议员中先后有 104 名退党，民主党成为国会中的主导力量，6 月 15 日，国会以 208 票赞成、3 票否决通过了新的宪法修正案，其中规定：扩大公民言论、结社等自由，把总统制改为以内阁为中心的内阁制，总统由国会间接选举，总理对国会负责，并同时推进地方自治等。7 月 29 日，按照新宪法国会两院进行了选举，民主党在国会中占压倒多数，在 233 个民议院议席中获得 175 席，58 个参议院议席中获得 31 席。8 月 12 日，新一届国会选举尹潽善为总统，张勉为国务总理。韩国第二共和国政府成立。

但取代自由党执政的民主党，同样被权力争斗所困扰并走向分裂，民主党 1955 年成立时，其内部就分为旧派和新派，两派在对抗自由党专权时尚能维持基本的团结一致，但自己一旦掌权，又难免重蹈自由党争权夺利的覆辙。虽然旧派民主党人士尹潽善当选总统，新派民主党领袖张勉当选总理，但新内阁成立后，出于对阁员分配的不满，旧派 84 名议员立即登记成立协商团，宣布不参加民主党的任何集会。10 月 8 日，旧派正式宣布脱离民主党，成立新党"新民党"，有 65 名旧派议员参加。随后民主党内部，又发生少壮派对实权派的强烈不满，从民主党内分化出来的少壮派成立了"新风会"，而没有参加新民党的旧派少壮派又成立了"政安会"，民主党内四分五裂，张勉政府为权力分配而疲于应付、焦头烂额。

而在政府之外，"四月革命"带来的民众参与的热情未尽，而革命后的自由宽松环境，更是激励着革新政党和左翼政治运动的蓬勃兴起，激进工会和激进学生团体组织的罢工和集会也不断涌现。在仅 9 个月的张勉民主政府存在时期，总共发生了 1350 次游行示威，其中由学生发动的游行就达 726 次，整个国家的一半以上的学生团体都参加了游行示威活动。[①]

民众抗议运动的泛滥，似乎使韩国社会走向了另一极端，政局动荡、

[①] The Supreme Council for National Reconstruction (SCNB), *History of the Korea Military Revolution*, Seoul: Publication Committeem 1961, p. 15. 尹保云：《民主与本土文化——韩国威权主义时期的政治发展》，人民出版社 2010 年版，第 136 页。

社会不稳、经济维艰,虽然张勉政府极力维持政治社会稳定和经济发展,也采取了一些务实发展的政策,甚至提出了"经济发展第一"等发展性口号。但在社会失序混乱的艰难时局环境中,发展举措根本就无法落实执行,历史发展的无情逻辑孕育的反民主势力已暗潮涌动、呼之欲出。

1961年5月16日,蓄谋已久、经过精心准备的朴正熙军事集团发动政变,第二共和国就此被强制终结,韩国也从此迈入了威权主义的发展时期,以补足民主化先行而"落下"的经济发展这一"必修课"。

三 民族国家建构中的多党冲突

地处东南亚的印度尼西亚、马来西亚、菲律宾、新加坡各国,在二战结束后经过与原殖民国家的一系列"去殖民化"的艰难抗争,终于在分散多样的民族布局和贫弱的经济社会基础之上,匆忙急促地宣告现代民族国家的独立并开始运转。

但新生的民族国家任重而道远:面临着复杂曲折的民族建构和国家建构的双重任务和使命,如何把几十个、甚至几百个分散的种族性部落整合凝聚成统一的政治共同体?如何把民众对原始的种族和部族的认同转化为对统一的民族国家认同?如何保持国家的统一和独立而应对各地区分离主义势力的挑战?这都要求这些新生的国家政权能够迅速地集中权力、整合资源以期解决各种艰难复杂的稳定和发展问题。

然而,这些新生独立国家在同样匆忙中接受和建立的西方式多党民主体制,并未表现出足够坚强有效的国家能力和政府效率。面对百废待兴、基础薄弱的国家发展中的各种政治、经济和社会问题,民主宪政架构下的多党权力纷争,不仅未能解决紧迫的经济社会发展问题,也未能解决国家政权的统一和运行问题,更引起了政局不稳、国家难以整合的内在政治困境。多党民主体制也在经历了一段现代化初试和考验之后,宿命式地服从历史发展的逻辑而走向了自己的制度性反面。

1. 印度尼西亚

1945年8月17日,在日本投降并结束殖民统治开启的历史转机中,匆忙急促宣布独立的印度尼西亚,根据同时起草的1945年临时宪法,建立起了以苏加诺为首的第一届总统制内阁。

10月30日，印度尼西亚共和国宣布实行多党制，印度尼西亚共产党已于10月21日恢复其组织，其后，社会党、马斯友美党、印度尼西亚民族党、印度尼西亚回教联盟党相继成立，多党运作的民主体制开始运行，总统制内阁也逐步向议会制内阁转变。但由于其后印度尼西亚处于与荷兰交战的紧张局势中，这一时期多党联合组成的沙里尔内阁、沙里佛丁内阁都处于极不稳定的状态。

经过与荷兰政府进行交战和谈判的反复斗争，直到1950年8月15日，统一的印度尼西亚共和国才真正独立，根据同时颁布的1950年临时宪法的规定：印度尼西亚实行议会民主制，占议会多数的政党组阁，内阁直接向议会负责，总统任命内阁总理，总统是国家统一的象征和代表。

1950年成立的人民代表会议232议席中，马斯友美党占49席，印度尼西亚民族党占36席，印度尼西亚社会党占17席，印度尼西亚共产党占13席，天主教党占9席，基督教党占5席，平民党占4席。9月6日，成立了以马斯友美党和印度尼西亚社会党为核心的联合政府，马斯友美党领导人纳席尔出任总理。此后由于不时发生分离主义叛乱，议会制的多党联合政府处于不断的瓦解与重组之中。

从1949年3月至8月，马斯友美党人卡托苏维约在西爪哇成立伊斯兰教国和伊斯兰教军，公开对抗中央政府。1950年7月，陆军上校卡哈尔·穆扎卡尔在望加锡发动叛乱，成立"南摩鹿加共和国"。纳席尔内阁由于对这些叛乱镇压不力，不得不于1951年3月辞职。4月6日，组成马斯友美党和印度尼西亚民族党联合政府，马斯友美党人苏基曼出任总理。8月，苏基曼以镇压"反共和国阴谋"为借口，逮捕印度尼西亚共产党人及其相关国会议员、华侨社团领导人。1952年1月，南苏拉威西叛军宣布加入西爪哇伊斯兰教国运动。苏基曼内阁于2月3日同样被迫倒台。1952年4月，马斯友美党和印度尼西亚民族党再次联合组阁，但总理是印度尼西亚民族党人韦洛坡。其后，国会和军队的矛盾加剧，1952年10月，在印度尼西亚社会党的支持下，陆军部队包围总统府，要求解散国会，但遭苏加诺拒绝。从1952年底到1953年初，苏加诺先后解除了陆军参谋总长和陆军司令、国防部长的职务。同时，印度尼西亚民族党转向左翼之后，韦洛坡在党内受到攻击，1953年6月，韦洛坡内阁又被迫辞职。

在经过了几个星期的艰难谈判后，左翼印度尼西亚民族党联合伊斯兰教师联合会组阁，印度尼西亚民族党领导人阿里·沙斯特罗阿米佐出任总理。同时，1953 年 9 月，亚齐领袖乌德·贝鲁领导的全亚齐伊斯兰教学者联盟发动武装叛乱，宣布亚齐成为西爪哇伊斯兰教国的一部分。到了 1955 年 7 月，伊斯兰教师联合会宣布退出内阁，阿里内阁又被迫辞职。1955 年 8 月，马斯友美党的布哈努丁·哈拉哈普成为总理，领导着一个由马斯友美党、伊斯兰教师联合会和印度尼西亚社会党联合组成的政府。[①]

这一时期印度尼西亚社会的持续动荡和政府的频繁变更，进一步削弱了人民代表会议以及与其共存的议会民主制度的合法性。到了 1955 年 9 月的国会第一次大选，民众参与热情高涨，87.65% 的选民参加了选举，有 48 个政党参加，其中 28 个政党进入了国会。在国会 257 个席位中，印度尼西亚民族党、马斯友美党、伊斯兰教师联合会、印度尼西亚共产党分别获得 57、57、45、39 席。其他小党所获得的席位都很少，均未超过 10 席。大选后，哈拉哈普总理由于未能在国会中获得多数票的支持，不得不于 1956 年 3 月辞职。3 月 26 日，阿里·沙斯特罗阿米佐又组成印度尼西亚民族党、马斯友美党和伊斯兰教师联合会的联合内阁，但他们之间除了都憎恨共产党这一共性之外，几乎找不到任何共同的政治立场。

大选后，印度尼西亚共产党的强大表现和一定的民众基础，不仅震惊了印度尼西亚保守型的军队，实际上震惊了印度尼西亚每一个人。而同时，印度尼西亚最高领导人苏加诺和哈达之间的矛盾日益加剧。苏加诺热衷于个人权威，哈达热衷于多党民主政治，1956 年 7 月，哈达无奈而激愤地辞去副总统职务，印度尼西亚两位最高领袖之间的矛盾公开化和最后决裂。

10 月 28 日，苏加诺也在历经多党竞争政治的混乱折磨后，终于提出了"埋葬政党"的口号，两天后，他又提出了"有领导的民主"。[②] 这些倾向于权力集中的思想得到印度尼西亚共产党、印度尼西亚民族党、平民党和伊斯兰教师联合会的不同程度的支持，但遭到马斯友美党和陆军的强烈反对。12 月，陆军军官在苏门答腊发动叛乱，并相继接管了西苏门答腊、北苏门答腊和南苏门答腊。不久，苏拉威西岛驻军也接管地方政权，并宣布脱离中央政府。在此共和国危机之际，1957 年 2 月，苏加诺提出由民族

---

① 梁英明：《东南亚史》，人民出版社 2010 年版，第 221—225 页。史蒂文·德拉克雷：《印度尼西亚史》，郭子林译，商务印书馆 2009 年版，第 91—93 页。
② Sukarno, "*Let Us Bury the Parties*," in Indonesian Political Thinking 1945–1956, ed Herbert Feith and Lance Castles Ithaca: Cornell University Pess, 1970.

主义、宗教和共产主义三方代表人物共同组成"互助合作"内阁的设想，并以此希望加强总统的权力，抑制政党的作用。3月8日，东印度尼西亚的反叛军队签署了对抗中央政府的《共同奋斗宣言》。3月14日，印度尼西亚国会正式颁布了《战争法》，苏哈托宣布全国实行军事管制，阿里内阁同时辞职，至此结束了印度尼西亚共和国独立以来多党议会政治的冲突历史。①苏哈托在把政治权力收紧和集中的同时，也蕴涵着巨大的政治危机。

"有领导的民主"，是苏加诺把印度尼西亚传统村庄中"平等议事"制度理想化后的想象，也符合苏加诺对自己的定位和设想，即他自己即是"领导者"，能够代替人民领悟和表达民意，领导者与人民之间是一种神秘的默契关系。苏加诺希望以此思想和制度体系整合政党分歧和集中国家权力，并有效应对地区分离主义势力的反叛和巨大的社会混乱。但此时国内巨大的反叛危机，使"有领导的民主"并未发挥出有效的国家能力。随着军队在1958年初镇压各地叛乱中发挥的巨大作用，以纳苏蒂安中将为首的陆军的政治地位极大提高，陆军权力的急剧膨胀使许多人感到不安，而"苏加诺在拥有300万之众的印度尼西亚共产党和军方这两个不共戴天的宿敌之间玩弄平衡"②，并逐渐向印度尼西亚共产党一边靠拢，希望以共产党力量来抗衡陆军势力的膨胀。

随着政党之间的权力纷争以及共产党力量的壮大，实力突增的陆军感受到威胁并开始显露自己的威力。1958年9月，纳苏蒂安下令取缔马斯友美党、印度尼西亚社会党和基督教党，并逮捕了公开支持地方叛乱的马斯友美党领导人。1959年初，印度尼西亚民族党、印度尼西亚共产党和伊斯兰教师联合会分别表示赞同恢复1954年宪法。而制宪会议在1959年6月2日表决恢复1945年宪法提案时，只获得56%的赞成票，未能达到改宪所需要的三分之二多数票。但在纳苏蒂安的支持下，苏加诺于7月5日，下令解散制宪会议，强行宣布恢复1945年宪法，随后成立了以苏加诺兼任总理的新的工作内阁。苏加诺还任命纳苏蒂安为国防与安全部长兼陆军参谋长。③

---

① 梁英明：《东南亚史》，人民出版社2010年版，第225—226页。
② ［澳］约翰·芬斯顿主编：《东南亚政府与政治》，张锡镇等译，北京大学出版社2007年版，第69页。
③ 梁英明：《东南亚史》，人民出版社2010年版，第230页。

在军队通过国家机构被吸纳进有领导的民主体系中后,通过1945年宪法的恢复,为独裁主义政治制度提供了一个强大的执行总统,总理向总统负责,而非向议会负责。1960年3月,人民代表会议拒绝了政府的预算,而苏加诺则通过命令解散了人民代表会议,6月,苏加诺任命了一个新议会,称为:"人民代表会议——互助合作",这个组织的成员表面上都代表和听从苏加诺的意愿。9月,苏加诺还任命了一个省人民协商会议,与人民代表会议的构成相似。至此,苏加诺总算初步完成了"有领导的民主制"所需的政治制度的构建。1961年4月,在马斯友美党和印度尼西亚社会党被取缔之后,印度尼西亚其余的10个大党也都被强制解散,1962年1月,纳西尔、萨赫利尔等包括大批马斯友美党领导人都被投进了监狱。

在苏加诺似乎加强了总统大权的同时,随着印度尼西亚在国内国际政策上的继续向左翼转变,特别是印度尼西亚共产党努力创建自己的武装力量"第五军队",共产党与陆军这对死敌之间的矛盾也达到了不可调和的地步。终于,1965年的"九·三〇"运动爆发,翁东中校领导的中下级军官逮捕并枪决了陆军司令雅尼等6名陆军高级军官。这是受到印度尼西亚共产党支持的忠于苏加诺主义者的军官团体领导的行动。但是很快,作为战略后备司令部司令的苏哈托率领最精良部队迅速镇压了"九·三〇"运动并掌控了印度尼西亚的政局。随后,印度尼西亚共产党遭到了毁灭性的屠杀,苏加诺的权力被架空并下台,决定性地结束了印度尼西亚政治向左翼转变的进程,历史逻辑又摆向了另外一极,由此进入了苏哈托长期统治的威权主义"独裁发展"阶段。

2. 马来西亚

1957年马来亚联邦独立后,联邦宪法规定:联邦为议会君主立宪制国家,最高元首由"统治者议会"从9个州的苏丹中选举产生,任期5年,不得连任。国会由众议院和参议员组成,众议院由104名议员组成,多数党领袖出任总理。参议院设38名议员,其中22人由11个邦的议会选举产生,另外16人由最高元首任命。马来亚国家的政治架构从此建立起来,但国家统一的进程还在继续。

在1959年的第二次联邦选举中,马、华、印联盟党再次获得了绝对性胜利,东姑·拉赫曼出任总理,继续执政并努力创造一个统一的马来亚国家。1960年7月,马来亚共产党及其武装力量的威胁基本消失,政府宣告紧急状态结束，联盟党政府更有精力推进国家的统一建构。

马来亚联邦独立之时，英国在该地区还继续统治着新加坡、文莱、沙巴和沙捞越地区。马来亚联邦的独立为该地区的合并统一奠定了基础，1961年东姑·拉赫曼提出将马来亚联邦与新加坡、文莱、沙巴和沙捞越合并的设想。但当时并未得到很多回应和支持。

李光耀1959年出任新加坡自治政府总理后，积极支持新、马合并，在1961年9月新加坡对此问题举行了公民投票，有71%的选票支持新加坡加入马来亚联邦。1962年7月，东姑·拉赫曼与英国政府签订协定：沙巴、沙捞越、新加坡均以州的名义和马来亚联邦合并，组成新的"马来西亚"。1962年12月，文莱发生了反对合并的叛乱，此后文莱苏丹接受教训，不再愿意合并到马来西亚。马来西亚合并事宜虽然遭到印度尼西亚和菲律宾的强烈反对，甚至发生武装冲突和恐怖行为，但在拉赫曼总理的强力推进下，1963年9月16日，马来西亚联邦最终成立了。但合并后由于拉赫曼和李光耀在政治理念和行为上的矛盾，加之错综复杂的马来人与华人之间的民族紧张关系。1965年8月，马来西亚众议院通过了一项宪法修正案，允许新加坡脱离马来西亚联邦。① 从此，马来西亚联邦的国家构成才基本稳定并确定下来。

在1964年的马来西亚联邦大选中，联盟党赢得了众议院159个席位中的123个，拉赫曼继续执掌国家政权。虽然在新加坡退出联邦后，马来西亚国家的构成单位基本稳定了下来，而内部的种族关系却日益紧张起来。特别是在官方语言的确定、教育政策和经济利益的分配方面，如"贫穷的马来人"和"富有的华人"之间，种族矛盾和冲突开始凸显并趋于激烈。而在马来西亚联邦成立之后，在原来的三大政党巫统、马华公会和印度人国大党之外，代表三大种族的其他政党也纷纷崛起和壮大，并对联盟党的执政地位构成挑战。三大种族之内和种族之间的政党代表组织的多样化，进一步凸显了多种族国家中多党竞争体制的复杂性和难以协调性。

如1951年从巫统中分离出来的泛马来西亚伊斯兰党，同样高举代表马来人特权和利益的大旗，在马来亚北部各州拥有支持基础，威胁着巫统

---

① 马燕冰、张学刚、骆永昆编著：《列国志——马来西亚》，社会科学文献出版社2011年版，第117—122页。

代表马来人的垄断地位,并在 1959 年的全国大选中取得了在吉兰丹州和丁加奴州的执政权,并在 20 世纪 70 年代改名为马来西亚伊斯兰教党。又如 1966 年成立的马来西亚民主行动党,前身是新加坡人民行动党的分部,在 1965 年新加坡退出马来西亚后,原组织和机构保留下来并以此名注册,它也是一个以华人为主的多民族政党,对马华公会代表华人利益的垄断地位提出了挑战。还有 1968 年成立的人民运动党,也是一个以华人为主体的多民族政党,它强调种族性、温和社会主义、宪政民主三项基本原则。①

此外,还有马来西亚独立党,北加里曼丹共产党,沙捞越土著保守统一党,人民进步党,沙马民族统一机构、马来同盟、霹雳国民协会等政党组织,都是在这一时期成立并开展政治活动的政党。这一时期马来西亚政党政治非常活跃,政党分化重组频繁明显,也直接影响和刺激着政治局势和社会秩序的变化。

多元种族社会的整合难题依旧,联盟党维系的三大种族"讨价还价"架构表面上依然稳定,但种族性政党刺激的种族紧张暗火却在积蓄着能量。1969 年 5 月 10 日的联邦大选成了点燃烈火的引爆剂。5 月 11 日选举结果公布出来以后,以巫统为首的联盟党失利,在众议院的席位由 1964 年的 89 席下降到 66 席,公众的支持率也从 1964 年的 58.4% 下降到 48.5%,更为严重的是,泛马来亚伊斯兰党分割了巫统的马来人投票,泛马来亚伊斯兰党赢得了 12 席。华人则投票抛弃了马华公会,马华公会的 33 名候选人只有 13 人当选,而人民运动党、民主行动党和人民进步党一共获得 25 个席位。联盟党在众议院 104 个议席中获得 66 席,没有得到三分之二的多数票,而以前凭借这种多数票它能够轻易地通过宪法修正案。② 联盟党虽然继续执政,但在大选中的失利和华人反对党力量的增强,引发了种族冲突的熊熊大火。

5 月 12 日,在吉隆坡,当人民运动党和民主行动党的华人青年走上街头庆祝胜利,讥讽马来人政党的失利和祝贺华人政党成功的时候,巫统的马来人支持者进行了对抗性游行,双方的摩擦冲突迅速恶化为前所未有

---

① 李金河主编:《当代世界政党制度》,中央编译出版社 2011 年版,第 336—337 页。
② [美] 芭芭拉·沃森·安达娅、伦纳德·安达娅:《马来西亚史》,黄秋迪译,中国大百科全书出版社 2010 年版,第 353 页。

的、无法控制的种族暴力事件。华人社区和华人商店遭到洗劫和烧毁，仅冲突前四天就造成了 150 多人的死亡。5 月 13 日晚，总理拉赫曼宣布雪兰莪州进入紧急状态，第二天，最高元首宣布全国进入紧急状态并终止宪法。第三天，东姑·拉赫曼在巫统激进派的压力下，宣布成立由副总理卜杜勒·拉扎克领导的全国军事行动委员会，拉扎克实际上接管了全国权力。马来西亚的政治演变，由于种族冲突爆发后的暴力刺激，快速地进入了一个国家权力更加集中的威权主义发展时期。

3. 菲律宾

菲律宾虽然于 1946 年取得了国家的独立，但国家的政治运行却依据的是 1935 年由美国人操纵制定、并由美国总统签字的宪法，总统制、两党制、普选制等"美式民主"的制度元素，被强制性移植到贫弱社会状态之中的菲律宾。对美国的外部依附性和经济社会的内在滞后性，紧紧地困扰着两党竞争下的民主运行。

就在菲律宾独立的当天，罗哈斯政府就与美国签订了《美菲总关系条约》和《菲律宾贸易法案》，该法案规定：美菲必须保持"自由贸易"制度，优惠权将延长 28 年。这种所谓的"自由贸易"将使美国能够继续控制菲律宾的对外贸易，并使菲律宾每年损失关税收入 3 亿比索。1947 年 3 月，美国又与罗哈斯政府签订了《美菲军事基地协定》和《美国对菲律宾军事援助协定》，通过这些协定，美国获得在菲律宾保有军事基地，并对菲律宾在军事上加以控制。1954 年 12 月，美菲重新谈判签订《劳雷尔—兰格利协定》，其中的"平权法案"规定：美国公民享有与菲律宾公民在开发菲律宾资源等方面的同等权利。这一协定迫使菲律宾成立一个"依附性独立"的国家。① 不但菲律宾的经济深深地陷入对美国的依附和依赖，美国的外部干预也左右着菲律宾的政治发展进程。

经济混乱导致的民不聊生，加之对美国的深度依赖，损害着菲律宾人民的民族利益和感情，罗哈斯政府也遭到菲律宾各界群众的抗议和反对。此时，由于罗哈斯的自由党在国会中未能获得三分之二绝对多数，为了使以上丧权辱国的条约得以通过，罗哈斯不顾宪法的规定，蛮横地以"使用欺骗和暴力手段"为由，宣布 6 名民主同盟（以菲共和工农组织为核

---

① Stanley Karnow, *in our image: America's empire in the Philippines*, New York: Random House, 1989, p. 323.

心）议员当选无效，剥夺了他们的合法席位。1948 年 4 月，罗哈斯总统病故，由副总统季里诺继任总统，季里诺任命强硬反共的年轻议员拉蒙·麦格赛赛担任国防部长，麦格赛赛对菲共及其领导的胡克游击队进行了严酷的围剿和镇压，导致菲共走向衰落。

1949 年举行总统大选，自由党推举的候选人是季里诺，国民党候选人则是战时的傀儡总统劳雷尔，美国极力阻挠劳雷尔当选，而季里诺依靠财阀和美国的支持当选总统。此后，季里诺政府开始了一系列发展经济的政策，如创立"社会改良委员会"向穷苦的家庭提供救济，制定"全面经济动员计划"，推动经济社会的发展。但发展的效果并不乐观，反而更加陷入对美国的经济依赖。

1953 年的总统大选，国防部长麦格赛赛因镇压共产党有功，获得美国、大地主和大财阀的支持，当选为菲律宾共和国第三任总统。其竞选伙伴加西亚成为副总统。麦格赛赛政府继续推动土地改革运动，以此缓和农村的阶级矛盾和削弱共产党的民众基础。然而，由政府收购大地主和大公司超限土地，转卖给佃农的政策，由于大地主采取向亲属分散土地所有权的转移对策，而使政府的土地改革运动收效甚微。

1957 年 3 月，麦格赛赛总统因空难身亡，由副总统加西亚继任。同年举行总统大选，国民党人加西亚当选总统，自由党人马卡帕加尔当选副总统。菲律宾历史上第一次出现正副总统由两个政党的代表分别担任。加西亚当选总统后，在经济发展上提出了"菲律宾人第一"民族倾斜政策。对菲律宾人从事工商业等给予在外汇购买等方面的优先权，同时进一步对外侨（指华侨）经营零售业加以禁止和限制。这些倾斜发展政策，不仅未能解决菲律宾经济发展中的根本问题，反而造成了经济混乱和失业加剧。加上执政的国民党内的腐败低效，引起了各个阶层的不满和抗议。在 1961 年的总统选举中，美国人扶持的反加西亚联盟——自由党和亲美的进步党联合建立的"崇高联盟"中的领袖、副总统马卡帕加尔当选菲律宾第五任总统。

马卡帕加尔执政后，立志开创菲律宾发展的"新时代"，提出解决政府贪污、实现粮食自给和增加国民收入等五大任务。并于 1963 年 8 月通过新的土地改革法案，但由于限定了土地改革区域，同样收效甚微。同时，为了减少对美国的依赖，促进国家民族主义精神，单方面废除了"美菲总关系条约"，并提出了"回归亚洲"的口号。但由于加西亚经济发展政策上的"狭隘民族主义",排斥华人企业,并没有从根本上解决菲律宾经济发展中的问题,致使马卡帕加尔为首的自由党陷于分崩离析的困境之中。

在1965年11月总统大选中,国民党候选人马科斯以压倒性多数战胜自由党对手莱逊,当选为菲律宾第六任总统。马科斯原为1961年大选中反加西亚联盟中的另一个核心人物,当时马科斯支持马卡帕加尔当选总统,但马卡帕加尔当选后并未履行只当一届总统的承诺,导致马科斯和马卡帕加尔分裂。1963年,马科斯当选为参议院议长后,就开始积极为大选做准备。[①] 到1965年大选时,马科斯审时度势退出自由党,"华丽转身"而成为国民党的候选人,终于成就了马科斯的总统梦想。

马科斯执政后,开创了菲律宾历史上的"马科斯时代",在其第一任期内,马科斯还能勉强在宪政民主的架构下运用权力,继续倡导"菲律宾第一"的号召,并极力推动菲律宾的经济社会现代化。马科斯政府1967年公布外资投资法,使外资在菲律宾的投资总额中比例,从1968年的24.4%迅速上升到1971年的64.7%。[②] 同时,继续执行1963年开始的土地改革,提高自耕农的人数。此外,马科斯政府还在整饬政府、打击腐败,整顿经济秩序,促进工商业发展,加强基础设施建设、发展交通和开发资源等方面都有所建树。

马科斯政权在第一任期内的勉力所为和初步成就,受到积贫积弱的菲律宾民众的大力欢迎和支持,也因此壮大了马科斯的权力基础和国际影响,但同时也使马科斯的个人权力欲望更为膨胀和肆无忌惮。1969年的总统大选,面对自由党的分散无力,马科斯的国民党胜利在握,但马科斯还是花费了1.6亿美元收买选票,并动用保安部队强制干预选举,马科斯以多出200多万票的优势成功连任总统。

但马科斯的连任成功并没有欢喜多久,严峻的国内国际矛盾和发展困局,加上马科斯贪求再次连任的权力野心,终于驱使马科斯政权走上"独夫民主"的威权主义发展道路。

4. 新加坡

1959年新加坡自治政府的成立,开始了新加坡人自主推进经济社

[①] 马燕冰、黄莺编:《列国志——菲律宾》,社会科学文献出版社2007年版,第108—113页。

[②] 梁英明:《东南亚史》,人民出版社2010年版,第234页。

会发展的步伐。百废待兴，执政党本应集中精力致力于现代化建设，但执政的人民行动党却面临多党政治初期，所普遍遇到的内部分裂和外部挑战。

1954年人民行动党成立之初，其内部就存在结构性的派别分化，当时从海外归来的李光耀和吴庆瑞等人缺乏国内的政治经验和群众基础，为了快速壮大政党实力和推进独立大业，需要借助和依赖原来马来西亚共产党的群众基础和政治优势，因而同意原马共党员加入人民行动党。而马共当时处于非法状态，无法公开独自开展活动，也需要人民行动党的合法组织和地位，两党合作成为各自政党发展的现实需要和合理选择。加之，两党在争取民族独立的主张上是一致的，这更加促进了两党合作的共识基础。人民行动党联合共产党的策略很有成效，很快得到左翼力量的支持，特别是共产党控制的华文报纸和华语学校的支持，在华人占大多数的新加坡很快拥有了强大的支持基础。人民行动党在1959年大选中的获胜，很大程度上也是来自马共及其所联系的群众的大力支持。①

但暂时性的共识很快消失，在执政后，人民行动党内部在理念和行动上的分歧很快显露。一派是以李光耀、杜进才、吴庆瑞为首的社会民主势力的温和派。一派是以林清祥、方水双为首的代表原马共等左翼势力的激进派。温和派希望通过与马来亚联邦合并而取得独立，激进派则主张建立一个独立的共产党国家。两派的分歧与对立愈演愈烈，给党外其他势力的介入提供了契机。

当时英国出于冷战中遏制共产主义扩展的需要，支持了劳工阵线政府两次决定性的干预人民行动党内部的派别斗争。第一次是1956年7月，在人民行动党第二届党员大会选举中央执委时，林清祥得票1537张，李光耀得票1488张，林清祥势力对李光耀构成了威胁，不久，劳工阵线政府以激进派煽动工人暴动和纵火事件为借口，逮捕了林清祥等人。激进派失去夺得人民行动党领导权的机会。第二次是1957年8月，在第三届党员大会上，在选举中央执委时，激进派竟然获得了12名执委中的6个，李光耀被迫辞去秘书长一职。但一个月以后，林有福政府进行了更大规模的逮捕，包括激进派5名中央执委在内的35人被关进监狱。激进派遭到

---

① 李金河主编：《当代世界政党制度》，中央编译出版社2011年版，第271页。

重创,李光耀重获秘书长大权。① 李光耀借助党外之力,夺得了党内斗争的胜利后,立即对人民行动党进行重大改组,规定只有正式干部党员才能参加中央委员会的选举,党内权力逐渐上收和集中起来。

在林清祥等激进派领导人获释后,继续同温和派展开党内争斗,李光耀等人在权力趋稳后,也采取主动策略,迫使激进派脱离人民行动党。1961年初,李光耀等温和派利用新加坡与马来亚合并问题,对激进派施压,遭激进派强烈反对后,两派关系终于到了水火不容的地步,分道扬镳的时候到了。1961年7月,李光耀把亲共领袖林清祥开除出党,随后,13名亲共的立法议员宣布退出人民行动党,成立了以林清祥为首的、以共产党人和亲共势力为主体的新政党——社会主义阵线。人民行动党的分裂,使其力量大为削弱,据估计,亲共派共带走了80.4%的人民行动党党员,在676名加入工会的行动党党员中有552名退党,51个选区的地方支部中有35个支部主席辞职,23名干部党员中有19位退党。② 但在激进派退党后,也为李光耀重新整合和统一党的意识形态和组织提供了契机。此后的重新整合也使人民行动党的组织和力量更为稳固。

社会主义阵线成立以后,立即成为执政党最大的竞争对手,1963年9月即将来临的大选,将是两党兴衰存亡的生死大战。人民行动党政府更是精心策划,再次利用政府力量来削弱反对党。1963年2月,为了保证人民行动党的获胜,由新加坡、英国、马来亚三方代表组成的内部安全委员会,对社会主义阵线和左翼工会领导人发动了"冷藏行动",借口社会主义阵线参与了文莱人民党组织的叛乱,逮捕社会主义阵线包括林清祥、方水双等领导人在内的100多人,解散了它领导的工会和群众组织,使社会主义阵线领导力量大为削弱,也无法有效地组织即将到来的大选。

1963年的大选,人民行动党获得37个议席,社会主义阵线获得了13个议席,统一人民党获得1个议席。随后,人民行动党政府又利用国家权力进行了有选择逮捕,包括社会主义阵线的3名议员、党的秘书和党报主

---

① [新加坡]冯清莲:《新加坡人民行动党:它的历史、组织和领导》,苏婉蓉译,上海人民出版社1975年版,第7—13页。

② 同上书,第30页。

编、社会主义阵线控制的工会的领导人等 15 人被拘留。① 通过以上对反对党的一系列清洗,事实上扼杀了民主宪政体制中的有效反对派力量,促使了新加坡一党独大威权体制的快速到来。

在 1965 年新加坡从马来西亚联邦中分离出来后,李光耀领导的政府更为自主地决定新加坡的经济发展和政治进程。特别是李光耀执政以来推行的"进口替代工业化"战略和大力改进人民生活的政策,赢得了人民的广泛认可和支持。在人民行动党内部没有分裂势力,外部没有反对势力的强势地位下,1968 年的大选证明了人民行动党执政地位的巩固和牢靠。人民行动党在此次大选中赢得了 84.4% 的选票,囊括了国会 58 个议席的全部。其中的 51 个议席,是在各个选区中没有遇到任何反对党竞选对手的情况下,不战而胜自动获得的。

人民行动党的大获全胜,不仅与行动党自身强大稳固有关,也与社会主义阵线的战略选择失误有关。1963 年大选后,社会主义阵线放弃了合法议会斗争的渠道而走上了暴力革命的道路,社会主义阵线议员也陆续辞职退出国会。这一切不但使社会主义阵线失去了争取民众的合法舞台,而且给人民行动党政府对其暴力镇压以合理借口。1968 年,社会主义阵线拒绝参加大选,使人民行动党只遇到工人党的 2 名候选人和中立派的 5 名候选人的竞争。此次大选之后,对新加坡政治发展影响更为深远的是,"社会主义阵线这个最有可能挑战人民行动党执政地位的反对党彻底走向衰落"。② 人民行动党已无任何竞争对手。

从此,有意义的多党竞争政治在新加坡已缺乏有效的反对派组织力量。因此,1968 年的大选"标志着反对党作为统治新加坡的替代力量的可能性已不复存在。新加坡的政治体制也从 50 年代以来形成的多党民主演化为一党统治"。③

人民行动党一党独大的执政地位由此确立巩固,开始了新加坡一党长期执政的威权主义发展的辉煌历史。

---

① Jon S. T. Quah, Chan Heng Chee, Seab Chee Meow (eds), *Government and Politics of Singapore*, Singapore: Oxford University Pess, 1985, pp. 8 – 9. 卢正涛:《新加坡威权政治研究》,南京大学出版社 2007 年版,第 91—92 页。
② 李金河主编:《当代世界政党制度》,中央编译出版社 2011 年版,第 274 页。
③ 王瑞贺:《新加坡国会》,华夏出版社 2002 年版,第 49 页。

第四章

一党优位的威权发展时期

经过多党冲突的民主初试期之后，东亚各国的经济社会基础条件并没有很大的发展和提升，薄弱不堪的社会基础条件和民主政治文化，难以支撑多党竞争民主导致的政局混乱和社会不稳。在国际冷战格局的刺激和国内发展压力的双重促发下，东亚各国经过各自的方式，先后纷纷进入了一党优位主导政权的威权发展时期。

在一党优位的执政体制下，一党独大的执政党控制着威权型政府，而威权型政府主导着国家现代化的战略性发展，多党冲突性的政治竞争被遏制减弱或完全终止下来，政治格局和社会秩序基本保持了稳定和有序，经济发展成为各国首要或第一位的国家目标。威权主导下的程度不同的"发展型国家"成为这一时期东亚各国普遍的国家形态，东亚各国的经济和社会结构也在经济的快速发展中发生了深刻的历史性变迁。

经过一二十年的经济发展，东亚各国大都实现了高速的经济增长和社会进步。随着经济实力和社会结构的根本变革，东亚各国的工业化、城市化水平大为提高，同时带来了阶层分化、教育普及和中产阶级的壮大。一个开放和多元的现代性社会日益形成，这些都为自由民主意识的增长奠定了雄厚的社会基础。

一党优位的威权型发展体制，在大多数东亚国家中，为了实现各国紧迫的国家发展任务而确立了其历史的合理性，也在一定程度上完成其经济发展使命后，以不同的民主转型方式隐退于历史烟云之中。

一 君主立宪制下的一党优位发展体制

日本和泰国经过战后初期的民主初试期之后，多党竞争造成的政局混乱和发展迟缓，也促使其政治发展进程发生转变，各自以不同的方式在君主立宪制的架构下进入了一党优位发展时期。

日本是在各个政党势力分化重组确立"五五体制"以后，进入了自民党一党优位长期执政的高速发展时期，在此过程中基本完成了工业化、城市化的现代化发展任务，一跃而成为发达资本主义国家。而泰国则进入军人优位的威权发展时期，其间不时有军人专制政权和文人民主政权的交替轮换，但军人优位主导发展还是这一时期的主调。

没有经历彻底民主革命的日本和泰国，保持了传统政治资源中的君主体制，在立宪政体的架构下，传统君主还是民族国家统一的象征，并能在政党博弈和政治危机中发挥不同程度的终极平衡作用。这种政治体系特征，也使两国的现代化推进和政治发展具有更多渐进变革的特征，民主化转型也是在较长的历史演进中缓慢推进并逐步实现的。

1. 日本

日本在经历了战后初期多党冲突的民主再试期之后，1955年自由党和民主党合并后长期执掌日本政权，从此确立了"一党优位"的发展体制。

但日本的一党优位是在宪政民主的架构下，各个政党在法律上平等存在并可以公平、公开的参加大选，经过多党竞争普选后通过民主程序获得的，并不存在用法律或强制性手段限制其他政党活动来保证"一党优位"，这和东亚其他国家通过军事威权集团强制性限制其他政党活动来保证"一党优位"的发展体制并不相同。自民党的一党优位，是依靠自身的执政资源和执政手段通过各种分配和动员机制实现的。有民主性的一面，但也有威权性的一面，只不过是经过相对公平普选程序之后的一党优位体制。

从1955年到1993年，在13次的国会大选中，自民党始终获得众议院半数以上的议席，并因此赢得长达38年之久的自民党一党单独执政的局面。而社会党则长期维持获得众议院不到三分之一左右的议席，成为最大的在野党，形成了"保革对立"的"五五体制"政党格局。20世纪60年代以后，主张中道路线的公明党成立后，日本政党格局形成自民党对垒社会党、共产党、民社党、公明党的"一强四弱"的模式。① 但自民党单独执政的地位并未改变。政党格局的稳定，保证了政治社会的稳定和政府政策的战略性连续，使自民党的经济社会发展战略得以长期贯彻执行，这是这一时期日本经济高速发展的政治保障和前提。

为什么自民党一党优位的发展体制能够长期维系？这涉及日本战后国际和国内局势的变化以及自民党执政本身的成功运作。从大到小来说，具体有以下几个方面：

第一，国际冷战格局的形成，从外部刺激和促进了日本国内的保守势力的团结和强化。战后美国占领当局对日本实施的"非军事化"和"民主化"的战略方针并未落实到底，就出现了国际政治中冷战格局的形成。而日本处于东亚冷战对垒的前哨，美国企图使日本成为西方阵营在亚洲的反共防波堤，为了对抗和抑制日本国内的左翼势力，美国有意扶持和强固日本国内的右翼力量。特别是朝鲜战争的爆发更加快了这一趋势。此后，美国占领当局有意扶持保守势力主导日本政治格局，开始了解除整肃剥夺公职令，1950年，解除了包括鸠山直系的政治家在内的10090人的剥夺公职令，1951年7月，又解除了66425人剥夺公职令，8月，鸠山等13904人也被解除了剥夺公职令。② 这样的举措，就使得日本的保守势力得以重归政治舞台，右翼势力在复职和加强的同时，吉田内阁还对以共产党为代表的左翼力量进行"红色整肃"。同时，在1960年，岸信介内阁在巨大的国内压力下，重新签订新日美安保条约，日本与美国的军事同盟关系从此更加巩固，日本可以在美国的军事保护下，节省防卫方面的开支，而集中资源和精力致力于发展国内经济和推动现代化。

第二，经济高速发展的成功普惠民生，使自民党政权的合法性得到民众更为巩固的认同和支持。战后初期，日本在美国占领当局的支持下，对战后一片混乱的经济秩序进行了恢复和整顿，为自民党1955年上台执政后的经济起飞奠定了基础。自民党执政稳固后，更是汲取多党竞争导致的政治混乱而延滞经济发展的教训，实施"经济中心主义"的国家发展战

---

① 房宁等：《自由、威权、多元——东亚政治发展研究报告》，社会科学文献出版社2011年版，第74页。
② ［日］升味准之辅：《日本政治史》（第四册），董果良、郭洪波译，商务印书馆1997年版，第995页。

略。通过"自民党、官僚与财阀"结成利益互输的"铁三角"同盟,使"发展型国家"体制有了更为具体的政策保障和实现机制。1957年2月,岸信介内阁成立伊始,便发表"新长期经济计划",1959年日本一度出现了"岩户景气"的良好发展态势。但岸信介内阁受制于革新政党发起的社会运动的压力而被迫辞职。1960年接替岸信介上台执政的池田内阁,汲取"政治中心主义"而导致政局混乱的教训,将"经济第一主义"奉为执政根本,制订了1960—1970年10年发展规划的《国民收入倍增计划》,迈开了政府主导型迈向"经济大国"步伐。1960年日本经济就取得了21.4%的创纪录增长,原计划在10年内国民生产总值和国民收入增长2.66倍,而实际上,国民生产总值增长了4.61倍,国民收入增长了3.62倍。① 而此后的自民党政权更是取得了连续19年国民经济超过两位数增长的发展奇迹,而且在经济高速增长的同时,注重政府的再分配调节和社会保障体系的完善,使经济发展的成果更为公平的普惠大众。经济增长、民生改善、民众受益,使自民党政权的社会基础和群众基础大为增强,自民党长期执政有了稳固的民意根基。

第三,"政、官、财""铁三角"沟通体制密切着国家与社会的联系和互动。在此"政、官、财"利益和意见紧密沟通的体制下,自民党政治家掌控政策的决策权和资源的分配权,各级行政机关的技术型官僚辅助决策和负责实施,大企业财阀则提供经济资源和财力支持。"政、官、财"紧密配合和沟通合作,将财阀掌握的经济资源和官僚掌握的行政资源转化为支持自民党的政治资源,而自民党则通过政治资源的决策和分配充分照顾和扶持经济财阀和行政官僚的各项利益。具体来说,就是自民党政治家和议员不断地向地方、社区及相关利益集团派发好处,争取建设项目和投资,提供社会服务和福利,作为回报,地方、社区选民和相关利益集团向自民党和党内派别及其议员提供稳定的选票和经济支持。② 通过这种制度化的稳固的资源汲取机制和利益分配机制,自民党政权在国家与社会之间建立起及时有效的决策、实施和动员的沟通机制。这既有利于自由党政权长期发展战略的决策实施,也有利于自民党获得稳定选民的票源支

---

① 王振锁、徐万胜:《日本近现代政治史》,世界知识出版社2010年版,第277页。
② 房宁等:《自由、威权、多元——东亚政治发展研究报告》,社会科学文献出版社2011年版,第76—78页。

持,这便奠定了自民党长期执政的社会基础和群众基础。

第四,自民党内部的协调团结与在野党的分散分裂,成为执政与否的自身限制条件。自民党自成立时,即由自由党系统、民主党系统和旧改进党系统拼合而成,派系、派阀渊源留长而且错综复杂。但自民党内部派阀的世代交替和分化组合,虽然影响了自民党的集中决策和统一,但通过协调派阀关系、缓和派阀矛盾和平衡派阀利益,自民党长期以来大致维系了党内的团结和协调,特别是在保证自民党执政和排挤打压在野党的竞选方面。而且,自民党内部派阀的多样性和多面性,从另一方面保持了自民党目标和所代表利益的多样性,也赋予自民党高度的环境适应性和灵活性。这就使自民党更像是政策上稍有不同的小保守政党的大联合体,自民党各个派阀就像不同的小政党,如果某个派阀执政时遭遇选民和在野党的强烈反对,自民党就再直接推出另外一个派阀来替代,所以,政权在自民党之内,由一个派阀转到另一个派阀,可以起到"拟似政权交替"的作用,以此稳固自民党政权。① 而与此形成对照的是,日本的在野党长期处于分散化和边缘化的状态,难以形成统一协调的能够与自民党相抗衡的替代性力量。日本共产党,由于其激进主义的抗争路线,难以吸引日益中产阶级化的日本国民,民众基础窄狭而难成大器并日益被边缘化。而作为第一在野党的社会党,在左、右派合并还不到5年的1960年,主张反共、自主防卫的右派又从社会党中分裂出来,自行创立了民社党,社会党在野力量再次受到重创。而1964年以宗教团体——创价学会为母体建立的公明党,主张兼容并包、左右共存,加之以日莲正宗信徒为支持基础,这就必然导致该党左右摇摆,并难以发展壮大。② 因此,日本在野党长期的多党化、分散化,导致其难以形成统一协调的反对党力量,更难以在党纲和竞选议题上提出与自民党相抗衡的政策。在野党与执政党自身力量的此消彼长,自然也促使了自民党的长期执政。

盛极必衰,号称"万年执政党"、看似牢不可破的自民党政权,随着日本现代化的演进和社会结构的变迁,其所拥有和奠定的社会支持基础也在遭受着岁月的无声侵蚀。冷战结束,苏联解体,世界历史迎来了民主化大潮的再次冲击。作为西方阵营反共防波堤的日本保守

---

① 杨鲁慧、杨光:《当代东亚政治》,山东大学出版社2010年版,第234页。
② [日]安世周:《漂流的日本政治》,高克译,社会科学文献出版社2011年版,第38页。

政权也自然失去了存在的外部理由，美国也发出"日本的政治体制必须变革"的呼吁，国际社会的压力趋向于促使日本政治走向进一步的民主化。

更为重要的是日本国内的现代化和政治发展此时也进入了一个新的历史发展时期，一党优位的发展型体制，在日本成为"经济大国"的同时，也完成了其"经济中心主义"的历史使命。日本在"经济大国"的基础上进一步走向"政治大国"的进程中，"政治中心主义"必将再次回归。实行"战后政治总决算"的进程，在1980年代的中曾根时代即已开启，其中隐含着其后日本政治变革的伏笔。更为关键的是，长期的执政地位和盘根错节的利益输送，使自民党政权也无可挽回地陷入了"制度性疲劳"和"腐败泥潭"，自民党漠视正义和腐败的行为连续性和大面积发生，导致日本政治社会"金权政治"泛滥四溢并难以根除。1976年揭露的"洛克希德事件"使田中集团遭受重创，并引发了自民党的小小分裂，河野洋平等6名国会议员退出自民党，成立"新自由俱乐部"。1988年揭露的"利库路特"丑闻，牵扯到前首相中曾根等自民党多位高官，使自民党的支持率从1988年6月的51.6%下降到1989年7月的19.4%。1992年揭露的"佐川快递公司行贿案"，直接导致了自民党副总裁金丸信的辞职和长期左右自民党权力的竹下派的分裂。①

在1993年7月举行的众议院大选中，自民党长期执政招致的不满和沉淀的积怨，终于招致了垮台惨败的报应，自民党仅获得众议院223个议席，不足议席总数的半数。而从自民党分裂出来的新生党、先驱新党加入了非自民党的"七党一派"联合政权，日本新党党首细川护熙出任首相，自民党第一次变成了在野党，自民党长期执政的"五五体制"就此瓦解。日本的政治发展由此进入了一个重新分化组合的新时代。

2. 泰国

沙立发动政变并实际控制泰国政权以后，经过朴·沙拉信临时政府的过渡后，1957年12月进行国会大选，没有任何政党获得过半数议席，以沙立领导的"国家社会主义政党"为首组织联合政府。沙立因治病就医远赴美国，由其亲信他依·吉滴卡宗出任总理。由于在1958年3月的补选中，民主党获得了13个新议席，而政府党只获得了9个议席。他依无

---

① 张伯玉：《日本政党制度政治生态分析》，世界知识出版社2006年版，第337页。

法控制执政联盟中的分歧和国会内的党派斗争,政府与国会关系陷入僵局。

1958年10月,沙立从美国就医回国后,随即发动自我政变,接管他侬政权。沙立任命一个以他为首的"革命委员会"为临时最高权力机构,废除1952年宪法,解散国会,禁止一切政党活动和政治集会,查禁舆论,100多位政府批评者被逮捕。① 1959年2月,沙立正式担任总理,随后同时兼任武装部队最高统帅、陆军总司令、警察总监,独揽军政大权,他侬任副总理兼国防部长。新的高度独裁的军人专制政权由此运作起来。

困扰军人政变夺权的致命软肋是其正当性问题,如何为军人政权的存在提供正当性或合法性辩护?在泰国本土成长起来的沙立,自然就在泰国传统文化的价值与制度中寻找根据。沙立政权认为,从西方强行移植的民主观念和制度体系,无法切合适应泰国的传统、环境和人民的本质特色,从而导致政局混乱和社会动荡。为了保障政权稳定和国家发展,就必须从自己的历史文化传统中发掘出统一的权威。沙立从三个方面建立起正当性支柱:一是把泰王作为国民效忠的焦点并恢复其"神王"权威,提倡"民族、佛教、泰王"三位一体的国家信仰,而政府作为王权的世俗分支享有"法王"的权威,借"神王"光辉沐浴,"法王"政府因此值得尊重和服从。二是从传统文化中发掘"父权国家"的理念,建构专制父权主义的意识形态,实行"家长"政治,强调父权政府的一切集权都是为了"子民"的幸福。三是政府主导经济发展,大力推进经济社会的进步和民生改善,以期借用人民生活水平提高的政绩合法性,来弥补法理程序上的授权合法性。② 从20世纪60年代到70年代,沙立政府通过经济年增长率达到6%—7%的高速发展绩效,使自己的军人威权政府得以维系,也使"威权为了发展"的理念得以佐证。

沙立从泰国传统文化中发掘出权威与服从的等级秩序,在牺牲公民个人自由和民主平等的基础上,强调从大众、经过官僚和政府到国王构成的权力等级。泰国国王也因此经由军人威权体制的转化,重新回到泰国社

---

① [美]戴维·K.怀亚特:《泰国史》,郭继光译,东方出版中心2009年版,第274页。
② 陈佩修:《军人与政治——泰国的军事政变与政治变迁》,台北中研院人社中心亚太区域研究专题中心2009年版,第68页。

会、道德和政治秩序的顶峰和中心，也因此扭转了从1932年革命以来的王室权力的衰落之势，并最终成为泰国政治权力争斗的终极"平衡者"和"仲裁者"。

沙立殚精竭虑为其军人威权政府寻求正当性理由和根据，在废除了从西方移植的观念和制度体系的同时，沙立就只能走政治本土化的道路。沙立认为切合泰国特点和现实的"泰式民主"就是：民主就意味着政府、官僚和国王对人民需求和期望的回应，而这种积极回应以一种高度"家长式"的方式表现出来。① 在沙立这位军事强人看来，以政治本土化为导向的"泰式民主"，其核心理念就是"革命"和"发展"，其基本的政治模式就是"家长政治"。② 从传统政治文化中寻找威权根据，利用强制性威权政府发展经济，再用经济发展绩效为威权体制提供正当性辩护。这便是广大发展中国家"威权发展"体制或"独裁发展"体制，为其寻求正当性根据的惯用套路和论辩模式。

1963年12月沙立病逝，其副手他侬接任总理，副总理兼内政部长的巴博·乍鲁天与他侬结成"他侬—巴博"政权同盟，这一同盟通过他侬的儿子纳隆和巴博女儿的联姻而得到进一步加强。1963年至1973年的他侬—巴博政权几乎原封不动地继承了沙立威权政府的威权发展型体制和政治哲学。其间泰国在不断加强与美国的关系的情况下，卷入了印度支那战争，也继续执行沙立的威权发展战略，努力推动泰国的现代化进程。

但现代化发展的同时，不可避免地推动和促进着政治的发展，使"沙立悖论"进一步凸显：加强以传统君主制和等级制为核心的价值和制度的合法性秩序，而现代化发展带来的经济和社会结构的变化则在不断地侵蚀和削弱这一合法性。③ 他侬—巴博政权继续玩起修改宪法加强威权的老把戏。1968年新宪法颁布，1969年2月进行国会大选，而他侬领导的"泰国人民联合党"仅获得33%的议席，在联合其他小党力量之后，他侬再次出任总理。但当民选国会与威权政府矛盾日益加深而威胁到他侬统治时，他侬又于1971年11月玩起"自我政变"的老把戏，废除1968年宪

---

① ［美］戴维·K.怀亚特：《泰国史》，郭继光译，东方出版中心2009年版，第275页。
② 周方冶：《王权、威权、金权——泰国政治现代化进程》，社会科学文献出版社2011年版，第122页。
③ ［美］戴维·K.怀亚特：《泰国史》，郭继光译，东方出版中心2009年版，第280页。

法，再次解散国会，宣布戒严，禁止一切政党活动和政治集会。但在市民社会发展壮大所施加的要求恢复宪政的巨大压力下，他侬—巴博政权又不得不在1972年12月颁布了临时宪法，决定实行一院制国会，但议员全部由政府任命，其中军方和警察的代表就占到全部议员的三分之二。① 军事力量掌控政治权力和垄断社会的实质丝毫未变，军人威权体制的色彩丝毫未减。

他侬—巴博政权肆意玩弄民主宪政的形式，实为维护威权专制的本质已暴露无遗。而此时的泰国经济社会也发生了巨大变化，威权统治的社会基础已极大削弱，"泰国社会整体式（包括工人、农民、学生和中产阶级）已不再接受这样一个在国家安全和公共福利的幌子下仅仅代表军人利益的政权"。② 大众长久积蓄的不满和愤怒终于爆发了，1973年10月，数十万学生和群众在"民主纪念碑"前示威抗议，要求起草新宪法并恢复宪政。在泰王的仲裁下，他侬和巴博被迫狼狈流亡国外，威权政府体制再次倒塌。泰国政治再次进入匆忙、混乱而短暂的"民主实验"时期。

1974年10月14日，泰王任命国立法政大学校长讪耶博士组织临时政府，随后制定颁布1974年新宪法，新宪法规定国会为两院制，包括民选的下院和国王任命的上院，并规定除非辞去军籍和官职，军官不得入阁。1975年1月，国会进行选举，没有任何政党获得过半数以上，民主党党首社尼·巴莫与两个左派政党组成联合政府，但仅两周之后就被迫垮台。社尼·巴莫的弟弟克立·巴莫作为社会行动党党首，组织了一个包括中间派和左派的17个政党组成的大联合政府。然而左派的倒戈，使克立政府在1976年1月又不得不宣布解散国会，重新大选。1976年4月的大选后，民主党控制了279个议席中的114个议席，社尼·巴莫重新掌权并与中间派和右派的4个政党组成联合政府。执政联盟内的政党纷争和权力斗争，使社尼政府根本无所作为。1976年9月，前总理他侬从流亡中回国，由此激起了大学生的愤怒和抗议，游行示威风潮再起，但遭到军方和右翼势力的残暴镇压。10月8日，海军上将沙鄂·差罗如在拉玛九世的支持下发动政变，宣布成立"全国行政改革委员会"，宣布废止1974年

---

① 陈佩修：《军人与政治——泰国的军事政变与政治变迁》，台北中研院人社中心亚太区域研究专题中心2009年版，第71页。

② [美] 戴维·K. 怀亚特：《泰国史》，郭继光译，东方出版中心2009年版，第292页。

宪法。短暂而混乱的三年"民主实验"就此宣告结束。

此时，泰国周边邻国越南、老挝、柬埔寨三国共产党政权的建立，更加激起泰国国内的保守右翼势力的团结和崛起。政变后，政变军人委任最高法院首席法官他宁·盖威谦组织临时文人政府。但文人出身的他宁比军事强人更加独裁专制，常以"防共反共"为名打击报复各种政治对手，引起各派政治力量的普遍不满。1977年10月，沙鄂·差罗如再次发动政变，推翻他宁政府，推举武装部队最高司令江萨·差玛南出任总理。

但此时的军人集团已清醒地认识到"沙立式"的威权体制，在泰国社会中已经没有多少社会基础而不得人心。军人集团虽仍然操持着泰国政治建构和民主开放的主导权，但并未妄想借机重建军人统治，而是采取了更具包容性的政治结构。在温和军人政权的主导下，1978年12月新宪法被颁布出来，这部宪法被认为是军方和官僚精英与官僚体制外部精英之间的一项妥协方案，从而具有"非民主"和"民主"的双重特征：一方面军人集团规定参议院225席经任命产生，允许现役军人和警察及行政官员兼任内阁职务，从而确保了体制内军方和官僚精英的利益；另一方面，恢复政党活动，规定众议院301席经民选产生，从而为体制外政治力量参与政权留有通道。① 正是这部宪法的妥协性和平衡性架构，使其成为泰国历史上实行效期最长的宪法（1978—1991年），也为泰国1980年代的"半民主"体制奠定了法理基础。

1979年4月国会大选后，因国会中政党众多而未能产生一个多数党政府，江萨在参议院的支持下继续执政。1980年2月，由于物价上涨而引发学生和群众的抗议浪潮，身为陆军司令兼国防部长的炳·廷素拉暖上将在"少壮派"军人的支持下迫使江萨辞职。炳·廷素拉暖在1980年3月的国会表决中，赢得了全部493票中的394票的支持，出任总理，开创了泰国政治发展史的新时期。

炳·廷素拉暖时期，决定泰国政治发展中的关键变量——军人和文人的关系，也进入了一个"改革"阶段：军队组织从传统的"强人独裁"形态，进入"派系共治"的权力形态，而炳并不介入任何派系，并以公正和宽容姿态拥有巨大的权威，连续挫败了1981年和1985年两次军人政

---

① 房宁等：《自由、威权、多元——东亚政治发展研究报告》，社会科学文献出版社2011年版，第273页。

变。在政府方面。炳也不领导和隶属任何政党,他的内阁中包括了各主要政党的人士,使得内阁与国会关系较为融洽。炳以非党派的超然立场和非民选议员的身份,凭借其高超的领导能力和平衡艺术,赢得了泰王和各党派、以及广大民众的支持,在1983年和1986年大选后连任总理。炳在其长达8年半的任期中,有效保持了多党联合政府的稳定性和平衡性,并以坚决有效的政府决策和执行效率,有力地推动了20世纪80年代泰国经济的新发展。在保持权威和高效的同时,炳也成功地落实了1978年宪法的"半民主"精神和原则,努力为泰国以后的民主化再推进奠定基础和扫清障碍。1988年7月大选后,炳拒绝出任第四任总理,主张由民选的多数党领袖组织政府,炳的民主姿态和主动隐退为泰国的"全面"民主制度和"真正"的文人统治创造了条件。①

1988年大选后,泰国民族党主席差猜·春哈旺被国会推选为总理,民选政府再次运行,但差猜政权处理不好与军方的关系,其讨好商业集团利益的行为引起了军方的强烈不满。1991年2月,武装部队总司令顺通·空颂蓬上将和陆军司令素金达·卡巴允上将发动政变,推翻差猜政府。成立由军方高级将领组成的"全国和平维护会议",同时宣布废止1978年宪法,解散国会。政变集团推举资深外交官阿南·班拉雅春为临时政府总理。1991年11月,在政变军人的主导下,泰国再次推出新宪法,1992年3月根据新宪法举行国会大选。大选后,军人领袖素金达违背在政变后作出的"不参选、不出任总理"的承诺,突然变卦决定出任总理。由此引发了大规模群众抗议浪潮,在主要反对党"道德力量党"领袖、前曼谷市市长詹隆的领导下,反对力量要求素金达下台。5月18日,素金达政府出动军队镇压群众游行,导致50多人死亡、600多人受伤和3000多人被捕。在泰王的最终干预下,5月4日,素金达在强大压力下被迫辞职,同时国会通过宪法第四修正案,规定总理必须具有民选议员资格才能出任。

1992年6月,国会通过了新的宪法修正案,规定总理必须从下议院议员中产生,这一规定在一定程度上抑制了军人对政治的影响。同时,新宪法修正案廓清了泰国民主化发展的总体方向和制度设计。9月大选举

---

① 陈佩修:《军人与政治——泰国的军事政变与政治变迁》,台北中研院人社中心亚太区域研究专题中心2009年版,第79页。

行，民主党获得胜利，并联合新希望党、正义力量党、统一党组成联合政府，民主党主席川·立派出任总理。

泰国由此进入民主化进程相对稳定、文人政权平稳交替的民主发展新时期，但军人集团仍是泰国政治发展中的决定性变量，随时都有挑战民选政府的实力和潜能。

二　军政主导下的威权发展体制

在国际冷战格局的牵制和国内经济发展压力的双重困境中，东亚一些国家和地区，经过了多党冲突、政局不稳的民主初试期以后，具有强烈国家发展使命的军人集团上台执掌政权。

韩国、印度尼西亚、菲律宾的现代化发展，也因此由多党竞争体制走向了军政主导的威权发展体制。军政集团主导立法和决策，强制行政高效执行，限制政党和政治活动，审查社会组织和舆论，保证军政国家对整个社会的渗透和控制。这一时期，民主宪政的政治架构受到了极大削弱或被"虚置"，"经济发展第一"成为军人政权的行动指针，程度不同的政府主导下的"发展型国家"成为常态。从现代化实现的全过程来看，"军政威权发展"也从历史发展逻辑上具有了一定的现代化发展阶段的合理性。

在军人集团的战略性发展和强力推动下，这些国家和地区在20世纪60年代到70年代相继实现了高速的经济社会发展，人民的生存环境和生活质量有了极大的改善。伴随工业化、城市化推动的现代化发展，这些国家和地区的社会结构分层分化，经济政治利益日益多样化，中产阶级和公民社会日益壮大，一个开放而多元的现代化社会已经形成，这就为在20世纪80年代以后的民主化转型，奠定了雄厚的社会基础和民意条件。

1. 韩国

1961年，朴正熙集团发动"5·16政变"，一个极富发展使命感和强制执行力的军人集团登上历史舞台，由此韩国进入了军人主导的威权发展时期。

政变后，军人集团立即开始了接管政权的强制性控制进程。5月19日，政变集团的革命军事委员会改组为"国家再建最高会议"，其32名成员全部由现役军官担任。5月20日"革命内阁"成立,随后开始了肃清反对力量的大逮捕,4000多人被捕入狱,包括各政党成员606名、社会团体成员256名。同时,强制解散了5个政党和238个社会团体,关闭了370家出版机构,查封了830余种报刊。5月24日,革命内阁免除了各道的执事和9大城市的市长的政务,并全部由现役军人替换。6月6日颁布《国家再建非常措施法》,6月21日公布《革命裁判所法》和《革命监察部组织法》,6月22日公布《特殊犯罪惩罚特别法》。7月3日,公布了经过修改的《反共法》,军事革命中的张都暎、朴致玉等不纯异己力量也被逮捕清除。经过以上强制性镇压和清除措施,以朴正熙、金钟泌为首的政变核心集团完全控制了韩国局势。① 但是为了平息国内外针对政变和独裁的批评和压力,朴正熙于1961年8月12日宣布,将于1963年初允许恢复政党活动和民主体制。这就为民主反对势力的存活和再起留下了一线"缝隙"和"空间"。

随着军事政权站稳脚跟,朴正熙为了确保在"归还民政"后,自己仍然能够继续控制国家政权,又开始了将军人统治长久化的法制进程。1962年3月,军政集团公布《政治活动净化法》,严格限制旧政治人士参加政治活动的资格,以期推迟民政归还。11月5日,颁布了以总统中心制和国会单院制为框架的宪法修正案。12月31日,颁布了《政党法》,规定所有总统候选人都必须由其政党提名,并严格组建政党的限制条件。此外,还对《国会议员选举法》进行大幅修正,规定议员候选人只能由政党公荐,无党派人士禁止参选,议员脱党即丧失议员资格;引入全国区比例代表制,第一大党可以获得比例代表议席的半数,议席未满10席的政党和总有效得票率低于5%的政党不能获得比例代表议席。

1963年初,朴正熙集团无奈兑现承诺,宣布政治活动解禁之后,在预计延长军政无望、政党政治在所难免的趋势下,军政集团又打起了利用政党政治和民主形式,来实现军政威权统治的算盘。朴正熙指示中央情报部部长金钟泌组建自己的执政党,2月26日,金钟泌领导的民主共和党成立,8月30日朴正熙正式加入民主共和党,并被推举为该党总裁和总

---

① 尹保云:《民主与本土文化——韩国威权主义时期的政治发展》,人民出版社2010年版,第147—149页。

统候选人。①

　　在朴正熙军政集团精心准备大选，在野党势力分裂和难以实现政党和总统候选人单一化的情况下，1963年10月15日，韩国迎来了第五届总统大选。朴正熙以46.6%得票率当选总统，而民政党总统候选人尹潽善获得45.1%。通过这次大选的民主程序"赋权"，这就从法理上一定程度地解决了政变集团的合法性问题。在随后举行的第六届国会议员选举中，民主共和党又获得了总共175个议席中的110席，而在野党方面，其中民政党获41席，民主党获13席，自由民主党获9席，国民党获2席。② 朴正熙政权在总统和国会大选中的双重胜利，反映了民众渴望政治稳定和经济发展的强烈要求，但也促使朴正熙集团开始推动进一步强化的霸权和独裁体制。

　　此次大选后，在野的各个政党经过反复的分化重组后，终于在1967年2月实现了在野政党的大联合，组建新民党，并推举尹潽善为总统候选人，以迎战1967年的总统大选。但此时的朴正熙政权已经根基稳固，并取得了社会稳定和经济发展的良好政绩，也已赢得了一定的社会支持和民意认同。因此，在1967年5月和6月的总统和国会大选中，执政的民主共和党再次以绝对优势双双取胜。朴正熙获得50.1%的选票再次当选总统，而新民党的尹潽善仅获得37.7%的选票。在国会中，朴正熙的民主共和党更是获得了175个议席中的129席。

　　然而，在朴正熙政权的霸主地位更加稳固之后，却面临宪政法理上的制度性限制：总统只能连任两届。为了实现军政体制长久执政的企图，朴正熙便又开始了"为了掌权而任意修改宪法"这一威权体制的惯用伎俩。在反对党和学生群体强烈反对修宪的压力下，1969年9月14日凌晨2时，在国会外的一座别墅内，支持修宪的民主共和党议员107名、11名政友会议员、1名大众党议员和3名无所属议员共122名议员，强行通过了把"总统任期改为三届"的宪法修正案，而反对修宪的未得到通报的49名议员则以"弃权"论处。③ 在李承晚强行"四舍五入"修改宪法15年后，韩国政坛重新上演了"保权修宪"的一幕，朴正熙用强权拆除了

---

　　① 杨鲁慧、杨光：《当代东亚政治》，山东大学出版社2010年版，第199页。
　　② 郑继永：《韩国政党体系》，社会科学文献出版社2008年版，第56页。
　　③ 同上书，第59页。

限制威权的宪政障碍。

但朴正熙的强权行为却引起了朝野普遍的不满，反对党新民党高举民主主义的大旗，赢得了民众的支持并再次冲刺1971年的总统大选。在1971年4月大选中，朴正熙虽然获胜并再次当选，但仅获得53.2%的选票，而新民党总统候选人金大中获得了45.3%的选票，比朴正熙仅差了95万张选票，直接威胁着朴正熙的总统地位。在5月进行的国会选举中，新民党一举夺得了89个议席，同样直逼民主共和党的113个议席。① 眼看着反对党的发展势头直接威胁到朴正熙及民主共和党的执政地位，1972年10月17日，朴正熙以韩国受到"来自北方的南侵威胁"为借口，发动"自我政变"，在全国宣布实行军事管制，第三共和国就此结束。

"自我政变"后，朴正熙于17日立即发布"紧急戒严令"，其中宣布解散国会，停止宪法部分条款效力，同时停止一切政党和社会团体的一切政治活动，民主宪政体制被强行终止。11月21日，在朴正熙军政集团的高压和操控下，经过全民公决"通过"了非常国务会议决议的宪法修正案。在这一所谓的"维新宪法"形成的"维新体制"中，取消了总统连任次数的限制，而且总统也由原来的选民直选改为由"统一主体国民会议"间接选举产生。总统还被赋予任命国会三分之一议员、紧急措施权、国会解散权、法案否决权等一系列特权，而同时总统出任"统一主体国民会议"的议长。朴正熙集党、政、军权为一体的威权发展体制看似牢不可破了。

在随后于1973年2月举行的国会选举中，反对党新民党只获得了52议席，而执政的民主共和党获得了73席，加上由总统任命的维新政友会议员73名，执政党共获得146席，再次以绝对多数控制了国会。② 此时的朴正熙不仅获得了绝对的几乎不受限制的个人权力，他所控制的民主共和党和维新政友会也完全成为了朴正熙个人控制政权的"御用工具"，所谓的"维新体制"也只是适合于朴正熙个人独断权力的"外套"，朴正熙

---

① 尹保云：《民主与本土文化——韩国威权主义时期的政治发展》，人民出版社2010年版，第180—182页。

② [韩]徐仲锡：《韩国现代史60年》，朱政、孙海龙译，民主化运动纪念事业会2007年版，第125—127页。

可以任意操纵国会通过威权发展体制所需的任何法律和政策。

但在韩国经济社会高速发展和现代化推进的同时，社会结构的变化和公民社会的成长，也在无声地侵蚀着威权体制的社会基础和民意认同。特别是韩国国会选举制度的恢复和运行，也使推动民主化的反对力量有了一定的制度空间和制度平台，在野的反对力量正是利用"选举平台"，发起对于朴正熙威权体制的一次又一次反抗。

1978年12月举行的第10届国会议员的选举，使朴正熙执政集团再次震惊，反对党新民党成功获得了32.8%的选票，得票率也一举超过了执政的民主共和党约1.1%的选票。而此后，反对党领导的反对"维新体制"的民主化运动更加蓬勃发展和坚强有力。

1979年3月，民主运动力量成立了"实现民主主义和民主统一国民联合"，对维新体制展开了更为强大的组织化抗争。在工人运动的激励下，韩国学生运动再次掀起波涛，9月3日，春川江原大学1500余名学生集会抗议，9月10日，新民党总裁金泳三指责朴正熙政权是"非法"和"无法"的政权，号召全民抗争并恢复民主体制。9月20日，首尔大学1000余名学生组织抗议，26日梨花女子大学3000余名学生爆发抗议。10月15日至18日，在金泳三的老家釜山爆发了釜山大学学生和市民的大规模民众抗议浪潮。在面对汹涌澎湃的学生和市民抗议浪潮，对于是否采取镇压措施问题，朴正熙集团内部出现了分歧和分裂。① 历史发展逻辑中的"偶然"因素出现了，戏剧性的时刻来了，10月26日，中央情报局局长金载奎开枪打死了朴正熙。看似牢不可破的威权体制被"一枪击倒"，就是这一枪打中了维新体制的"心脏"，"维新体制"的政权大厦轰然倒塌。

朴正熙政权的崩溃，似乎给历经磨难的韩国民主化转型带来了转折契机，但历史发展的逻辑还是执拗地偏向了"强力"一方。1979年12月12日，以全斗焕、卢泰愚为首的少壮派军官禁闭了陆军参谋总长兼戒严司令官郑升和，夺得了军部的军事权力，军政威权的"余威"还要苟延持续，历史还需"过渡"一些时刻。然而，军事强人的突然离去，还是使韩国政治发展的进程面貌一新，1980年的春天，1691名政治犯被释放，575

---

① [韩]徐仲锡：《韩国现代史60年》，朱政、孙海龙译，民主化运动纪念事业会2007年版，第141—145页。

名政治反对人士恢复了自由，8万多工人参与了示威和罢工，7万多大学生参加了游行，金泳三和金大中之间也出现权力纷争，民主化大潮似乎势不可当。但"首尔之春"还是昙花一现。1980年5月17日，权力基础稳固的新军部，发布了"第10号非常戒严令"，将"非常戒严"扩大到韩国全境，并强行解散了国会和所有政党，同时逮捕了金钟泌、金大中等一大批政治人士。从5月17日到5月27日，全罗南道首府光州市发生了大规模学生和市民的抗议示威，并发生了"市民军"与"戒严军"的武装冲突。在残酷镇压"光州起义"、打死几千名学生和市民后，全国局势才得以平息。在8月27日，全斗焕被"统一主体国民会议"推举为韩国第11届总统，继承朴正熙体制"余脉"、以全斗焕为核心的新军事威权体制再度建立。

全斗焕政权同样玩起了修改宪法和组建政党支撑威权的"威权惯用把戏"，1980年10月，全斗焕集团利用操控国民投票方式，再次修改了宪法，规定取消统一主体国民会议，由选民选举总统选举人团，再由总统选举人团选举总统。1981年1月，以全斗焕为总裁的支持新军部的"民主正义党"成立。2月，完成由总统选举人团选举全斗焕为第12届总统的"民主形式"程序。3月举行第11届国会选举，民主正义党赢得了总数为276个议席中的151个议席。

虽然全斗焕政权表面上与朴正熙政权一样，取得了总统和国会的双重胜利，似乎威权体制还可以稳固支撑。但此时的韩国社会，经过20多年的威权高速发展，社会和政治多元化基础更为壮大，市民社会力量也渐趋成熟，对军政威权政府的压力也越来越大。到1984年后，全斗焕不得不逐步解除对政治活动的限制，1984年5月，以"被解禁者"为主体组建了"民主化推进协议会"，1985年1月，在民主化推进协议会的推动下，在野势力完成整合成立新韩民主党。1985年2月，第12届国会选举举行，执政的民主正义党获得了148席，新韩民主党获得了67席，4月，新民党在吸收了民韩党、公民党和其他在野势力后，国会议席达到了超过议席总数三分之一的103席，对执政的民主正义党构成了极大的抗衡和挑战。[1]

1986年，全斗焕再次面临想继续连任而受到宪法制约的困境，因为

---

[1] 杨鲁慧、杨光：《当代东亚政治》，山东大学出版社2010年版，第207—208页。

根据全斗焕自己主持制定的第五共和国宪法，总统只能任期一届。面对1987年的任期届满，全斗焕主张修宪实行内阁制，而反对党主张实行总统直选制。在朝野对立争持不下之际，1987年4月13日，全斗焕发表了"4·13护宪措施"，宣布修宪延迟。6月10日，民主正义党宣布推举卢泰愚为总统候选人，并宣布将按原宪法参加由总统选举人团选举的总统大选。

全斗焕及其军政集团延长威权体制、抗拒民主化进程的行径，再次激起了反对党和民众的极大愤怒，遍及全国的"六月民主抗争"全面爆发。持续不断的学生抗议、市民抗争和反对党的压力，使军政威权体制的维系成本无限提高，威权体制此时已难以抗拒民主化大潮的滚滚洪流。在美国强大的民主化压力下，全斗焕不得不选择妥协，执政党总统候选人卢泰愚发表了"6·29宣言"，承诺迅速修改宪法，实行直接选举总统制，赦免金大中并恢复其自由，释放政治犯，保障人权和言论自由等，由执政党和在野党协商妥协主导的民主转型过程开始了。

历史转折之点开启了，韩国在经过了40多年政治演变的曲折历程，遭遇了无数的民主抗议和流血牺牲之后，1987年的"6·29宣言"成为由执政党发布的民主化宣言。韩国民主化转型的大门终于打开，韩国的当代政治发展进程，从此走上了民主转型和民主巩固的不归之路。

2. 印度尼西亚

1965年印度尼西亚亲共产党的"九·三零"事件发生后，为以苏哈托为首的军事力量掌控印度尼西亚的政局提供了转折性契机，苏哈托集团迅速开始精心而又稳妥地建构其军事力量支撑的威权体制。

苏哈托充分利用陆军高级将领被杀的时机，直接接管军队中的关键职务，从而架空三军司令纳苏蒂安的军事权力，完全控制了印度尼西亚的军事武装力量，并一步一步地削弱苏加诺总统的政治权力和影响。1965年10月，苏加诺被迫任命苏哈托为陆军总司令。在逮捕并处死政变领导人和大肆屠杀印度尼西亚共产党之后，1966年3月11日，苏哈托以武力逼宫的方式迫使苏加诺签署了著名的"三一一命令"：授权苏哈托为了共和国的利益可以"采取一切必要的手段"。这个命令实际上标志着印度尼西亚的国家权力已经基本转移到苏哈托手中。[1] 其后的权力斗争只不过是为

---

[1] 杨鲁慧、杨光：《当代东亚政治》，山东大学出版社2010年版，第139页。

了使苏哈托的权力更具形式合法性和更加牢固独断。

在苏哈托的直接或间接操纵和威胁下,1966年6月20日,印度尼西亚临时人民协商会议要求苏加诺委任苏哈托组织新内阁,同时撤销了1963年临时人民协商会议关于任命苏加诺为终身总统的命令。1967年3月12日,临时人民协商会议终于撤销了对苏加诺总统的任命,同时选举苏哈托为代总统,1968年3月12日,临时人民协商会议选举苏哈托为印度尼西亚共和国第二任总统。从此,苏哈托完成了法律形式上的合法性认定,更为坚定地从军队、政党和国会方面来建构其威权体制的组织支撑体系。

苏哈托军人集团在完全掌控了军队系统的控制权之后,大力宣扬印度尼西亚军队的"双重职能"理论:军队既具有保卫国家安全的军事职能,也具有管理政治和社会生活的政治职能。

以此理论为依据,苏哈托大幅度把军人安插到中央和地方的政府重要部门。如1966年的27名部长中有12名为军人,在20世纪70年代初,在北苏门答腊二类区的17名行政长官中有军人15名,在中爪哇地区35名行政长官中就有18名是军人,派到国外的50名大使中有21名是军人,政府各部总局86名秘书长和局长中有34名是军人,在1983年产生的37名部长中有军人19名,全国27个省的省长中有21名是军人。在县一级,有三分之二的县长和镇长是军人。① 同时,苏哈托还建立了军队系统对各级行政系统的监督体系,把全国划分为17个军区,每个军区司令部监控一个或几个省,军区以下的各级军事机构对同级的政府机构进行监督。以军事武力威胁为后盾的控制和强制,构成了苏哈托威权体制的强力基础和支撑。

然而,军队只能提供强制性支持,为了政权的合法性和有效运转,还必须有自己能完全掌控的政党。因此,苏哈托同时开始对1964年陆军成立的"专业集团联合书记处"这一组织实行强制性改造,以期达成组建自己长久执政党的目的。对"专业集团联合书记处"的改造是一次紧张的斗争,这一组织中原有的新苏加诺分子被替换甚至被逮捕,亲苏哈托势力被安插进来,而原定的国会选举也一再被拖延。1969年10月,改组工作终于完成,新的"专业集团党"成立,苏哈托从而开始了"新秩序"

---

① 贺圣达、王文良、何平:《战后东南亚历史发展(1945—1994)》,云南大学出版社1995年版,第319页。张锡镇:《当代东南亚政治》,广西人民出版社1995年版,第305页。

时期的第一次人民协商会议的选举。在 1971 年举行的选举中，专业集团党取得了 62.8% 的选票，夺得了 460 个国会议席中的 227 个。

同时，苏哈托在自己的支柱性政党稳固之后，便开始实施削弱其他政党的策略，1973 年苏哈托宣布实施"简化政党"政策。以伊斯兰教为基础的政党伊斯兰教师联合会、印度尼西亚穆斯林党、印度尼西亚伊斯兰教联盟党和伊斯兰教育运动党被合并为"建设团结党"；其他的政党印度尼西亚民族党、基督教党、天主教党、平民党和印度尼西亚独立拥护者联盟被合并为"印度尼西亚民主党"。强制性合并后的两个政党，由于内部派系复杂、纷争不断，反而极大地消弱了作为反对派的力量。从 1971 年开始，在政府和军队的支持下，专业集团党一直是印度尼西亚国会的第一大党，在直到 1997 年的 6 次国会选举中，一直保持了绝对优势，分别获得 63.12%、62.11%、64.13%、73.12%、68.11% 和 74、13% 的选票。专业集团党因此成为苏哈托政权合法性来源和运作的支柱之一。[①]

最后，苏哈托通过控制人民协商会议，从而保证其连续长期当选总统。根据印度尼西亚宪法规定，总统和副总统由人民协商会议间接选举产生，立法权由人民协商会议和人民代表会议分享，人民协商会议由 920 名代表组成，其中 460 名人民代表会议成员是人民协商会议的当然代表，另外的 460 名代表中的一半由总统任命，另一半由各地区产生。460 名人民会议代表所组成的国会，除了 360 名代表经选举产生以外，其余的 100 名成员为军人保留并由总统任命。1987 年以后，人民协商会议的成员扩大为 1000 名，其中 500 名为国会议员，400 名由民选产生，100 名由总统任命并分别代表军队和各省的专业集团。另外的 500 名成员也是由总统和政府指定，分别代表军队、专业集团党、建设团结党、印度尼西亚民主党和地方省议会。[②] 通过这样的强制性规定，人民协商会议成员中，由总统任命和控制的成员超过一半，再加上专业集团党控制的国会的大多数议席，苏哈托就牢牢地通过专业集团党和军人控制人民协商会议，从而保证由其选举产生的总统由自己长久担任。

苏哈托通过专业集团党、军队和人民协商会议这三大制度性支柱，牢固地建立了一个威权性发展的国家"新秩序"，"到了 20 世纪 90 年代中

[①] 杨鲁慧、杨光：《当代东亚政治》，山东大学出版社 2010 年版，第 140 页。
[②] 李文主编：《东亚：政党政治与政治参与》，世界知识出版社 2007 年版，第 291 页。

期，新秩序似乎是一个攻不可破的永恒政治装置"。① 通过这一威权装置，苏哈托政权从1969年到1994年，实施了5个五年发展规划，实现了GDP年平均增长7%左右的高速发展；爪哇岛内十分贫穷人口也从61%下降到10%，爪哇岛外贫困人口从52%下降到了7%；文盲人口也从执政之初占总人口四分之一下降到1998年的不到总人口的十分之一。② 威权发展体制的经济社会发展成效，同样看似令人敬佩。

但是，这一看似"牢不可破的威权装置"，由于其长期执政而内部积淀的腐败和分裂因素也在威胁着其存活能力：军人垄断暴利行业导致特权横行、政府官员与商人合谋导致官商勾结、官员普遍贪污受贿导致天怒民怨等，特别是苏哈托的家族统治和家族商业帝国，都在腐蚀和瓦解着这一威权装置的构件和性能，只是经济发展带来的民众普遍受惠，掩盖了威权体制的脆弱性及其问题的危害性。

然而，印度尼西亚的反对派组织也一直在积蓄着力量。1980年5月，反对苏哈托政权的50名政界元老成立一个"五十人请愿团"的组织，直接挑战和批评以苏哈托为首的威权体制。其中包括前三军司令纳苏蒂安、前雅加达市市长阿里·萨迪金、前东盟秘书长达梭诺中将，以及后来的总统瓦希德。虽然这一组织遭到各种程度的"报复"，但还是为对苏哈托政权的抱怨和交换改革思想提供了渠道。1993年，苏加诺的长女梅加瓦蒂当选为印度尼西亚民主党主席，但苏哈托害怕苏加诺的影响会使梅加瓦蒂的民主党发展壮大，拒不承认这一党内选举结果，反而支持民主党的亲政府成员选举苏里雅迪为主席，从而引起梅加瓦蒂支持者的抗议示威，导致与警察发生激烈冲突，死伤多人。此后，苏哈托的高压统治也引起了各种社会抗议活动，并有蔓延和扩大的态势。1994年印度尼西亚各地大规模社会骚乱和抗议发生8起，1995年增加到16起，1996年增加到了27起。

威权高压下长久积累的怨恨终于引爆，1997年的亚洲金融危机冲击到印度尼西亚，印度尼西亚盾急剧贬值，从1997年8月的1美元兑换2600印度尼西亚盾，到了年底就可兑换6000印度尼西亚盾，而到了1998年1月就可兑换17000印度尼西亚盾。与此同时物价飞涨，1998年初，

---

① 史蒂文·德拉克雷：《印度尼西亚史》，郭子林译，商务印书馆2009年版，第135页。
② 房宁等：《自由、威权、多元——东亚政治发展研究报告》，社会科学文献出版社2011年版，第193页。

食品价格上涨18%，煤油价格上涨25%，汽油价格上涨71%。① 1997年印度尼西亚的国内生产总值为548万亿盾，折合约2380亿美元，人均国内生产总值为1202美元，而到了1998年2月，印度尼西亚的国内生产总值缩水为550亿美元，人均国内生产总值变成277美元，印度尼西亚几乎一夜之间就从一个中等收入国家变为一个贫穷国家。②

而此时，苏哈托总统却正忙于他的总统连任，1998年3月，在没有其他候选人的情况下，人民协商会议以鼓掌方式一致通过了苏哈托第七次担任共和国总统，从而引爆民众走上街头抗议的浪潮。与此同时，印度尼西亚政府因对金融危机的愚笨、无能和彻底的腐败，更是助推了民众大规模抗议浪潮。

1998年5月12日，印度尼西亚各界群众大规模上街游行要求苏哈托下台，5月18日，雅加达发生大规模骚乱，引发严重的种族残杀和暴力伤亡事件，印度尼西亚的国内局势已近于失控状态，威权体制的镇压成本已大得无法承受。同时，"五月风暴"也引发了威权集团内部的分裂，5月20日，国会议长哈尔莫科要求苏哈托立即在两日内辞职，同日，国防部长维兰托以三军的名义奉劝苏哈托下台。

此时，一向高高在上、威权独断的苏哈托总统除了辞职，别无选择！5月21日，苏哈托黯然辞职。一个老迈威权主义政权的突然"猝死"，在混乱之中开启了一个穆斯林人口大国的艰难民主化转型之门。

3. 菲律宾

1969年马科斯连任总统时，菲律宾的经济社会发展并没有根本好转，依附性经济结构依旧，农村土地占有极端不平衡，大多数人口的生活和收入并不稳定，菲律宾依然在贫困和分化的困境中挣扎。

而马科斯政府执政以后的财政收支却连年出现赤字：1966年达0.867亿比索，1967年达1.208亿比索，1968年达0.853亿比索，到了1969年，由于马科斯动用政府财政资金1.6亿美元用于贿选，财政赤字竟高达1.76亿比索。③ 这一时期，菲律宾南部的分离主义运动和菲律宾共产党领

---

① 梁英明：《东南亚史》，人民出版社2010年版，第311页。
② 房宁等：《自由、威权、多元——东亚政治发展研究报告》，社会科学文献出版社2011年版，第196—197页。
③ 周东华：《战后菲律宾现代化进程中的威权主义起源研究》，人民出版社2010年版，第75页。

导的人民武装运动也再次兴起,社会动荡持续加剧。1968年5月,穆斯林独立运动在棉兰老岛成立,其目的是建立棉兰老和苏禄伊斯兰共和国。1970年该组织被取缔后,它的激进成员成立了摩洛民族解放阵线,并建立摩洛民族解放军,继续开展反政府斗争。1968年12月,菲律宾共产党产生了以何塞·西松为首的新领导机构,并将人民解放军改称为新人民军,继续从事农村包围城市的武装斗争。[1]

不断的社会动荡、经济混乱,导致了菲律宾物价上涨、菲币贬值、失业增加,在民怨沸腾中,马尼拉工人持续罢工,大批农民从四面八方涌向首都举行抗议。在此政局紧张之际,1970年1月以大学生为主力的"一月运动"爆发,1月26日,在国会开幕的第一天,国会大厦前聚集了要求政府举行"无党派制宪会议代表选举"的大规模学生示威,持续到夜晚时示威激化转变为暴动。1月30日,示威学生又发动了一场要求马科斯总统"保证不再竞选第三任"的暴力示威,并与警察发生冲突,造成了4人死亡、上百人受伤的惨剧。学生的暴力示威震惊了菲律宾朝野,在"一月运动"后,经过朝野深刻反思,"和平革命"成为政治精英乃至普通民众的主流认识,以"宪政革命"取代"暴力革命"也在"一月运动"后被菲律宾政坛的改革派正式提出。2月1日,马科斯向全国发表讲话,宣称"一三〇运动"是左派分子和右派分子共同煽动的颠覆政府的"革命",为了维护宪法权威,在必要的时候,他将运用总统的额外权力,这就为以后马科斯宣布"戒严法"埋下了伏笔。

在新一代民族主义者和天主教改革势力的压力下,1970年11月10日,标榜"一个独立的无党派的制宪会议"代表选举举行,大约2000名候选人竞争320名制宪会议代表。选举结果是国民党人101名,自由党人52名,另外有167名"独立"候选人当选。马科斯通过贿选和派代理人的做法获得成功,他的国民党支持者虽不能控制制宪会议,但也具有更大发言权。

1971年6月11日,制宪会议正式召开,反对马科斯连任总统的反马科斯改革势力,与支持马科斯连任的亲马科斯势力在制宪会议展开激烈较量。由于改革派势力分裂为主张修正后的总统制、主张议会内阁制和主张半议会制三派,反马科斯力量受到了内部分裂的削弱。经过一年多的制宪

---

[1] 梁英明:《东南亚史》,人民出版社2010年版,第235页。

会议内外的斗争和复杂较量，1972年7月7日，制宪会议就政府体制进行投票，160票赞成"不带禁止条款的"议会制总理制，118票赞成总统制，3票弃权。亲马科斯势力取得暂时胜利，反马科斯力量立即反击，提出将"禁止过去的总统和禁止其妻子参加大选"的"禁止条款"增加到"议会制"方案中去。但9月6日的"禁止条款"投票，155票反对，131票赞成，27票弃权，投票结果再一次令改革派蒙羞，改革派反对"马科斯王朝"的"宪政革命"几近彻底宣告失败。

但新宪法草案还需经过1973年"全民公投"这最后一道程序，马科斯集团也因此孤注一掷地全力拼夺。但马科斯此时知道菲律宾民众反对政府无能和马科斯连任总统的基本民意，如果不能控制社会，"马科斯王朝"的梦想可能功亏一篑。马科斯集团便开始制造了一系列"共产主义叛乱"，从而为宣布"戒严法"寻找依据和借口。1972年8月28日，菲律宾国防部"破例"解密了一份陆军关于菲律宾共产党将在全国制造"混乱和暴动"的机密文件。接下来9月份，大马尼拉地区接二连三地发生了4起爆炸事件。马科斯在为颁布戒严法所需要的"适当的"条件而制造了足够的"共产主义恐怖"事件后，时机成熟了。1972年9月21日晚，马科斯签署了将对菲律宾政局发展影响深远的两份文件：《关于菲律宾戒严法公告的总统声明》和《1081号公告：菲律宾戒严法状态公告》。9月22日下午8点，国防部长恩里莱坐车行进中遇到枪击而本人毫发无损。仅仅6个小时后的9月23日，马科斯正式颁布了上述两份文件，"戒严法政府"在菲律宾正式成立。①

戒严法的颁布实施，可以使马科斯独断地行使总统的特别权力，宣布全国进入紧急状态，实行军事管制，镇压共产党颠覆，建立"新社会"。马科斯政权由此开始一系列的局势管制活动：清除异己，逮捕"右派阴谋家"，截至1972年底，官方宣布已经有8281人被捕，其中2183人被释放；控制舆论，查封新闻媒体，在大马尼拉地区，30家报社、7家电视台被查封，在各省，共有66家报社、292家电台被查封。1973年1月，在军事管制的氛围中，新宪法草案在全民公投中顺利地以绝对多数得以通过批准，马科斯行使原来的总统和根据新宪法赋予总理的全部权力，"马科

---

① 周东华：《战后菲律宾现代化进程中的威权主义起源研究》，人民出版社2010年版，第73—220页。

斯王朝"的威权体制最终建立起来。

在实施军事管制后,为了实现长期掌权的野心,马科斯一方面反复宣传"欠发达国家民主建设需要政治领袖"的强权领导理念,另一方面,解散国会,禁止一切政党活动,大肆逮捕政敌和反对派领袖。1976年成立以马科斯为首的临时国民议会,1978年由他组建的"新社会运动党"成为永久执政党。

在军事管制初期,马科斯强行推进粮食增产计划和实行土地改革,1973—1979年,菲律宾经济平均年增长6.6%,1976年还实现了大米自给。政治上,为了在农村建立政治基地,控制基层群众参与政治,在全国建立了36000个"公民会议"或"巴朗盖",由15岁以上的公民组成。

但在军事管制的后期,菲律宾经济形势恶化,经济增长缓慢,失业率增高,外债沉重,加上马科斯夫妇肆无忌惮的独裁专断,政治上腐败泛滥,人民的不满和抗议日益强烈。在国内外的强大压力和批评中,1981年1月,军事管制被迫宣告结束。9月,马尼拉爆发大规模群众示威游行,高喊"打倒马科斯"等口号。

1983年8月,菲律宾自由党领袖贝·阿基诺刚回到国内,就在机场遭到暗杀,更是激起了反马科斯力量的强烈抗议,一场被称为"人民力量"的运动迅速兴起。几十万人参加的集会和示威游行遍布全国,由各派反对派组织的大联盟"统一民族民主组织"在劳雷尔的领导下,公开宣称要以民主原则开展"中产阶级革命",推翻马科斯独裁统治。其后,参加阿基诺葬礼的群众就达200万之多。政局动荡更加使菲律宾经济运行雪上加霜,1984年和1985年的国民生产总值分别比前一年下降了6%和5%,1985年的外债达256亿美元。[①]"马科斯王朝"已经开始摇摇欲坠。

在国内"人民力量"运动和美国的压力下,马科斯宣布将1987年举行的总统大选提前举行。1986年2月7日,总统大选举行,反对党领袖阿基诺夫人和劳雷尔结成联盟,分别以正、副总统候选人来挑战马科斯集团。但整个大选过程充满了暴力和舞弊行为,马科斯利用政府和军警力量,通过垄断宣传媒体、胁迫反对派人士、进行大规模贿赂、剥夺反对派资金、偷窃投票箱等干扰选举过程。据估计,有330万到500万选民

---

① 梁英明:《东南亚史》,人民出版社2010年版,第236页。

被禁止进入投票区或无法投票，选举期间发生的暴力事件导致90—200人死亡。① 但罪恶遭受报应的时刻也因此到了。

2月16日，受马科斯控制的国会宣布，马科斯以150多万张选票的优势击败阿基诺夫人。2月17日，阿基诺夫人和反对派在马尼拉发起了大规模抗议示威，2月22日，国防部长恩里莱和副总参谋长拉莫斯宣布起义，公开宣布脱离马科斯政权，转而支持阿基诺夫人。同时，阿基诺夫人和马尼拉大主教辛海棉呼吁民众上街支持起义部队，2月23日当马科斯下令镇压起义部队时，政府军根本就无法通过埃德萨大街前往起义部队军营，因为这里已经是抗议群众布满的人山人海了。2月25日，马科斯在总统府举行了冷清的总统就职仪式，而与此同时，阿基诺夫人也在阿吉纳尔多军营附近的一家"菲律宾人俱乐部"里宣誓就任菲律宾总统，美国官员只参加了阿基诺夫人的就职仪式。众叛亲离之下，2月25日，马科斯携带亲属和亲信乘坐4架美军直升机，从马拉卡南宫的草坪起飞后逃亡美国夏威夷。②

就此，统治菲律宾20多年的"马科斯王朝"在"人民力量"的暴风骤雨中顷刻瓦解，菲律宾也再次快速地跨进民主转型的大门。

三 一党主导下的威权发展体制

马来西亚和新加坡自独立和自治以来，巫统和人民行动党就已经显示了其强大的政党功能和优势地位，也一直处于执政党地位，但在多党民主竞争的政治架构下，反对党也一直活跃存在并对执政党构成一定的冲击和挑战。经过了10年左右的多党政治纷争，及其多种族政治的刺激和纷扰，到了20世纪60年代末，两国相继进入了一党主导的威权发展时期。

虽然其后两国还存在反对党时强时弱的批评和挑战，但巫统和人民行动党的执政地位和社会基础已十分巩固和牢靠，在持久保持政治稳定和社

---

① ［美］詹姆斯·F.霍利菲尔德、加尔文·吉尔森主编：《通往民主之路——民主转型的政治经济学》，何志平、马卫红译，社会科学文献出版社2012年版，第186页。

② 李文、赵自勇、胡澎等：《东亚社会运动》，社会科学文献出版社2009年版，第293页。

会有序的环境下，两国在政府主导型经济发展战略的持续推进中，实现了经济和社会的高速发展和进步。但随着经济结构和社会结构的深刻变迁，城市中产阶级和公民社会随之成长，进入21世纪以来，两国的政治发展也进入一个新的一党威权变革和调整的时期。虽然巫统和人民行动党的执政地位依然牢靠，但适应社会发展和民主要求的政治变革也已显现，反对党的力量及影响也在一定程度上有所增强。根本性变革的政党轮替的民主化政治转型也还没有出现，但多党竞争、民主开放的政治发展态势日益显现。

1. 马来西亚

1969年的种族骚乱，极大地刺激和促发了巫统及其执政联盟的反思和政策转向，一个重组执政联盟，加强威权体制，强调国家忠诚和促进经济持续发展，消除种族间经济差距的威权发展时代走向历史前台。

1970年8月31日，新的国家意识形态"国家忠诚条例"颁布，强调马来西亚正致力于对她所有民族实现更大的统一，维持一个民主的生活方式，创造一个公正的社会，国家财富将会被平等分享，并重申伊斯兰教是国家宗教。同年9月21日，拉赫曼由于未能处理好种族矛盾问题而被迫辞职，拉扎克接任总理，开始了拉扎克时代的政治进程。

1971年2月，拉扎克政府决定恢复民选议会，重开国会，并通过修改宪法来重整政治关系。1971年4月，国会下院通过宪法修正案。根本目的是调整国家生活中的种族平衡，促进国家的统一，禁止公共舆论涉及马来统治者的权力和地位、马来人的特权、公民权、马来语作为国家语言及伊斯兰教作为官方宗教等"敏感话题"。在政局稳定之后，拉扎克立即着手建立一个更大的政治联盟，执政联盟积极吸纳反对党加入联盟进入州或中央政府，并和反对党沟通和协调，力促它们合并加入执政联盟。

1972年8月，拉扎克首次提出："除了小部分外，各政党有可能组成国民阵线以面对国家的问题。"① 想以此进一步壮大政权稳定的政治和社会基础。1974年6月1日，"国民阵线"正式注册成立，取代马华印联盟党，成为一个组织基础更广泛的执政联盟。包括巫统、马华公会、印度人国大党、伊斯兰教党、民政党、人民进步党、沙捞越土著保守党、沙捞越

---

① 张应龙：《马来西亚国民阵线的组成与华人政党的分化》，载《华侨华人历史研究》，2002年第2期。

人民联合党、沙巴巫统、沙华公会10个政党。

通过这样的政党重组，就形成了一种独特的马来西亚政党结构，即"双重独大"的体制："国阵"相对于国阵之外的在野党而言是"一党独大"的执政联盟，虽然国阵的组成党时有变化，但国阵始终是执政党；国阵内部是"巫统"的"一党独大"，马华公会和印度人国大党在国阵中的地位更显削弱，巫统无可竞争地处于执政联盟的核心和"老大"地位，巫统主席和巫统署理主席从来都是国阵的主席和秘书长。

巫统决定国阵，国阵决定政局，马来西亚威权发展所需的政治稳定的制度结构从此奠定。国阵自成立以来一直稳居议会中超过三分之二的议席，它的绝对多数地位使得国阵可以通过修改宪法，以此顺利实现其政治目的。在1974年8月的大选中，国阵赢得88%的席位，从此一直稳居绝对多数：1978年是85%，1982年是86%，1986年是84%，1990年是71%，1995年是84%，1999年是76%。在1978年到1995年间，巫统占国民阵线席位的64%—74%，并且单独占议会总席位的53%—56%。① 巫统领导的国阵的强大执政地位和基础，为其实现长期战略性发展规划，提供了政治保障和国家能力支持。

为了消除种族冲突的经济和社会根源，实现国家现代化的战略性发展，国阵执政的马来西亚政府决定，从1971年至1990年实施"新经济政策"，国家主导经济发展，减少以至消除贫困和经济上的种族差别。经过快速推进的"赶超型"经济发展，20世纪70年代，马来西亚经济平均增长率达6%—7%，1971年至1990年间，GDP翻了三番，马来西亚的贫困率从49%下降到15%。特别是经过保证马来人特权和优先的政策，马来人在国家中的股票所有权从1969年的1.5%，上升到1990年的20.3%，马来人的个人所有权从1983年占总数的39%上升到1990年的68%。② 同时，随着经济高速发展，到了1990年，一个庞大的中产阶级形成了，他们几乎占到大约三分之一的劳动力。经济发展的同时，社会结构也发生了深刻变化，经济发展的良好政绩为以巫统为首的国阵的执政地位奠定了民意基础，也为进一步的政治变迁提供了社会土壤。

---

① ［美］芭芭拉·沃森·安达娅、伦纳德·安达娅：《马来西亚史》，黄秋迪译，中国大百科全书出版社2010年版，第388页。

② 同上书，第370—374。

1976年1月，拉扎克总理去世，由副总理侯赛因·奥恩接任，而此时，马哈蒂尔博士在巫统内权力斗争中脱颖而出，担任副总理和党的领导职位。1981年侯赛因·奥恩因健康不佳而辞职，巫统推举马哈蒂尔接任党的主席和政府总理，马来西亚从此进入了长达20多年的马哈蒂尔主导的"威权发展"时代。

马哈蒂尔主政后，继续推进"新经济政策"，并连续制定现代化发展的战略性长远规划，1990年出台"国家发展政策"（1991—2000年），2001年执政党又提出"国家宏愿政策"（2001—2010年），并提出到2020年把马来西亚建成"先进工业国"的"2020宏愿"。1987年到1997年，马来西亚经济年平均增长约8%，[1] 经过经济的再一轮高速发展，马来西亚的工业化和城市化水平进一步提高，马来人在经济地位相对提升更快的同时，其他种族也获得了一定的经济收益和生活改善，国民阵线的执政基础更为稳固，马哈蒂尔也被誉为"马来西亚现代化之父"。但马来西亚现代化发展中也存在政府权力过于强势，公权力与私营资本勾结，以及阶级阶层收入差距扩大等一系列问题。在经济基础似乎更为稳固的同时，对马哈蒂尔及其巫统执政地位更大的挑战则来自政治领域，特别是巫统权力高层内部。

"权力争斗"是任何政党都无法避免的"梦魇"，马哈蒂尔及其巫统也在所难免。首先挑战马哈蒂尔地位的是其副总理慕沙·希塔姆，经过一番较量后，希塔姆被迫在1986年辞职，马哈蒂尔保住了其权威。接着是以贸易和工业部长东姑·拉沙里为首的党内反对派，再次向马哈蒂尔发起挑战。在1987年4月领导人选举中，马哈蒂尔和拉沙里分别获得了761票和718票，马哈蒂尔仅以微弱多数险胜并保住大位。而拉沙里在被迫辞职后便开始了反击，他们以巫统部分基层组织没有注册为由，要求法院宣布巫统为"非法"，1988年2月，马来西亚最高法院裁定巫统为非法。其后导致巫统分裂：以马哈蒂尔为首的主流派重新注册为"新巫统"，以拉沙里为首的反对派在1989年成立新党——"四六精神党"，表示要恢复1946年巫统建党时的革命精神。

巫统的分裂使巫统遭受了重大打击，在接下来的1990年大选中，国阵议席从1986年的148个减少到127席，巫统只赢得了71席。[2] 而"四

---

[1] 梁英明：《东南亚史》，人民出版社2010年版，第323页。
[2] 李金河主编：《当代世界政党制度》，中央编译出版社2011年版，第341—342页。

六精神党"与民主行动党、人民党、印度人前进党及马来西亚统一党等组成"人民运动阵线"反对党联盟,在1990年的选举中,赢得了8个议席和15.1%的选票。在1995年的大选中,反对党联盟仅仅获得了6个议席,选票下降为10.2%,而国民阵线获得了下议院192个议席中的161个,占总议席的84%。其后,因为反对党联盟中各个政党存在严重的意识形态分歧而走向衰落,1996年拉沙里解散了四六精神党,其成员回归巫统。① 反对党的大联盟"人民运动阵线"也就此瓦解。

1997年的亚洲金融危机,不仅冲击了马来西亚的经济稳定,同样冲击了马来西亚的政治稳定。由于应对金融危机的意见和政策的不同主张,马哈蒂尔与其副总理安瓦尔之间出现分裂。1998年9月2日,马哈蒂尔解除了安瓦尔的副总理和财政部长职务。安瓦尔的被解职及其后被判入狱,激起了安瓦尔支持者的强烈抗议,并由此掀起了一场轰轰烈烈的"政改运动"。1999年4月,安瓦尔的妻子旺阿兹沙组建了"人民公正党",随后,人民公正党与马来西亚政坛老牌反对党——马来人的伊斯兰教党、华人的民主行动党和印度人的人民党组织了反对党联盟——"替代阵线"。全面反对执政的国民阵线,以期"替代"政权。

1999年11月,马来西亚第十届大选揭晓,国民阵线再度获胜,赢得了193个国会议席中的148席,掌握了四分之三的议席。马哈蒂尔再一次保住了政权。而反对党联盟艰难地获得了42席。但巫统失去了马来人的绝对支持,从得票率上来看,巫统仅获得了47%的马来人的选票,而反对党获得的马来人选票超过了50%。② 马哈蒂尔的执政联盟在经受了巨大的分裂和大选的考验后,继续执掌政权。

其后,反对党联盟的好景不再,2001年"9·11事件"后,在全球反恐的国际大势下,伊斯兰教党主导的反对党联盟受到了美国和国内民众的巨大压力。华人的民主行动党也在压力之下,宣布退出"替代阵线",最终导致反对党联盟的解体。同时,执政的国民阵线也在努力扩大执政的基础,2001年沙巴人民正义党加入国阵,2002年沙巴团结党重返国阵。

---

① [美]芭芭拉·沃森·安达娅、伦纳德·安达娅:《马来西亚史》,黄秋迪译,中国大百科全书出版社2010年版,第390页。
② 马燕冰、张学刚、骆永昆编著:《列国志——马来西亚》,社会科学文献出版社2011年版,第139页。

2003年10月，马哈蒂尔辞去党政职务，由巴达维副总理接任总理和巫统、国阵主席。马哈蒂尔"强人"威权时代结束，但以巫统为首的国民阵线依旧执掌马来西亚政权，"一党主导的威权发展"体制仍在继续前行。

巴达维执政后，以"廉洁政府"的诚意和行动，推动"以伊斯兰教为国教，多元种族和谐相处的民主国家"，赢得了国际社会和国民的好评。在2004年3月的国会大选中，国民阵线再创佳绩，赢得了219个国会议席中的199席和505个州议席中的452席。巴达维继续执政。

但这届大选后，巴达维政府在族群、宗教、媒体政策和司法改革等方面改革不力，使民众积怨有所增加。2008年3月8日，马来西亚举行第12届国会大选，国民阵线再次遭受严重考验。在国会选举中，国阵获得了222个议席中的140席，失掉国会中三分之二的绝对多数地位。执政联盟中，巫统仅获79席，比2004年少了30席，马华公会仅获15席，比上届减少了半数，而印度人国大党仅获3席。反对党方面，人民公正党赢得了31席，成为最大的反对党，民主行动党获得28席，伊斯兰教党赢得23席，反对党方面共计获得82席。比2004年大选多获得62席。而在州议会中，国阵仅获得505个州议席中的307个，失去了在槟城、雪兰莪、霹雳、吉大、吉兰丹5个州的政权。反对党获得了州议席中的196席。这次大选中反映出的政党格局的变化，说明了马来西亚的政治社会结构发生了深刻变化，主要执政党对本族群的所谓的"垄断代表性"受到质疑和削弱。① 马来西亚政治文化和政治制度正在发生重大变化，巫统及其执政的国阵也面临巨大的政治转型的压力和考验。

在大选遭受挫折后，巫统内部的分歧和矛盾也再次暴露，巫统内部出现了以马哈蒂尔和前财政部长拉沙里为首的反巴达维派。2008年4月1日，马哈蒂尔公开批评巫统大选败绩，并力挺副总理纳吉布接任总理和巫统主席。5月29日，马哈蒂尔宣布退出巫统，以示对巴达维不满。10月8日，巴达维宣布放弃连任巫统主席，并于2009年3月交权与纳吉布。

在巫统内部权力斗争的同时，反对党阵营也在进行着重新整合。2008年4月，马来西亚三个主要的在野党：人民公正党、民主行动党和伊斯兰

---

① Andreas Ufen, "The 2008 Elections in Malaysia Uncertainties of Electoral Authoritarianism", Taiwan Journal of Democracy, Vol. 4, No. 1, 2008, pp. 155–169.

教党正式组建"人民联盟",向夺取执政大权迈进。人民联盟提出了"人民主权",坚持多元种族路线,以赢得多个种族民众的支持。8月26日,前副总理安瓦尔在巴东浦国会议席补选中当选国会议员,安瓦尔出任人民联盟主席,成为反对联盟的实权领袖。

而此时执政的巫统内部却经历着激烈的权力斗争,在反巴达维派的强大压力下,2009年3月,巴达维下台,纳吉布不战而胜,当选为巫统主席和政府总理。纳吉布政府除了应对迫在眉睫的全球经济危机以外,努力树立"全民的马来西亚"的改革政府形象,缓和与反对党联盟的关系,撤销了对反对党主管的两家新闻刊物的禁令,宣布释放13名根据《内部安全法》被捕的疑犯。[①] 纳吉布总理坦言:"若巫统不改革,人民就将革巫统的命。"2011年7月9日,马来西亚反对派联盟号召超过5万名民众上街参与"七月九日大集会",要求总理纳吉布推行"选举改革"和实现"干净与公平选举",这是该国2007年以来最大的反政府示威活动。马来西亚未来的政治发展和民主进程将决定于巫统主导的执政联盟与反对党联盟之间互动和博弈的状况。

巫统主导的政治改革将进行到什么范围和程度?反对党联盟对巫统的改革如何接受并作出什么应对?执政联盟与反对党联盟将以什么方式博弈互动?选民将如何对执政联盟与反对党联盟的政策主张作出评价和选择?对这些问题做出的回答和行动,将决定着马来西亚政治发展和民主化进程的未来和方向。

2. 新加坡

自从1968年人民行动党在大选中获得84.43%有效得票率,囊括国会全部议席之后,在新加坡的政治发展中,人民行动党"一党独大"体制完全确立巩固,并完全控制和左右新加坡这一"现代城邦"的政治发展和现代化走向。

在其后的1972年、1977年、1980年国会大选中,人民行动党虽然只获得69.20%、72.40%、75.55%的有效得票率,但仍然囊括国会全部议席。但在1981年11月安顺选区的补选中,反对党工人党领袖贾耶勒南在补选中胜出,成为1968年以来国会中的首位反对党议员。此后,新加坡

[①] 马燕冰、张学刚、骆永昆编著:《列国志——马来西亚》,社会科学文献出版社2011年版,第149—154页。

国会中就一直有"少得可怜"的反对党的异议声音：

在1984年的国会选举中，人民行动党获得62.94%的有效得票率，获得国会议席79席中的77席。

在1988年的国会选举中，人民行动党获得61.80%的有效得票率，获得国会议席81席中的80席。

在1991年的国会选举中，人民行动党获得60.97%的有效得票率，获得国会议席81席中的77席。

在1997年的国会选举中，人民行动党获得64.98%的有效得票率，获得国会议席83席中的81席。

在2001年的国会选举中，人民行动党获得75.29%的有效得票率，获得国会议席84席中的82席。

在2006年的国会选举中，人民行动党获得66.60%的有效得票率，获得国会议席84席中的82席。[①]

为什么在新加坡的国会选举中，反对党在宪法上可以合法存在、在大选中形式上也可以同执政党普遍竞争，但人民行动党总能牢牢地控制国会中的超过三分之二以上的绝大多数议席，而永保执政地位于不败之地？

究其缘由，人民行动党控制下的"有限民主"和"威权发展"体制，是"被精心设计出来的并用以催生国家发展的"，人民行动党享有政治体制所赋予的几乎绝对的权力，但并没有听任权力的滥用、专横和腐败，更没有对新加坡人民利益的漠视和侵夺，人民行动党以超乎寻常的正直、奉献和对法治的尊崇统治着这个"现代城邦"。[②]

具体说来，可以从执政党与反对党互动博弈的政治权力过程两个方面来看：

在执政党方面，从宏观来说，新加坡人民行动党长期执掌国家政权，保持国家权力的高度集中和国家治理的切实有效，实现了政治稳定、经济发展和社会进步，其秘诀可以归纳为以下几点：第一，拥有一个团结合作且具有极高领导能力、发展意识与国际视野的执政党——人民行动党领导集体（作为一党长期执政的国家，新加坡的执政党人民行动党早已和政

---

① 李金河主编：《当代世界政党制度》，中央编译出版社2011年版，第275页。
② Rai Vasil, *Governing Singapore: Democracy and National Development*, St Leonards: Allen and Unwin, 2000, p.233.

府融合在一起,人民行动党的领导集体也是新加坡国家的领导集体),执政党党内的民主决策机制,保证了促进国家现代化发展的各项法律和政策能够保持长期稳定和有效。第二,拥有一个规模小、效率高、执行能力强的高效廉洁政府,保证了政府行政能力能够直接渗透于社会的各个层级,保证了国家的法律和政策能够得到切实的执行和落实。第三,在联系政府与民众、整合社会资源方面有一系列制度化的机制和沟通渠道,保证了社会民意的及时有效地表达和政府对民意的及时有效地回应。第四,包括最高执政者在内的全社会对法治规则的高度认可与坚持遵守,保证了发展活力喷涌的同时社会稳定和谐、治理有序,新加坡也以"法治严厉"而闻名于世。

正是在以李光耀为首的"软性威权主义"发展型国家的战略指引下,新加坡经济社会在人民行动党的有效治理中,取得了巨大的发展进步和生活品质提升。1965年,新加坡独立建国时,人均GDP不足320美元。1960—1995年间,新加坡国内生产总值平均年增长率为8.4%,1994年新加坡人均国内生产总值已超过2万美元,1995年人均达到22300美元。1996年,联合国经济合作与发展组织将新加坡评定为发达国家。1997年人均国民生产总值已超过了32940美元。① 到了2010年,在国际货币基金组织公布的世界各国人均GDP排名中,新加坡以人均42653美元位居第15位。

在人民行动党的领导下,新加坡取得了国家现代化发展的极大成就,环境优美、社会和谐和人民幸福,这一切都使人民行动党的执政地位有了强大的社会基础和民意支持。同时,执政党和政府密切加强与民众的沟通和互动,并通过政府控制的人民协会组织和人民行动党的基层组织,把发展成果普遍公平地普惠于普通民众,并及时主动地听取反映和全力满足民众的各种生活要求和切身利益。

人民协会在沟通政府与民众、巩固政府执政基础上起着关键制度化作用。人民协会组建于1960年,它是一个由政府主导建立的覆盖全国各个社区的半官方组织,它的主要职能在于将政府的资源分配到各个社区的民众手中,并将各个社区民众的意见及时集中反馈给政府和执政党。

---

① [澳]约翰·芬斯顿主编:《东南亚政府与政治》,张镇锡等译,北京大学出版社2007年版,第268—269页。

人民协会下属三类组织：第一是居民委员会或邻里委员会，主要负责了解民众生活的日常情况；第二类是社会发展理事会，它的主要职责是给公众提供各种公共服务或社会福利，大到孩子教育、老年服务，小到娱乐健身、各种才艺学习辅导班，可谓无所不包；第三类是公民咨询委员会，它是自上而下传达政府政策，以及自下而上反映民意的核心组织，人民行动党的国会议员按规定必须每月定期到所在选区接访选民并听取意见，并保证选民意见得到及时有效的答复和处理。

人民协会虽然由政府主导建立并提供财力保障，但它最多只能算一个"半政府性质"的组织。人民协会的领导者由所在选区的人民行动党的国会议员担任，但是他们并不干涉人民协会的日常工作。一般而言，人民协会的日常工作是由退休的政府官员、社工、各种NGO组织来具体负责。人民协会在新加坡的运转非常顺畅有效，它既向各个社区的民众提供各种福利服务，又向政府反馈民意，将国家与社会制度化地紧紧联系在一起，对于新加坡社会的稳定和谐功不可没。

通过人民行动党控制的政府和人民协会组织，新加坡普通民众享受到了快速的经济增长、低通货膨胀、充分的就业和政治的稳定，80%的人拥有房产，人均寿命76岁，以及仅为0.3%的贫困率。其中86%的居民住进了政府提供的政府组屋。① 人民共享发展繁荣成果，使人民行动党获得了强大的社会支持和选票来源。人民行动党"一切为了国家发展和人民幸福"的实际行动和切实效果，是人民行动党保持长期执政的根本原因。

在执政党方面，从具体选举制度上来看，人民行动党通过其控制的"选举委员会"来及时操纵和调整选举的具体制度设计，从而保证选区划分和选举规则有利于执政党的胜选和优势地位。

从1965年到1988年，新加坡实现"单一选区简单多数赢者全得制"：每个选区只选一个议员，得到简单多数者即可当选，这一制度有利于大党而不利于小党。1987年11月，新加坡通过修改宪法和议会选举法，在单选区的基础上，再引入"集选区"制度：集选区参选者，以候选人小组为单位，每一小组至少3人，最多为6人，其中必须要有一名是少数种族（即非华人）的候选人。且在选举中，选民只对候选人小组而不是候选人

---

① ［澳］约翰·芬斯顿主编：《东南亚政府与政治》，张锡镇等译，北京大学出版社2007年版，第287页。

个人进行投票，获得较高票数的候选人小组，其候选人全部当选议员，而不计其中每个候选人的得票情况。这一制度设计，名义上是为了保证议员的种族平衡，使非华人少数种族能有自己足够的议员。但在客观效果上，由于反对党没有足够的有影响力的候选人，而不能组成有效的竞选小组，往往被迫放弃集选区的竞选。并且，具体集选区的划分和数量在每次大选前都有所调整，以保证有利于执政党而不利于反对党。如单一选区从1984 年的 79 个下降到 1988 年的 21 个，之后又下降到 1997 年的 9 个，而集选区为 14 个。这一制度设计，使反对党很难在集选区取得胜利，有效地遏制了反对党议员在国会中的数量。从 1984 年到 2006 年，国会中反对党议员一般只有 2 个，最多时的 1991 年大选，也只有 4 个。[1] 反对党很难对执政党的地位构成有效挑战和政策制约，更遑论"政党轮替"和"民主转型"了。

在反对党方面，由于执政的人民行动党长期对政府资源、组织资源、经济资源和人才资源的垄断，并能通过制度化的渠道有效地施惠于普通民众，同时有效地反映民众的需求和利益。因此，在强大的执政党垄断资源和人才的超强优势下，新加坡反对党也就必然处于长期的"软弱无能"状态，在新加坡政坛和国会也只能发出"微弱"的声音和作用，甚至只能是"威权发展"体制中所谓"半民主"形式上的"点缀"。这主要是因为，反对党在组织和资源上严重处于弱势地位，政党功能的发挥空间狭窄有限，没有足够的资金且不能吸引到优秀的人才，更没有一套完整可行的"替代"执政党的政纲和政策方案。反对党"替换"人民行动党的"民主转型"似乎遥遥无期！

但时间却在改变着一切，历史在静悄悄之中发生着变化。随着新加坡的高度繁荣和进步，在开放多元的和平环境中，新加坡新一代成长了起来，"80 后""90 后"更加追求自由、自主和个性的生活方式。新加坡社会不可避免地走向了多元和多样的自由时代，加之国际上民主化潮流的全球性冲击，人民行动党在能否继续长期执政问题上，也面临了前所未有的挑战和压力。

多元开放的社会环境和自由自主的民意基础，这为反对党赢得更多的

---

[1] 房宁等：《自由、威权、多元——东亚政治发展研究报告》，社会科学文献出版社 2011 年版，第 312 页。

选票提供了社会条件和竞争机会。在刚刚结束的新加坡2011年5月举行的大选中，反对党工人党前所未有地获得了国会中的6个席位，1个议席是单选区获得的，5个议席是在阿裕尼集选区获得的。新加坡全部选民中有近40%的选民将选票投给了反对党（只是由于新加坡独特的"集选区"选举制度的设计，才使反对党未能获得和其所得选票数相应的国会席位数），而执政党只获得了60.14%的选票，为人民行动党1968年取得绝对执政地位以来的历史最低。而主要反对党工人党和民主党的得票率比上届选举都提高了10%以上。

对于年轻人带来的挑战和冲击，人民行动党也作出深刻反思和回应。大选过后，新加坡前领导人李光耀和吴作栋宣布辞去内阁资政和国务资政。他们在声明中说，新加坡年轻一代希望获得更多的参与决策权，新加坡现在面临一个"新的政治局面"。所以他们决定离开内阁，让更年轻的内阁团队联系并接触更年轻的年轻一代，在新一代新加坡人的手中，塑造新加坡的更好未来。

但是，"只要人民行动党依然执政，新加坡的民主就不会有重大改变"，[①] 新加坡的政治发展和民主未来，取决于新加坡人民的自主选择，更取决于执政党与反对党在回应和满足人民要求上的互动博弈，历史将站在人民选择一边，站在民主一边。

[①] ［澳］约翰·芬斯顿主编：《东南亚政府与政治》，张镇锡等译，北京大学出版社2007年版，第291页。

第五章

多党轮替的民主转型时期

进入20世纪80年代以后,东亚各国的政治发展和民主演进也步入了一个新的历史转折时期。在经过了20世纪60至70年代工业化和现代化不同程度强力推进的基础上,东亚各国的社会结构和公民社会发生了深刻的变化,日益多元化的经济和社会结构,加上日益高涨的参与要求和权利主张,为政治上多党轮替的民主转型提供了强大的社会支持基础。同时,这一时期的国际局势也发生了剧烈变化,两极对立的冷战格局趋于缓和、松动并最终瓦解,为处于冷战格局夹缝中的东亚各国的民主转型提供了条件和契机。东亚各国的国内和国际条件发生的深刻改变,促发了各国民主转型的历史潮流。

东亚各国工业化和现代化不同程度的发展水平,在各国引发了不同的社会结构和阶级阶层的分化,也为执政者和反对派提供了不同的阶级阶层基础和利益集团支持者。在执政者和反对派动员各自的组织资源和经济资源,形成为夺取政权而反复博弈的权力斗争过程中,执政者与反对派不同的策略互动和力量博弈,使东亚各国出现了不同的民主转型方式,并以各自不同的路径走上了民主化道路。

民主转型后,东亚各国由于不同的现代化水平、社会发育程度以及政党制度的稳定性、民主文化的状况等各不相同,东亚各国的民主成熟程度也自然处于不同的阶段。然而,各国的民主化进程已走上了不可逆转的"不归路",成长和成熟需要时间,也许还会出现动荡和反复,但随着各国现代化水平的不断提升,东亚各国的民主进程会在各自的道路上,经历不同的路径和时间走向成熟和巩固。

一 君主立宪下的多党轮替

日本和泰国的政治演变在东亚各国中,具有政治架构连续性的特点,20世纪90年代以后的民主转型同样如此。在君主立宪政体保持稳定和持续的政治架构下,基于国内社会结构和阶层结构的变化以及国际上冷战格局的解体,日本和泰国也出现了政体架构稳定下的民主转型,多党轮替的"政权更替"在现实政治运作中出现。

但是,日本、泰国的民主转型,与其他东亚国家中由于威权政体垮台而出现的多党轮替转型不一样。从其宪政架构的法理形式上来说,日本和泰国从20世纪50年代中期以后,可以说都是多党竞争的民主国家。只不过由于各自的国情特征和社会结构,日本一直都是自民党"一党独大"式的长期执政,而泰国则陷入军人政权与文人民主政权交替的恶性循环之中。20世纪90年代以后出现的民主转型,则不过使日本和泰国法理形式上可能出现多党轮替的民主政权,更进一步转化为现实政治中多党轮替的民主政权。虽然并不像其他东亚国家那样出现政治制度"革命"意义上的民主转型,但日本和泰国的民主演进,终究是在君主立宪架构下民主形式的进一步完善和民主内容的进一步成熟,从民主的成熟和巩固的视角来说,还是具有民主发展的实质性意义和标志性价值。

1. 日本

自民党一党长期执政的结束和细川护熙多党联合政府的成立,标志着日本政治进入了现实政治中多党轮替阶段,也开启了日本政党政治中多党分化组合、政党制度重塑和再定型的转变时期。

细川内阁成立之后,在紧急应对日本泡沫经济破灭后经济停滞的困局的同时,也高举"刷新政治"的旗帜,积极推动政治改革的进程。1993年9月,细川内阁通过了"政治改革相关四法案",其中对政党发展影响最为重要的是新选举制度的改革。在众议院选举中,将原来的"中选举区制"改为"小选举区与比例代表并立制",众议院定额从过去的511名改为500名,其中300名来自小选举区,200名来自比例代表区(2000年2月以后,众议院定额又改为480名),全国划分为300个小选举区和11

个比例代表区。① 新选举制度的设立有利于大党的席位争夺，但也给小党留有生存空间，给正在分化重组的日本各政党增添了促变的因素。

　　细川"七党一派"联合内阁的成立，虽然在推翻自民党一党掌权上有过共识，但各党之间的政见冲突和权力斗争也注定了联合政府的不稳定和短命。由于牵涉东京佐川快递公司贿赂案的丑闻，细川内阁的财政预算案在国会中陷于停顿的困局中，细川首相于1994年4月8日被迫辞职。联合各政党推选新生党党首羽田孜继任首相，但由于联合内阁中各个政党的权力斗争难以协调和平衡，社会党和先驱新党也相继退出羽田内阁。联合组阁的执政党势力拥有众议院511个议席中的席位则减少到182席，远远达不到众议院通过预算、制定法案所需要的过半数议席。羽田内阁运转艰难，1994年度预算案耗时96天才勉强通过。但在自民党向国会提交了羽田内阁不信任案的压力下，6月25日，执政不足两个月的羽田内阁就此下台。

　　反自民党联合内阁的垮台，给自民党重新上台提供了机会，在先驱新党党首武村正义的斡旋下，长期对立的自民党和社会党走向联合，自民党、社会党和先驱新党联合推举的社会党委员长村山富市当选首相。1994年6月30日，村山内阁成立，自民党在下台10个月后重新进入联合内阁执掌政权。自民党为了夺回政权，不惜和长期对立的社会党进行合作，"表明了冷战后日本政党政治中的意识形态因素进一步淡化，权力争夺正成为影响政界分化改组的主要因素"②。为了掌握政权、不惜一切的实用主义政治盛行，使日本政治处于"政权不断漂流"的"悬浮"状态，也隐含着日本社会党和日本共产党等意识形态色彩浓厚政党的衰败。

　　这一时期，也是日本各个政党快速分化和重组的时期。自民党下台，再次刺激和激化了内部的派系分歧和矛盾，自民党再度分裂。1994年4月18日，以鹿野道彦为首的5名原自民党议员在退党后，另行成立了"未来新党"，4月28日，以柿泽弘治为首的7名原自民党议员在退党后成立了"自由党"。从1994年7月起，原联合执政的各党派就重组新的大党以对抗自民党开始了磋商，经过多次复杂的筹建新党协商，1994年

---

① 王新生：《现代日本政治》，经济日报出版社1997年版，第12—13页。
② 王振锁、徐万胜：《日本近现代政治史》，世界知识出版社2010年版，第375页。

12月10日，由新生党、日本新党、公明党、民社党、自由党、未来新党、高志会、改革之会、自由之会九个在野党派共同创建了"新进党"，该党在众参两院共拥有214名议员，成为能够与自民党295席相抗衡的强大力量。1995年5月，以社会党前委员长山花贞夫为首的部分右派退出社会党，成立"民主之友"的新派系，1996年1月1日，社会党内坚持原有社会主义立场的部分左派议员以矢田部理为首宣布退出社会党，成立"新社会党·和平联合"。1996年1月19日，社会党召开第六十次临时大会，正式宣布更名为"社会民主党"。1996年9月，社会民主党再次发生大分裂，半数以上的国会议员宣布脱离社会民主党，并加入新组建的"民主党"。

1996年9月，桥本内阁的厚生大臣菅直人、原先驱新党代表干事鸠山由纪夫等人宣布成为"民主党"，共有来自社会民主党、先驱新党的58名议员参加。新进党以后的分裂衰落和民主党的不断壮大，促进了与自民党能够相抗衡的日本两党制的显现。1996年12月，以原新生党为核心的13名众议员、3名参议院退出新进党，成立了以羽田孜为首的"太阳党"。1997年6月，细川护熙突然宣布退出新进党，并于12月与其他四名议员成立"五人党"。1997年12月27日，新进党党首小泽一郎宣布新进党即日起解散。新进党分裂后，一分为八：自由党、新党和平、新党友爱、国民之声、黎明俱乐部、改革联盟以及五人党、太阳党。存续了三年之久的能够和自民党相抗衡的"第二大党"消失了，但由此反而成就了民主党的成长。1998年1月，国民之声、太阳党和五人党合并为"民政党"，4月27日，民主党与民政党、新党友爱、改革联盟合并为新的"民主党"。2003年4月，由小泽一郎率领的自由党与在野党第一大党民主党合并，民主党力量更为强大。

1996年1月，在苦苦支撑了一年半以后，村山首相宣布辞职，由自民党、社会党和先驱新党联合推举的自民党总裁桥本龙太郎当选首相。日本政治似乎又进入了自民党"新的一党优位执政"时期，但此时已不同于"五五体制"下的自民党一党独大执政，这时日本社会结构已发生了深刻的变化，自民党的支持基础也在动摇，而反对党民主党却在逐渐壮大。

1996年10月，日本举行了第一次在"小选区比例代表并立制"下的众议院选举，自民党获得了500个议席中的239席，新进党获得了156席，保持了第二大党的地位，而社会党和先驱新党则遭到惨败，仅分别获得了 15 席和 2 席。其后成立的自民党一党执政的第二届桥本内阁，大力推进行政管理体制改革，促使"官僚主导型"管理体制向"政治主导"的方向迈进。

1998 年 7 月举行的参议院选举中，自民党惨败，仅获 44 席，而民主党获得 27 席，桥本首相引咎辞职。小渊惠三接任自民党总裁和日本首相。2000 年 4 月，小渊首相因病而宣布辞职，由新当选的自民党总裁森喜朗接任首相。2000 年 6 月举行的众议院大选中，自民党由选举前的 271 席降至 233 席，在众议院 480 席中仅占 48%，而民主党获得了 127 席，自由党和社会民主党的席位也有所增长。大选后，由自民党、公明党、保守新党三党组成第二届森内阁。而森内阁在自民党内部分裂力量和外部在野党力量的双重挑战下，先后三次被在野党提出内阁不信任案，森内阁岌岌可危。森内阁辞职后，2001 年 4 月，小泉纯一郎接任自民党总裁和首相，开始了长达 5 年多的"小泉时代"。

小泉当选首相后，依靠其强大的民意基础和社会支持，强力推进了经济、财政、行政和社会、政治领域的"结构改革"，努力推动日本走向政治和军事大国的路线。在对待自民党长期存在的根深蒂固的派阀政治顽症时，小泉提出了"改造日本、改造自民党"的口号，甚至高喊"摧毁自民党"的口号以争取民众支持。在 2003 年 11 月举行的众议院大选中，小泉领导的自民党取得了国会中 480 席中的 237 议席，比 2000 年的 229 席有所增加，而民主党获得了 177 席。大选后，保守新党因在大选中惨败而宣布解散，之后并入自民党。11 月 19 日，由自民党和公明党两党组成的第二届小泉内阁成立。在此次大选后，由于社会党和共产党在大选中遭到惨败，其后政治影响走向衰弱。"五五体制"下的"保革对立"格局消失，代之而起的是主张社会民主主义的民主党和主张新自由主义的自民党两大党对立较量，形成日本政党体系"保保对立"的新格局。

小泉推进"结构改革"和对自民党进行的改造，使其在自民党和民众中形成了强大的支持力量。在 2005 年 8 月的参议院会议上，22 名自民党议员投票反对小泉内阁提出的"邮政民营化改革法案"，8 名自民党议员弃权，从而在参议院否决了该法案。这一事件激起了小泉的强烈反弹，他宣布解散众议院，提前举行大选。在 2005 年 9 月举行的大选中，小泉领导的自民党取得了压倒性胜利：自民党获得 296 席，单独超过了众议院的半数议席，加上公明党的 31 席，执政联盟共获得了 327 席，占有众议院三分之二的多数。而民主党仅获 113 席，比大选前减少了 64 席。① 就这样，邮政民营化方案被小泉内阁用这种方式强制性通过了。小泉及其自民党虽然在这次大选中获得了稳固性胜利，但小泉时代推行的自由化改革和"复古的国家主义"政策，埋下了日本国民反对自民党的隐患。特别是小泉亲手"摧毁自民党"的改造运动，使自民党、大财团和选民之间的传统利益关联纽带受到了削弱，使自民党的选票支持基础发生了转移。

2006 年 9 月，小泉的自民党总裁的两届任期届满，政治强人的离开，自民党政权又恢复到不断变更首相的"漂流"状态。9 月 26 日，安倍晋三接任首相，继续推进"摆脱战后体制"的政治大国路线，依据国会中的三分之二多数，强行通过了修改教育基本法的法案，制定了促进修宪的国民投票法，并实现了把防卫厅升格为"省"的大动作。但在 2007 年 7 月的参议院选举中，自民党再次遭到惨败，导致执政党丧失过半数议席，而民主党成为第一大党，在野联盟控制了参议院的多数。2007 年 9 月，安倍首相在压力和生病中辞职，福田康夫接任自民党总裁和首相。但在"众参扭曲国会"的格局下，面对 800 万亿日元的巨大财政赤字，福田内阁同样举步维艰。2008 年 9 月，福田内阁辞职，麻生太郎接任总裁和首相，但麻生内阁上台后不久，便遭遇了"全球性经济危机"，麻生内阁未能及时拿出应对危机的强有力的政府控制措施，并在根本上与小泉时代推行的"自由化"改革政策相矛盾。此时，自民党政权已经显现"终结"的衰败之象。

2009 年 8 月的大选来到了，在野的民主党提出了"平成维新"、"国民生活优先的政治"以及"摆脱官僚主导型政治"的口号和主张，向终结自民党政权发起了决定性冲击，给在经济危机中困惑的选民以一线希望。结果，厌倦了自民党一党执政的选民，包括那些历来放弃投票、对政治冷漠的阶层纷纷奔赴投票现场，在选举中约占 40% 的无党派倾向的选票流向了民主党。民主党最终获得了 480 个议席中的 308 个，控制了众议院的绝对多数，比上次增加了 193 个议席，而自民党失去了约占议席 40% 的 181 个议席而惨败，仅获议席 119 个，公明党失去了 10 个议席，

---

① 张伯玉：《日本政党制度政治生态分析》，世界知识出版社 2006 年版，第 370 页。

只获得 21 个议席。① 自民党再次直面失去执政地位的现实。

2009 年 9 月 16 日，以民主党为核心、联合国民新党和社民党的联合政权开始运作，民主党党首鸠山由纪夫出任日本首相。日本民主进程中出现了稳定的非自民党政权，实现了更具实质意义的多党轮替，日本政党政治中的两党制结构似乎成型显现。

虽然民主党执政也显现出日本政治特有的"漂流"状态，短命政权"前赴后继"，随后相继出现 2010 年的菅直人内阁和 2011 年的野田佳彦内阁。但社会民主型的民主党和新保守型的自民党"保保对立"的两大党轮替格局已经初步形成。日本的民主演进也已完成从法理形式上的多党竞争民主，到现实政治中的多党民主轮替的历史性转变，日本的政党制度和民主进程就此进入了一个新的历史发展阶段。

2. 泰国

泰国政治 1991—1992 年发生的剧变，是泰国民主"转型期"的一个转折，标志着泰国政治发展从 1980 年代的"半民主"走向"民主化"时期。② 因此，1992 年 9 月的大选，在泰国的民主化进程中具有重要的里程碑意义，由此初步形成了多党轮替、文人执政的格局。但军人依然是泰国政治中的一股决定性力量。多党联合执政及其政府的频繁轮替，尽显了在军人长期主导泰国政治发展中，泰国政党政治和文人政治的不成熟性，也使多党多元政治的权力结构暴露出"碎片化"倾向。多党轮替的民主化进程的脆弱性和不稳定性，也给军人再次干政留有机遇和借口。这些都凸显了泰国民主化进程的艰难和曲折。

1992 年 9 月国会大选后，民主党与新希望党、正义力量党、统一党组成 4 党联合内阁，民主党主席川·立派出任总理。1995 年 5 月，川·立派内阁因涉嫌土地交易丑闻而遭到国会抨击，川·立派决定解散国会，于同年 7 月重新举行大选。班汉·西巴阿差领导的泰国党成为第一大党，但是为赢得国会中多数议席，泰国党联合新希望党、正义力量党、社会行动党等组成 7 党联合政府，班汉出任政府总理。但班汉内阁同样遭遇执政

---

① ［日］安世周：《漂流的日本政治》，高克译，社会科学文献出版社 2011 年版，第 169—170 页。

② 陈佩修：《军人与政治——泰国的军事政变与政治变迁》，台北中研院人社中心亚太区域研究专题中心 2009 年版，第 81—82 页。

联盟中各个政党之间争权夺利的"内斗"困扰。1996年8月14日,正义力量党宣布退出联合内阁,8月20日,川·立派领导的民主党联合所有反对派提出对班汉内阁的不信任案。1996年11月,泰国举行第19次国会大选,新希望党成为第一大党,新希望党以125票对123票的微弱优势战胜民主党,获得了优先组阁的权力。该党主席差瓦立·永猜裕出任总理,新希望党联合国家发展党、社会行动党、正义力量党、泰国公明党、民众党组成6党联合政府。1997年从泰国爆发的亚洲金融危机,使本来并不稳定的差瓦立联合政府雪上加霜。1997年9月,以民主党为首的反对党提出对差瓦立联合政府的不信任案,9月27日,国会虽然以212票对170票否决了反对党的不信任提案,但在金融危机的冲击中,差瓦立总理于11月被迫提出辞职。川·立派再次出任总理,但同样由于民主党在国会未能处于多数地位,而不得不联合其他党派组成6党联合政府。①

从1992年到1997年短短的五年中,从4党联合政府到7党联合政府,到6党联合政府,再到6党联合政府,尽显泰国多党竞争的民主政治的脆弱和"碎片化"。多党联合政府本身具有的不稳定性和"内斗性",使政府的职能发挥和治理绩效受到极大的制约和限制,也凸显了发展中国家多党民主与治理绩效的紧张和困境。这一期间的四任总理,都未能完成四年的任期,执政最短的甚至仅有一年。川·立派政府再次执政后,在应对东南亚金融危机中推出了一系列坚强措施,使泰国经济在经历了1998年的10.4%的负增长之后,1999年和2000年达到了4%以上的增长。但2000年,泰国股市全年跌幅高达40%,泰铢贬值达16%,而政府无力有效应对。1999年2月和12月,反对党曾两次在国会中对川·立派政府提出不信任案,虽都遭到否决,但也预示着多党联合执政的岌岌可危。

在多党联合政府的执政时期,泰国各派政治势力促成了被誉为"民主里程碑"的"1997年宪法",这一宪法的民主设计主要在于健全选举制度并强化政党政治,希望建立起基于政党竞争与议会运转的"新政治",彻底摆脱"半民主"的桎梏。②"1997年宪法"规定:国会参众两院议员

---

① 梁英明:《东南亚史》,人民出版社2010年版,第357—358页。
② 陈佩修:《军人与政治——泰国的军事政变与政治变迁》,台北中研院人社中心亚太区域研究专题中心2009年版,第167页。

全部由选民直接选举产生；众议院500个议席，其中400个通过"小选举区制"产生，100席通过"政党名单制"比例产生；特别设立宪法法院、国家反腐败委员会、选举委员会、国家人权委员会、国会调查员等独立宪政机构；5万名选民有权通过参议院向国会递交议案等。"1997年宪法"建立了其后泰国多党民主竞争的基本宪政框架。

2001年1月，泰国举行了1997年宪法颁布以来的首次众议院大选，成为泰国政治发展中的一个重要转折点，并奠定了未来10年泰国政治冲突和多党竞争的基本政党架构。1998年刚刚成立的"泰爱泰党"，在他信·西那瓦的领导下，以强大新兴资本集团的财力为支撑，以强调扶贫发展的"草根政策"为号召，动员占泰国人口70%的农民的支持，一举赢得了下议院500个议席中的248席，崛起为泰国第一大党。远远高于其后的民主党128席、泰国党41席、新希望党36席、国家发展党29席、自由正义党14席、人民党2席和社会行动党1席。其后，他信领导的泰爱泰党依靠其强大的经济实力和政治影响力，高调进行扩张性发展，先后于2001年2月合并自由正义党14席，2002年2月合并新希望党36席，2004年9月合并国家发展党29席，使泰爱泰党议席总数达到327席。①泰爱泰党绝对控制了众议院，打破了自70年代军人政权倒台以来小党均势、多党纷争的政治格局，形成了真正实质性的"一党独大"局面，使他信政府的各项政策制定和贯彻执行有强大的政党基础。

他信政府凭借其强大的政党力量和新兴资本的支持，推进了其宏大的国家发展规划，对外实行开放政策，吸引外资和扩大就业；对内发展经济的同时，特别重视发展农业和提高农民福利，实施了"三十铢治百病"计划、"廉价水电"计划、"百万泰铢乡村信贷"计划、"一村一特产"计划、"资产化资本"计划和"农民三年缓期还债"计划等，同时还提高了低层公务员的薪酬，修建廉价住宅，建立医疗福利制度等。在他信的第一任期内（2001—2005年），泰国的经济增长了35%，2003年泰国提前偿还了积欠国际货币基金组织的143亿美元的债务。②他信政府的高效治理能力和执政绩效得以充分体现，施惠于中下阶层的福利政策，更是为他

---

① 周方冶：《泰国的宪政与民主化评析》，载李文主编《东亚：宪政与民主》，中国社会科学出版社2005年版，第157—158页。
② 梁英明：《东南亚史》，人民出版社2010年版，第359页。

信政权赢得了无人可比的选民支持率。

2005年2月,他信领导的泰爱泰党在国会大选中再次赢得了压倒性胜利,在国会500个议席中赢得了376个议席,超过了四分之三。他信的再选连任,开创了泰国政治发展史上史无前例的"奇迹",他信不仅成为泰国历史上首位实现连任的民选总理,而且成为泰国首届"一党执政"的政府总理。绝对优势的"单一政党"和绝对强势的"强人总理",他信的政治势力几乎达到了无法制约的顶峰。

但"鼎盛"意味着"衰败","强势"隐含着"危机"。他信势力的崛起及其治理方式,赋予泰国"新政治"新的民粹主义内涵,他信高度动员和裹挟基层民众的政治态势,却与整个泰国的传统政治结构发生了冲突,埋下了保守势力联合起来反扑倒算的因子。"他信政权施政上重组了上层阶级的利益结构,同样透过一系列惠民政策直接对人民施恩,操作了泰国的民粹政治并培育了民众的民主信念,这是对泰王和军方权威的挑战,挑动了泰国政治社会最敏感的神经。"[1] 泰国各种既得利益集团对他信及其泰爱泰党开始集聚着不满和怨恨,王室—保皇派害怕农村自然经济的瓦解,将导致传统价值观特别是"国王权威"在农村地区的衰落;曼谷政商集团害怕过快的全球化进程,将缩减民族资本和传统产业的市场竞争力;地方豪强—政客集团害怕农村经济的发展,将导致传统农村庇护制网络瓦解并从而削弱地方豪强的政治影响力;城市中产阶级害怕国家财政对农村地区的政策性倾斜和支持,将损害城市中产阶级的中长期社会福利水平。[2]"反他信"的各种保守势力开始集结,并准备着打出反击之拳。

2006年1月,他信家族将旗下电信公司49.6%的股份,以18.8亿美元的价格出售给新加坡的淡马锡公司,并利用股票交易免税的政策规避了巨额税款。由此引爆了反对阵营长久积蓄的不满和怒火,2月,以曼谷中产阶级为主的非政府组织"人民民主联盟"(黄衫军)举行10万人的抗议示威,要求他信下台。2月24日,他信宣布解散国会,提前举行大选。但4月份举行大选时,由于以民主党为首的反对党的有意联合抵制,造成

---

[1] 陈佩修:《军人与政治——泰国的军事政变与政治变迁》,台北中研院人社中心亚太区域研究专题中心2009年版,第176、160页。

[2] 周方冶:《王权、威权、金权——泰国政治现代化进程》,社会科学文献出版社2011年版,第248—249页。

部分选区因选民不足法定人数，5月宪法法院裁定大选无效。9月19日，泰国军方在陆军司令颂提上将的领导下，时隔15年后再次发动政变，推翻他信政府，废除1997年宪法，解散宪法法院，成立国家安全委员会接管国家权力。他信就此流亡海外，他信的强势一党政权被强制终止。

保守的军方政府利用军事强权继续瓦解支持他信的政治势力，2007年被军方重组后的宪法法院以"贿选罪"判决解散"泰爱泰党"，并判决包括他信在内的111名泰爱泰党中央委员在5年内禁止从政。随后，军方通过主持制定"2007年宪法"，将"维护保守、遏制革新"的精神引进宪法，并恢复半数参议院议员的任命制度，将"政党名单制"议席从100席减少到80席，将"小选区制"改为"大选区制"等。泰国政治似乎再次重演着历史上多次出现的"军事政变—推翻民选政府—成立军人临时政府—修改宪法—再次进行民选"的历史循环。

2007年12月，军方履行承诺"还政于民"，举行众议院大选，他信政治势力在泰爱泰党被解散后成立了"人民力量党"，在大批草根群众的支持下，再次赢得众议院480议席中的233席，继续成为第一大党，再次压倒民主党的165席。2008年1月，作为"他信代言人"的沙玛·顺达卫出任总理，组成以人民力量党为首的6党联合政府。而保守势力同样也准备着进行反击，9月，宪法法院宣布，沙玛总理主持电视节目并收取8万泰铢的报酬，违反了宪法规定并被免去总理职务。人民行动党随后推举他信的妹夫颂猜·翁沙瓦出任总理。"反他信"势力也再次集结反扑，2008年5月至12月，黄衫军进行了长达193天的持续的大规模示威抗议，8月26日，黄衫军暴力占领国家电视台、财政部和总理府。10月7日，黄衫军5000多人围攻国会大厦，其间与支持他信的"反独裁联盟"的"红衫军"发生流血冲突。11月25日，黄衫军围观曼谷的廊曼国际机场和素万那普国际机场，导致35万旅客滞留机场。12月2日，宪法法院再次以"贿选罪"为由，判决解散人民力量党以及与其联合执政的泰国党和中庸民主党，并判决三党共109名中央委员5年内禁止从政。[①] 颂猜政府就此下台，民主党党首阿披实·威差奇瓦出任总理，保守阵营终于再次夺得政权。

---

① 周方冶：《王权·威权·金权——泰国政治现代化进程》，社会科学文献出版社2011年版，第261—262页。

但保守的阿披实政权同样并不轻松，他信政治势力在人民力量党被解散后，再次成立了"为泰党"，并在国会中拥有187席，仍为国会第一大党。"挺他信"的"红衫军"更是再次集结，开始了轰轰烈烈的"反政府"运动。从阿披实上台时起，"红衫军"就开始从广大农村出发，四面八方集结到曼谷进行抗议示威，要求解散国会提前大选。2009年4月，"红衫军"冲击东亚峰会会场，迫使峰会延期，并与军警发生流血冲突。2010年3月到5月，"红衫军"再次举行10万人的大规模示威抗议，并连续两次与军警发生流血冲突，造成88人死亡，2000多人受伤，成为自1992年"五月流血"事件以来最为严重的惨剧。[①] 在军队和警察使用坦克重武器的强力弹压下，"红衫军"的暴力抗议终于得以平息，但阿披实政府也已气数将尽。

然而，泰国政治发展的脚步并未停歇，泰国的政治之船还得继续航行。2011年7月举行的众议院大选，阿披实的民主党遭到惨败，在国会500议席中仅获159席，而英拉·西那瓦领导的为泰党获得265席，英拉作为他信的同胞妹妹，似乎代表他信的政治势力又回来了。泰国的民主化进程经历了一番艰难曲折之后，又开始了重新起航。

但无论如何，英拉的为泰党及其政府再也不可能获得他信时代的"强势"和"民意"。在付出了流血牺牲的沉痛"民主化代价"之后，但愿泰国的执政党和反对党能够学会"妥协"与"平衡"，学会应该以国家和民族的现代化发展为最高利益，协调保守势力与革新势力、富裕阶层与草根阶层的利益纷争。泰国军方也应该以保卫国家安全为使命，走军队国家化和职业化的道路。在泰国国王的终端协调和平衡下，经过各方政治势力不断的学习和调适，泰国的多党民主政治也许会在艰难曲折中逐渐走向成熟。

二　威权移转中的多党轮替

韩国出现的民主转型过程，更多地带有亨廷顿所说的"移转"类型特征：在威权移转和向民主转型的过程中，民主化进程是由政府和反对派

[①] 房宁等：《自由、威权、多元——东亚政治发展研究报告》，社会科学文献出版社2011年版，第292—295页。

采取协商妥协行动而推进的。在政府和执政党内部，保守派和改革派的平衡使政府愿意就改变政权体制进行谈判，这与"置换"进程中推翻威权政权不同。在移转过程中，政府中的改革派不愿主动地改变政权，它常常被推入和拖入与反对派的正式或非正式的谈判中来。在反对派中间，民主的温和派强大到足以压过反民主的激进派，但他们还没有强大到足以推翻执政党和政府。因此，谈判和妥协，对于执政党和反对党来说都是可以接受的"代价"较小的理性选择，民主转型在威权移转和改良中，比较平稳地过渡到多党民主的宪政体制。

之所以在韩国出现较为平稳的"移转"转型，可以说是其现代化发展到一定阶段后出现的"综合性政治结果"。经过20世纪60—70年代经济的高速发展之后，韩国的经济和社会结构已发生了历史性的深刻变化。多元化的社会结构日益呈现，多元化的利益要求日益高涨，中产阶级逐渐壮大并成为社会的主体，民众的自由民主意识日益觉醒，这就为要求多元民主的反对派的动员组织活动提供了社会基础和民意支持。以反对派和反对党为组织核心的全民性民主化运动，对军政威权体制提出了强有力的冲击和挑战。在反对派的民主化冲击和美国的民主化要求下，军政威权执政当局已经很难对大批民众参与的示威游行进行"代价高昂"的血腥镇压。理性而现实的选择只能是执政党与反对党联手的协商妥协，走"改良式"威权"移转"道路，这样既满足了反对派和民众的民主化要求，又能使威权执政党"合法"移转并有机会继续执政。韩国的"移转"转型，使其"形式上的民主宪政、实质上的威权独断"体制逐渐迈向"形式上的民主宪政、实质上的多党轮替"体制。民主化转型之后，韩国的民主化进程虽然还会经历不少的混乱和挫折，但现代国家的民主宪政架构由此建立，并迈上了走向民主巩固的正道。

朴正熙的"维新体制"顷刻坍塌后，进入80年代后，韩国的民主化力量逐渐壮大并重新整合，对全斗焕的军政体制再次发起冲击和挑战。形成了以执政党与反对党互动博弈为轴心的"移转"型民主转型过程，其间四种政治势力主要参与并推动了民主转型，其实力博弈的综合作用结果，推动韩国走上了民主化之路。

第一种力量是以金大中和金泳三为代表的反对党势力。金大中是朴正熙时代的反对派领袖，对朴正熙的地位和政权曾经构成了极大的挑战，但一直受到残酷打压和排挤，属于体制外的坚决反对派。金泳三更多的时候是属于体制内的国会中的反对党领袖。金大中和金泳三的政治性格和政治理念有所不同，他们之间也曾经不断地发生分歧和冲突。但在推翻威权体制、实行民主宪政这一点上有共同的追求和动力。他们二人的联手合作，有力地整合和壮大了反对派的力量，直接参与和推动了威权体制的"松动"和"解体"，形成了推动民主转型的反对派的组织和整合核心。1984年5月18日，获得解禁的政治人士组成了"民主化推进协议会"，迅速成为在野势力整合的一个组织中心。此后，金大中系和金泳三系的在野势力超越党派之见，联手合作推动在野势力成立新党，1985年1月，以"民主化推进协议会"为核心的在野势力大联合后成立新党——新韩民主党（新民党），直接挑战以民主正义党为组织核心的威权体制。1987年4月18日，金大中、金泳三与新民党内的李敏雨等非主流势力发生分裂，宣布成立"统一民主党"，新民党90名所属议员中的78人宣布加入。[①] 统一民主党成为"六月抗争"中反对党的组织整合中心。并直接参与了与执政党及卢泰愚的协商对话，就有关民主转型条件、未来政治架构、选举制度等施加了反对党的主张和意见。反对党因此成为民主转型过程中的反抗威权体制的组织化核心和直接参与者。

第二种力量是以学生、市民为主体的民众抗议运动。韩国的学生和市民有着反抗威权统治的抗争传统，在推翻张勉政权和朴正熙政权的斗争中就有过大量的游行抗争，并时常伴随有冲突激烈的流血牺牲。80年代以后，随着60年代出生的新一代的大学生成长起来，学生和市民抗争运动的组织化程度更高，在推动威权移转和民主转型中发挥更为基础的社会动员和社会抗争的作用，是推动民主化转型的社会性和基础性民众力量。1983年9月，"民主化运动青年联合"组织成立，成为大学生民主抗争的组织核心，1984年3月至1986年4月，大学生组织的示威游行活动就达4831起，仅1986年就有2900名学生因反政府集会而被逮捕。1984年"韩国工人福利协议会"成立，1985年"汉城工人运动联合会"和"仁川地区工人联盟"相继成立，成为工人运动把经济斗争与争取民主权利的政治斗争相结合的组织中心。[②] 仅在1987年6月10日至26日的半个月间，韩国各地共爆发了

[①] 郑继永：《韩国政党体系》，社会科学文献出版社2008年版，第74页。
[②] 曹中屏、张琏瑰等：《当代韩国史（1945—2000）》，南开大学出版社2005年版，第367—368页。

2145次示威，参加人数共达830万人，其中被警方逮捕的示威群众就达17244人。① 大规模的民众抗议运动，刺激和激活了威权体制内外的反对力量，并与以反对党为组织核心的反对力量相互激励，并对反对党的组织壮大提供了强大的社会支援。以大规模民众抗议为主导的社会化反抗与以反对党为主导的组织化反抗，两者相互结合形成的巨大合力和压力，使威权政府的镇压成本急剧增大，理性而现实的选择只能是与反对党合作妥协走上民主转型之路。

第三种力量是以美国为首的国际社会的民主化压力。韩国在二战后冷战体系对立格局的夹缝中，在政治、经济和军事领域对美国形成了全面依赖，无论在朝鲜战争中或是在和平发展中，美国都是左右韩国政治发展的重要力量。美国的直接干预和压力也成为1987年民主转型中的重要外部力量。在1987年的民主化运动兴起之后，在执政党与反对派的力量博弈中，美国也从最初的幕后施加压力变成了公开直接施加压力。1987年6月18日，美国国会参众两院提交了"1987年韩国民主主义的相关法案"，要求是韩国在基本人权改善之前，对韩国实行经济制裁。6月19日，美国总统里根要求全斗焕"采取一切措施制止流血事件"，并警告"如果采取强硬措施将很难保障当局的安全"。6月23日，在韩国政局混乱的紧要关头，美国国务院东亚太长官明确指出"美国反对戒严令或其他任何形式的军队介入"。② 美国的强大压力也许是使全斗焕当局最终放弃武力镇压而接受民主转型的最后推力。

第四种力量是执政的全斗焕当局和民主正义党。全斗焕军事集团在采取政变手段夺得韩国政权后，同样采取了许多强制性镇压措施，企图巩固和维护其威权体制。但此时的韩国社会，现代化的进程已使经济和社会的条件发生了深刻变化，朴正熙执政时期"独裁发展"的社会基础已不复存在，威权体制的"维护成本"已急剧增高。在国内不断增长的民主化压力下，进入80年代以后，全斗焕当局也被迫进行了一些有限的民主改革。如1980年11月公布新的《政党法》，允许各派政治力量开始活动。1982年3月，当局对一批在押的政治人士实行特赦和减刑，对金大中的无期徒刑也改为20年有期徒刑。但在1985年2月的国会大选后，威权集

---

① 车哲九：《南朝鲜四十年》，中国展望出版社1991年版，第249页。
② 董正华主编：《世界现代化历程——东亚卷》，江苏人民出版社2010年版，第200页。

团内就大选结果和民主正义党的前途发生了分歧和争议,就是否对执政党实行"脱胎换骨"式民主改革,少壮的改革派与顽固的强硬派发生激烈争执,执政党内部出现分裂。在执政党内部的少壮派民主力量和日益壮大的在野民主运动的强大压力下,1985年3月,全斗焕当局解除了被剥夺政治权利的最后14名政治活动人士的禁令①。在其后的民主正义党改组中,少壮派领袖卢泰愚担任了执政的民主正义党的代表委员,少壮派战胜顽固强硬派而左右了执政党的政策走向。以卢泰愚为首的民主正义党改革派,努力推进执政党的党内民主改革,提出以民主化为原则的对话政治,代表执政党和执政当局与反对派进行了一系列的对话沟通,并发表"六·二九"民主化宣言,终于促成民主化正果。执政党改革派的顺应民主化潮流的理性选择,是韩国民主转型比较平稳和顺利的重要前提和条件。

四方政治力量以执政党与反对党为中轴的互动博弈,构成了韩国民主转型的最重要动力机制,而执政党与反对党互动协商则保证了民主转型的平稳顺利,其后韩国的民主运转和民主巩固中出席的问题或成就,也在一定程度上反映了执政党与反对党互动合作、协商妥协的水平和程度。

在民主化宣言开启民主转型大门之后,韩国在当时紧急而混乱的政局下,执政党中卢泰愚的改革派与反对党中金泳三的温和派再次展现出了高度合作和相互克制的理性战略。在卢泰愚一方,对反对派的民主运动不再采取强力镇压;在金泳三一方,也不再诉诸街头抗议对执政当局施加压力。在修改宪法问题上,双方从1987年7月31日至8月31日,展开了一系列理性而有效的协商和谈判,在宪法前言、总统任期、选举年龄等主要争论问题上很快达成协议,而把争论激烈的实质性问题留待总统选举后再作讨论。9月2日,民主正义党总裁卢泰愚与统一民主党总裁金泳三举行正式会谈,双方同意9月10日向临时国会提出执政党和在野党共同协定的宪法方案。10月初经国会决议,10月底以前交由公民投票表决。②一切按照朝野拟定的计划顺利进行,韩国历史上第九部宪法圆满实施生效,民主化走上了民主宪政的正规道路。

---

① 郭定平:《韩国政治转型研究》,中国社会科学出版社2000年版,第106—107页。
② 同上书,第122—123页。

然而，韩国的民主化道路同样也是一波三折，在民主转型目标初步实现之后，在野的反对党阵营却在权力争夺中出现了大分裂。金泳三和金大中在争夺总统宝座问题上互不相让，在总统候选人"单一化"问题上谈判失败，在野党未能协商成功推出单一总统候选人。1987年10月10日，金泳三宣布将出任统一民主党的总统候选人，随后金大中率领追随者成立"和平民主党"，并出任该党的总裁和总统候选人。面对在野势力的大分裂，执政党及其总统候选人卢泰愚"渔翁得利"，在12月举行的总统大选中，卢泰愚获得有效投票的36.6%而当选韩国第13届总统。而金泳三和金大中分别获得28.1%和27.1%的选票。而刚刚在1987年9月28日成立的新民主共和党候选人金钟泌还获得了8.1%。在野势力的分裂，使得军人出身的原威权体制中的代表人物当选为民主转型后的第一任总统。韩国的民主化进程在朝野政党势力的分化重组中还得继续前行。

在1988年4月举行的国会选举中，执政的民主正义党在299个议席中获得了125个议席，成为韩国战后第一个国会少数党的执政党。金大中的和平民主党获得了70个议席，金泳三的统一民主党获得了59个议席，金钟泌的新共和民主党获得了35个议席。由于"朝小野大"的四党结构，使卢泰愚政权运作中掣肘不断，难以有效实施政府治理。而此时，执政的民主正义党想通过政党合并来扩大其政权支持基础，金泳三则想通过政党合并扭转其劣势并竞取总统职位，金钟泌的新共和民主党则想通过政党合并扭转最小党的地位。三党合并有了意愿和政治基础。1990年1月22日，执政的民主正义党与在野的统一民主党、新共和民主党发表了合并宣言，并成立"民主自由党"。1992年，卢泰愚主动退出民主自由党，将党内大权交给了金泳三，为实现军人政府向文人政府的过渡奠定了政党基础。1992年12月的总统中，民主自由党候选人金泳三获得了41.4%的选票而当选新一届韩国总统，民主党的金大中则获得了33.4%而落败。金泳三当选总统，实现了军人政权向文人政权的顺利交接，也使韩国民主化进程迈向了多党轮替和文人政权和平交接的新阶段。

其后，韩国的民主化进程在民主宪政的架构下稳定运转，其间也不断地发生政党的分化重组和政权转移，但不论是政党重组，还是政权转移，都能在民主法治的轨道上有序进行，大选中失败的政党也能理性地接受政权易手。同时，韩国政治中"军队国家化"的实现，也使韩国民主发展中军人政变不再可能。1997年的金大中当选总统，实现了文人总统到文人总统的和平交接，2002年卢武铉当选总统，实现了韩国民主发展中由战前世代到战后世代的转移。虽然2004年3月12日，韩国国会以绝大多数票通过了弹劾总统的提案，卢武铉的总统权力被暂时中止，但5月24日，韩国宪法法院对卢武铉总统弹劾案作出了最终判决，认定在执行公务时发生的小的违法行为并不足以构成罢免的理由，驳回国会提出的总统弹劾案，对此最大的反对党——大国家党表示将尊重和接受宪法法院的判决。民主宪政规则得到执政党和在野党的共同遵守，韩国的民主进一步趋于成熟。

2007年的总统大选中，大国家党候选人李明博当选总统，进步阵营的民主党政权再次转交给保守阵营的大国家党手中，"朴正熙似乎又回来了"。但时代已不同，民主竞争已成为政治通则，不论是左翼的进步阵营取得政权，还是右翼的保守阵营取得政权，都是通过合法公正的宪政民主普选程序获得的，都是通过非暴力的和平方式通过竞取选民选票获得的。非民主的暴力夺取政权的方式一去不复返了，民主原则和程序成为各方政治势力都必须严格遵守的"唯一游戏规则"。不管遇到多少曲折困难，也不管左、右两翼谁来执政，在韩国多党政治的轮番竞争中，民主价值和民主巩固在曲折前行中必将不断得以展现。

三 威权崩溃后的多党轮替

印度尼西亚和菲律宾的民主化转型，构成了东亚民主转型的另一种类型：在突发性经济危机或政治危机的强烈冲击下，威权社会内部累积多年的怨愤终于火山般地爆发了，大规模的民众抗议浪潮激活了潜伏多年的反对党势力，反对党势力重新集结和急剧壮大。在民众抗议和反对党挑战的强大民主化压力下，刺激和撕裂着统治集团中早已潜存着的分歧和分裂，"政府的分裂开始对转型过程产生关键的作用"。[①] 随着对民众大规模抗议镇压成本的不断增大，统治集团内部的分裂已无可避免，统治集团内的

---

① 斯迪芬·海哥德、罗伯特·R.考夫曼：《民主化转型的政治经济分析》，张大军译，社会科学文献出版社2008年版，第31页。

"温和派"开始算计,通过协商方式,而不是进一步的镇压,也许是理性而现实地继续保障统治精英利益和权力的最好方式。由此,统治集团内的温和派决心背叛威权独裁者,而站到反对派的一方,同时向威权体制施加压力。在民众抗议、反对派挑战和统治集团内部分裂的三重压力强大冲击下,加上国际社会的民主化要求和推力,威权体制和威权独裁者"看似牢不可破的权力大厦"轰然倒塌,民主化转型的大门在危机与混乱中突然开启。

为什么"看似牢不可破"的威权体制,在一场骤风暴雨的冲击下就能瞬时倒塌?根本的原因还在于两国内部的政治和社会结构的深刻变化,长期的威权主义统治,在表面的"威权发展"的经济繁荣下,掩盖着积弊已久的体制性和结构性矛盾:一是威权主义的高压统治,在维护既得利益僵化秩序的同时,阻塞了民众利益表达的渠道,民怨的累积在积蓄着政治火山爆发的能量。二是"威权发展"的经济成果并未普惠到一般社会民众。经济发展的同时,贫富差距并没有得到有效缓解,经济危机的到来更使民众的生活雪上加霜。三是威权主义体制的僵化保守,并没有一套应对政治和社会危机的灵活机制。在威权体制越来越僵化,而政府与民众越来越隔离、甚至对立的情况下,突发性的经济或政治危机只不过是提供了一个火山喷发的"引线"而已。瞬时喷涌而出的积蓄多年的社会积怨能量,对于一个内部已衰朽的威权大厦的骤然冲击,威权体制瞬时中断破裂,这便是印度尼西亚和菲律宾威权体制崩溃后"破裂式"转型的根本原因和路径。

1. 印度尼西亚

长达30多年的苏哈托威权统治,在1997年亚洲金融风暴引发的社会动荡和政治危机中,突然"猝死"。为什么集党、政、军大权于一身的苏哈托威权体制,表面看来铁桶一般的"牢不可破",内部却如此脆弱、如此不堪一击?这不免引发了人们诸多的思考,从推动政治转型急剧变迁的主体和组织的视角来考察,其中以下几种动力因素的合力,促成了急剧的历史大变局。

第一,大规模社会抗议激发的强大社会压力。各个阶层普遍参与的遍及全国的大规模社会抗议活动,使统治当局对其的镇压成本急剧增大,也促发了各种分裂和反对执政当局的因素和力量的激活和重整。在经济危机的刺激下,社会抗议成为社会动荡和政治危机的引发机制。

1997年7月，亚洲金融危机爆发以后，其影响直接冲击了印度尼西亚僵化腐败的金融体制和政治架构。面对基本生活物品价格上涨400%、失业和半失业率高达30%的经济形势，政府的危机应对之策十分重要。而苏哈托的个人权力与家族私利直接影响着苏哈托政权处理危机的政策制定，僵化保守的威权政府迟迟不能做出有效的应对之策。[①] 1997年12月，学生组织、非政府组织和城市平民开始示威游行，直接抨击政府的腐败并要求苏哈托下台。面对日益兴起的反对浪潮，苏哈托仍然汲汲于自己的权位及其家族利益。1998年3月，在苏哈托的掌控和安排下，没有其他总统候选人参加竞选，苏哈托顺利地第7次连任总统，并任命自己的长女和亲信担任内阁部长。这种不顾民众要求而眷恋个人权力的行为再次激起了更大规模的反政府行动。5月4日，政府宣布提高电力和食品的价格，使反政府运动急剧升级，5月12日，雅加达特拉沙提大学的6名示威学生遭到军警枪杀，使反政府运动再起波澜。5月19日起，数万名大学生保卫国会大楼，誓死要求苏哈托下台，日诺、万隆等地的学生和市民示威者高达50多万人。同时，大规模种族性暴力和抢劫活动在雅加达、泗水等大中城市频发，整个印度尼西亚社会陷入失控和无序的边缘。威权统治已无力保证基本的社会和政治秩序，其存在的正当性依据已荡然无存。

第二，反对党的复活和重整，直接挑战执政当局。苏哈托在1966年夺取印度尼西亚的总统大权后，在"新秩序"时期加强了对各个政党的控制。1969年苏哈托完成了对"专业集团"的改造，通过"专业集团"这一政党机器，实现了对专业集团派系、军队派系和地方代表派系的实质性控制，保证着苏哈托政权的稳固和连选连任。同时推进对其他政党的改造和重组。1973年，苏哈托宣布实施"简化政党"政策，把原有的印度尼西亚民族党、天主教党、基督教党、印度尼西亚独立支持者协会和大众党合并为印度尼西亚民主党，而把伊斯兰教师联合会、穆斯林党、伊斯兰联盟党和白尔蒂伊斯兰新党合并为印度尼西亚建设团结党。合并后的这两个反对党内部，由于其构成成分庞杂，其内部的政见矛盾和权力争斗不断，实际上使得其实力大为削弱，加之执政的专业集团党的打压排挤，两党处于被边缘化的地位在所难免。1975年印度尼西亚《政党法》的颁布，

---

① 李文、赵自勇、胡澎等：《东亚社会运动》，社会科学文献出版社2009年版，第251页。

更进一步强化了这样的政党原则和做法。① 印度尼西亚反对党的这种被边缘化和装饰化的地位，一直持续了将近20年。1993年，苏加诺长女梅加瓦蒂当选为印度尼西亚民主党的主席，苏哈托拒不承认这一选举结果，并支持自己的亲政府力量加以打压，激起了支持梅加瓦蒂的力量的示威游行。这是反对党力量挑战苏哈托权威的初次预演。1997年的国会选举中，苏哈托把自己的两个儿子和两个女儿及一个女婿，以及许多高官的妻子和子女都安排为国会议员，但却禁止梅加瓦蒂竞选议员。反对党的怨愤在酝酿、在积累，而金融危机引发的大规模社会抗议，则为反对党的复活和重整提供了契机。在1998年大规模的民众"5月抗争"中，印度尼西亚民主党的领袖梅加瓦蒂、伊斯兰教师联合会的主席瓦希德、穆罕默迪亚协会的领导人阿敏·赖斯都纷纷站出来为学生的示威游行加油鼓劲，并联名发表声明呼吁苏哈托辞职。激进的赖斯更是宣布成立一个"人民使命议会"，试图建立一个各派反对党领导人参加的联盟以取代苏哈托政权。反对党的激活和重整，使民众性的社会抗争运动有了一定的组织核心和领导力量，也使"置换"执政党及其当局有了"替代性"的组织化力量。而反对党的这种重新组织化和力量壮大，则是在社会动荡引起的威权体制溃败之际得以快速实现的。

第三，执政集团内部的分裂，"内爆"了威权体制的架构。苏哈托通过自己完全掌控的专业集团党的政党机器，进而控制着人民协会的选举机制，保证了自己的7次连选连任总统，并通过党、政、军的大权独揽，高压控制着统治集团，使统治集团内部的分歧和挑战最小化并长期处于潜伏状态，由此维系着统治集团"表面"的团结和"看似牢不可破的统治"。但统治集团内部的权力争斗和利益纷争是不可避免的，只是没有表达和公开的时机和制度机制。突发的经济危机引起的大规模社会抗争，不但激活了反对党的力量，更为关键的是也由此引发了统治集团内部分歧的公开化，并最终撕裂和"内爆"了威权体制。1998年5月学生抗议大规模爆发以后，印度尼西亚前环境部长伊米尔等人对学生运动公开加以支持；5月16日，执政的专业集团内部的一个主要派别柯斯哥洛派公开要求苏哈托交出总统权力，"如果苏哈托不愿意和平下台，我们便必须迫使他辞

---

① 王长江、姜跃主编：《世界执政党兴衰史鉴》，中共中央党校出版社2005年版，第189—190页。

职",这是印度尼西亚执政党内部首次公开反对苏哈托的行动。5 月 18 日,长期忠于苏哈托的专业集团主席、国会议长哈尔莫科也公开呼吁苏哈托应该为国内的骚乱引咎辞职,20 日,哈尔莫科又最后通牒式的宣布只给苏哈托三天时间,否则国会将启动对总统的弹劾程序。之后,14 名内阁成员宣布,如果苏哈托进行内阁重组的话,他们将不参加内阁;5 月 20 日,国防部长维兰托以三军的名义奉劝苏哈托下台。此刻,就连自称待苏哈托"亲如养父"的哈比比副总统,也无所作为而静观其变。① 苏哈托政权最终众叛亲离,"决定命运的时刻"到了,5 月 21 日,统治印度尼西亚 32 年的苏哈托总统被迫辞职,黯然走下总统宝座,威权体制就此解体。

第四,以美国为首的国际社会的民主化压力。印度尼西亚的民主化转型突发于 90 年代后期,此时的国际局势已发生了自二战以来的最深刻变化。两极对立的冷战格局已解体,第三波民主化浪潮早已兴起,东亚各周边国家的民主转型也已完成,这都对印度尼西亚的政治变迁提出了巨大的国际民主化压力。特别是美国对印度尼西亚民主化的坚定支持,更是直接施加于印度尼西亚政治变局的国际压力。1998 年 1 月,美国总统克林顿给犹豫不决的苏哈托总统打电话,要求苏哈托必须找到一种途径,"在一定程度的民主基础上同社会各个层面打交道"。此时,美国认为,冷战已经结束,没有必要再"纵容"苏哈托个人独裁了。7 月,美国国务卿奥尔布赖特也公开宣布:印度尼西亚等亚洲国家在经济调整的同时,必须以民主原则为基础进行深入的政治改革。② 美国为首的国际社会的民主化压力,也成了促进印度尼西亚民主转型的重要外在推力。

在以上四种推动力量的合力促发下,印度尼西亚的民主转型在政局动荡的混乱中仓促上路。虽然印度尼西亚民主生成的社会基础和条件并不充分,但民主化的大门一旦开启,就再也无法关闭,在民主化的推力下只能一路艰难前行。

1998 年 5 月 22 日,哈比比副总统按宪法规定接任总统,印度尼西亚进入没有强人的后苏哈托时代。哈比比内阁虽然吸收了建设团结党和印度尼西亚民主党两个在野党的人士入阁,也解除了苏哈托长女及其亲信的部

---

① [印度尼西亚] 巴哈鲁丁·尤素夫·哈比比:《决定命运的时刻——印度尼西亚走向民主之路》,李豫生等译,世界知识出版社 2008 年版,第 9—23 页。

② 李文主编:《东亚:宪政与民主》,中国社会科学出版社 2005 年版,第 237—238 页。

长职务，但新内阁中有一半成员是上届政府留任的，这也决定了哈比比政府的过渡性质。1998年底，印度尼西亚政府宣布解除党禁，1999年1月，国会通过了新的《政党法》，印度尼西亚的多党民主政治架构有了法律保障。

1999年6月，印度尼西亚举行新一届国会选举，共有48个政党参加，其中，梅加瓦蒂领导的民主奋斗党获得154席，成为第一大党，而原来的专业集团党获得了120席，成为第二大党，瓦希德领导的民族复兴党获得51席，多党联合执政成为定局。紧接着在10月，按规定由人民协商会议的700名成员（其中500名为国会议员）选举产生总统，由于梅加瓦蒂的民族主义立场引起了伊斯兰保守势力和苏哈托残余势力的强烈反对，经过复杂艰难的政治交易后，人民协商会议终于选举瓦希德为总统，而第一大党的领导人梅加瓦蒂成为副总统。[①] 但瓦希德领导的6党联合政府，难以满足各个政党的权力要求，其多党构成就内在地决定了政府的不稳定。加之对苏哈托及其家族审判的拖延，以及对以维兰托将军为首的军方势力的得罪，使瓦希德政府陷于各方牵制的困顿之中。2001年2月，瓦希德被指控与腐败案件有牵连，总统与国会的矛盾加剧，瓦希德指令警察总长宣布首都处于紧急状态，而警察总长拒不执行命令，瓦希德将其撤职，此事成为弹劾瓦希德总统的理由。7月23日，人民协商会议召开特别会议，以599票反对、2票弃权的表决结果，否决了瓦希德宣布的实施国家紧急状态的命令，并以多数票通过了弹劾总统的决议。由此将瓦希德总统弹劾下台，副总统梅加瓦蒂接任总统。

梅加瓦蒂总统同各个政党和军方加强了沟通和协调，使印度尼西亚的经济和社会秩序得以恢复，并使政治改革继续推进。2002年8月，通过修改宪法，规定从2004年起总统和国会议员由全国选民直接选举产生。2004年4月，印度尼西亚实行了有史以来的各级议会的直接选举，梅加瓦蒂的民主奋斗党在国会中议席从154席减少到109席，而专业集团的议席却从原来的120席增加到了128席。[②] 梅加瓦蒂的执政地位受到了挑战。

2004年7月至9月，印度尼西亚举行了首次总统直接选举，新成立

---

① 梁英明：《东南亚史》，人民出版社2010年版，第366页。
② 温北炎、郑一省：《后苏哈托时代的印度尼西亚》，世界知识出版社2006年版，第43页。

的民主党总统候选人苏西洛·班邦·尤多约，依靠其军人出身的背景和两次担任政治与安全统筹部长的"强人"形象。在总统第二轮选举中，超过60%的选票，击败民主奋斗党候选人梅加瓦蒂，成为首任选民直接选举的总统。2004年10月20日，苏西洛和代表专业集团的尤素福·卡拉就任印度尼西亚共和国正、副总统，开始了印度尼西亚多党轮替后的苏西洛时代。

苏西洛政府在保持印度尼西亚经济每年增长5%左右的增长率的同时，有效地解决了长达几十年的亚齐分离主义问题，通过新的国籍法使华裔公民在法律上获得了与其他族裔平等的各项权利。苏西洛强势政府的良好治理绩效，为苏西洛及其民主党赢得了坚实的民意支持基础。2009年4月，国会选举中，苏西洛的民主党获得了20.3%的选票，成为国会中第一大党。同年7月的总统大选中，苏西洛获得了60.8%的选票，再次赢得总统大选。苏西洛的强人执政与连任成功，既表明了印度尼西亚政治变迁的稳定有序，也表明了印度尼西亚多党轮替的民主政治初步稳定下来并被民众普遍接受。

虽然印度尼西亚的民主转型是在突发的经济政治危机中匆忙开启的，其民主化的巩固和民主社会的成熟，还需要漫长的社会条件的培育和生成，也许还会受到民族分离主义和军方守旧势力的再次挑战。但印度尼西亚多党轮替的政治制度架构已经建立起来，其权力交接的"民主游戏规则"已经得到各个政党和广大公民的认可和遵守，其民主化的车轮已不可逆转，印度尼西亚民主化的成熟也许只是时间问题，其间难免艰难与曲折。

2. 菲律宾

马科斯看似稳固的近20年威权统治，同样是在民众抗议的巨大浪潮冲击下一触即溃的，同样体现了"破裂式"民主转型的过程特征，只不过与印度尼西亚的"破裂式"民主转型相比，菲律宾的民主化转型过程更为紧促和短暂，暴力和骚乱活动也更少。其转型过程也是民众抗议激活了反对派的重整旗鼓并刺激了统治集团内部的分裂和反叛，加上美国放弃对马科斯威权体制的国际支持，在以上力量的合力作用下，威权体制轰然倒塌，民主化转型之门随之开启。

第一，"人民力量"的大规模抗议压力。马科斯政权在1972年实施军事管制以后，禁止一切罢工、集会和游行活动，整个社会处于高压统治之下，民众的不满和意见无法得到制度化合法表达，社会积怨和矛盾一直在累积性加深。1981年1月在国内外的强大压力下，马科斯宣布结束军事管制，9月，马尼拉即爆发大规模民众抗议示威游行，并喊出了"打倒马科斯"的口号。1983年8月，反对派领袖阿基诺从美国就医后回到国内，在机场刚下飞机即遭暗杀。"阿基诺遭暗杀这一事件成为菲律宾迈向民主化进程的起点"，[①] 更是激起了反对力量和民众的更大规模的抗议，参加其葬礼的民众竟达200多万人，预示着马科斯政权的不得人心。1986年2月大选中，马科斯集团无视法规，肆意舞弊，更是使反对派领导的民主抗议活动达到了高潮，遍及全国的各个阶层普遍参与的全民性抗议浪潮，已使威权政权的镇压成本无限升高，以至强制性镇压措施根本无法实施。所以说，大规模的反政府民众抗议运动，已经把全社会各个阶层都动员了起来，天主教会、新教教会和菲律宾独立教会的神职人员，青年和学生团体，工会以及城市贫民、农民、妇女、专业人员如教师和律师等组成的各类组织团体，都在反威权体制的抗议活动中扮演了积极的角色。[②] 人心向背已在全民性的抗议浪潮中昭然若揭，马科斯威权统治的社会基础已经塌陷。

第二，反对派力量的复活和重整。马科斯的军事管制支撑的高压统治，使菲律宾的反对派活动只能处于地下和蛰伏状态，但随着军事管制的结束和民众抗议的兴起，反对派重新集结和开始活动。民众抗议活动不仅削弱了威权体制的社会根基，也给反对派的重整组织提供了动力和支持力量。1983年8月，贝·阿基诺遭到暗杀后，在"人民力量"的运动激励下，由各派反对派组织的大联盟"统一民族民主组织"在劳雷尔的领导下，公开宣称要以民主原则开展"中产阶级革命"，推翻马科斯独裁统治。1986年2月总统大选中，反对派领袖阿基诺夫人和劳雷尔达成协议，分别以正、副总统候选人身份来挑战马科斯的威权统治。在2月16日大选结果公布后，阿基诺夫人领导的反对派力量更是号召发动全国性的抗议活动，使反对派的活动与民众的抗议浪潮相互激荡，形成波涛滚滚的民主

---

① [美]詹姆斯·F.霍利菲尔德、加尔文·吉尔森主编：《通往民主之路——民主转型的政治经济学》，何志平、马卫红译，社会科学文献出版社2012年版，第185页。
② Temario C. Rivera, "Transition Pathways and Democratic Consolidation in Post-marcos Philippines", Contemporary Southeast Asia, Vol. 24, No. 3, 2002, p. 469. 李文、赵自勇、胡澎等：《东亚社会运动》，社会科学文献出版社2009年版，第291页。

化洪流直冲威权体制。在对威权体制的抗议挑战活动中，反对派力量得以重新集结并组织化程度提高，最终形成对威权政府的替代性组织体系。

第三，统治集团内部的分裂和反叛。威权统治集团维护团结的惯用手段，一是靠高压清洗，不断铲除内部的反叛力量；二是靠利益拉拢，共同分享威权统治的"红利"。当威权统治危机来临、大难将至时，大规模民众抗议和各种反对派活动此起彼伏，威权统治的根基动摇，威权统治的风险急剧加大。此时威权统治的前途和利益渺茫时，长期潜伏的内部矛盾和利益分歧公开化，其内部的分裂和反叛在所难免，从"内部爆破"成为威权体制垮台的关键变量。马科斯的威权体制解体过程同样如此，在1986年"二月革命"高涨之时，菲律宾军队内部的"军队改革运动"势力，就在策划推翻马科斯政权的军事政变，但因计划泄露而被迫在2月22日取消政变，此事说明军队中的反政府力量已经形成。同日，国防部长恩里莱和副总参谋长拉莫斯公开宣布脱离马科斯政权，坚决支持阿基诺夫人当选总统，这给了马科斯政权致命一击。同时，阿基诺夫人和马尼拉大主教辛海棉公开呼吁民众走上街头支持起义部队，菲律宾政治中的传统政治精英、军队和教会这一"铁三角"反独裁联盟得以形成①。此时，马科斯政权众叛亲离，垮台已天命注定。

第四，美国对马科斯威权体制的最终放弃。菲律宾和美国的特殊殖民历史关系，使美国成为左右菲律宾政治发展的重要外界力量。独立后，菲律宾对美国的军事、经济的全面依赖，更使美国的承认和支持成为菲律宾任何一届政府维系的决定性因素。1965年马科斯的上台及其威权体制的维持，同样少不了美国的外部支持和承认。但马科斯统治后期的独裁和治理无能，也使美国开始考虑抛弃这位腐败的盟友，以避免危及美国的国家利益。一向对马科斯钟爱有加的美国报刊，此时也开始毫不留情地猛烈抨击马科斯的腐败，使马科斯在国际上的威信扫地，狼狈不堪。美国政府不断向马科斯施加压力，敦促其实行改革，提前举行总统大选。1986年2月大选期间，美国驻菲律宾大使馆频繁与阿基诺夫人等反对派领袖接触，给反对派暗中提供各种支持。2月25日，在马科斯和阿基诺夫人几乎同时举行的总统就职仪式中，美国官员只参加了阿基诺夫人的就职仪式，明确表示出对马科斯政权的放弃。随后，美国和反对派领袖商议把马科斯及

---

① 李文、赵自勇、胡澎等：《东亚社会运动》，社会科学文献出版社2009年版，第301页。

其亲属流放到美国的夏威夷。美国对菲律宾威权体制的垮塌和民主转型之门的开启平添了一把助力，也是美国干预东亚国家民主化转型的第一步。在以后的中国台湾、韩国和印度尼西亚民主化转型中，美国的强权干预之手一再显现。

马科斯下台，阿基诺夫人就任总统，菲律宾同样匆忙地走上民主转型之路。但菲律宾经济社会发展迟缓和贫富差距巨大的社会现实，一直牵制着菲律宾的政治发展和民主巩固，加上传统政治势力和军方力量的强大，菲律宾民主巩固之途并不平坦。

1987年经过全民公投通过了菲律宾新的"自由宪法"，新宪法建构了多党民主的政治基本架构：在保障人民民主权利的基础上，实行多党政治，总统由人民直接选举产生，任期6年，不得连任；副总统被独立选举产生，任期6年，但可以连任一届；实行两院制议会，参议院和众议院议员由选举产生；实行地方自治制度，从正副省长、正副市长到村级政府"巴朗盖"的组织首长，均由地方选民直接选举产生，每三年一届；同时，成立独立于政府的人权委员会，取消总统宣布实行军事管制的权力，限制军队在政治上的作用等。1988年，菲律宾选出了新一届国会，它由24名参议员和200名众议员组成，行使立法权并开始独立运转。阿基诺夫人执政期间，菲律宾经济发展有所恢复，土地改革也得以有限地进行，但政局一直不稳，其间发生了7次未遂政变，但由于得到以拉莫斯为首的军方和传统政治势力的有力支持，阿基诺夫人得以实现政权的和平民主交接。

1992年5月的总统大选中，受到阿基诺夫人和军方支持的前国防部长拉莫斯，在人民力量联盟——全国基督教徒民主联盟——菲律宾穆斯林民主联盟的多党联合支持下，顺利当选新一届总统，实现了多党选举架构下第一次和平的政权交接。拉莫斯政权依靠军方和传统政治势力的支持，实现了菲律宾政治社会的稳定，并使经济发展有所恢复，1994年和1995年国内生产总值增长率达到了4%—5%。1997年由于受到亚洲金融危机的影响，经济增长有所放慢，1999年才又恢复到2.6%的增长率。同时，拉莫斯政府实施社会改革，为占全国人口约30%的低收入家庭提供住房，实现医疗费用补贴等。[①] 拉莫斯执政的较好绩效，诱使拉莫斯及其支持者

---

① 梁英明：《东南亚史》，人民出版社2010年版，第352页。

试图通过修改宪法,以实现拉莫斯的连任掌权。因为宪法规定,总统任期6年不得连任。菲律宾的民主宪政架构再次面临挑战,面对拉莫斯集团企图修改宪法的图谋,反对党、天主教会和阿基诺夫人表示强烈反对。在1997年9月频繁发起了反对修改宪法的示威游行,最终迫使拉莫斯集团打消了修宪连任的计划。

1998年5月的总统大选中,菲律宾民众党候选人、副总统埃斯特拉达受到民族主义人民联盟和人民力量联合的支持,以遥遥领先的48%的得票率,战胜其主要对手、执政党候选人德贝尔西亚获得总统竞选。拉卡斯党的副总统候选人阿罗约获得高达50%的选票而赢得副总统。以"菲律宾影帝"的身份赢得多数中下层民众支持的埃斯特拉达总统,执政后不久即被暴涉嫌腐败。2000年10月,埃斯特拉达的密友指控他从赌博业"花档"中收受回扣,犯有经济掠夺罪。于是,反对党、前总统阿基诺夫人和拉莫斯以及以辛海棉为代表的天主教教会领袖,联合起来公开要求埃斯特拉达辞职,并发动大规模民众抗议施加压力。参议院也于2000年12月,开始审核弹劾总统的案件,2001年1月16日,11名支持埃斯特拉达的参议员拒绝参与弹劾案调查,使弹劾案的审判无法进行。这更激起了更大范围的民众抗议,阿基诺夫人、辛海棉大主教和已经辞职的副总统阿罗约当晚就同支持者来到了埃德萨大街举行抗议。1月17日,抗议的民众就达10万之多。1月19日,示威民众已达数十万人,而此时武装部队总参谋长雷耶斯和国防部长梅尔卡多也决定撤销对埃斯特拉达的支持,并公开要求埃斯特拉达下台和支持副总统阿罗约。1月20日,内阁部长们纷纷辞职,最高法院宣布总统职位空缺,随后,阿罗约在数十万支持者的欢呼声中宣誓就任菲律宾总统。在传统政治精英、军方和教会的联合领导下,"人民力量"运动再次推翻不合格的总统。①

其后,2001年4月至5月,虽然也发生了埃斯特拉达的支持者,发起要求释放埃斯特拉达和阿罗约下台的大规模示威游行,并发生了暴力冲突和人员伤亡事件,但由于没有受到阿基诺夫人、拉莫斯和辛海棉联盟的支持而归于失败。阿罗约总统继续执政,并采取了一系列政策举措来稳定国内局势和发展经济,2003年1月,马尼拉爆发了5000多名左翼人士的集会示威,要求阿罗约总统辞职,7月又发生了296名军人占

---

① 李文、赵自勇、胡澎等:《东亚社会运动》,社会科学文献出版社2009年版,第293页。

领马尼拉市中心一座大楼,并要求阿罗约总统下台的兵变,但在军方上层和传统政治精英的支持下,阿罗约政府和平解决了兵变,政权得以维持。

2004年5月举行的总统大选中,阿罗约以获得40%的得票率竞选连任成功,继续在发展经济和保持稳定两个方面加强应对,但效果并不明显。2005年5月以来,菲律宾政局再次发生动荡,阿罗约总统因其家人涉嫌参与非法赌博业,她本人涉嫌在上届大选中舞弊等而受到反对派的抗议。从6月开始,反对派连续发动多次抗议示威,7月,反对派对阿罗约总统提出弹劾,对她提出贿赂、渎职腐败、严重违宪和违背大众信任四项罪名指控。阿基诺夫人和左派势力也从阿罗约的曾经支持者转为反对者,阿罗约政府内部也面临着分裂,一度有三分之一的内阁成员提出辞职,还有政党撤出执政联盟。阿罗约政府面临着垮台的危机。但由于天主教会和军队公开表示支持阿罗约,9月,执政党联盟在国会也否决了对总统的弹劾案,阿罗约政权转危为安。①

在历经了几次执政危机而勉强执政届满的阿罗约政府,在2010年5月举行总统大选中和平交接了政权,大选后,自由党候选人尼尼奥·阿基诺三世赢得选举,成功当选总统,菲律宾政治发展也进入了一个新的阶段。

菲律宾从1986年开启民主转型之后,脆弱的民主体制一路颠簸走来,虽然经历了四次总统大选后的政权和平交接,多党轮替的民主规则基本得以遵守,但困扰菲律宾民主巩固的经济发展迟缓、贫富差距悬殊以及清反政府武装和恐怖活动等问题,一直难以有效解决。特别是菲律宾政治中,政党制度脆弱和制度化程度低下、政治生活中"庇护制关系"(Patron-Client Relationship)盛行,更是直接形成了民主巩固的结构性障碍。② 如何解决政党精英化、个人化痼疾,遏制地方性家族势力垄断国家权力,形成公正民主的稳定政党和政党制度,并以稳固的政党政治保证民主化的成熟发展,依然是对未来菲律宾民主的考验。

---

① 李文、赵自勇、胡澎等:《东亚社会运动》,社会科学文献出版社2009年版,第295页。
② [澳]约翰·芬斯顿主编:《东南亚政府与政治》,张镇锡等译,北京大学出版社2007年版,第252页。李文主编:《东亚:政党政治与政治参与》,世界知识出版社2007年版,第130页。

第六章

民主生成的历史逻辑
—— 一个理论性阐释

历史总有无数的曲折与磨难，东亚民主的生成同样坎坷而艰难。多少人为之奋斗，多少人为之落难，多少人为之牺牲。但无论经历多少挫折和波澜，奔向民主化的历史大潮总是滚滚向前，不可阻挡、不可逆转。

从最早的殖民化冲击下的被动应对和变革图存，再经反殖民主义的民族抗争和民族国家的独立，通过多年不懈的工业化和现代化的强力推进，民主化转型在东亚各国渐次展开并一路蜿蜒前行。从外来强加的殖民化到内在要求的民主化，从不情愿地被动应对到自觉地主动变革，从单一目标的民族独立到全面现代化的国家富强，民主已成为东亚各国人民自觉自愿的主动追求，民主已扎根于东亚社会的民情土壤并开花结果。东亚民主社会的生成给了我们太多的研究资源和理论启迪。

沿着东亚民主生成的历史脉络，参照西方民主生成的"原生型"路径，从一个发展中国家"变革图强"的现代化发展视角，我们试图以东亚民主生成的历史事实和现实材料为依据，对我们在本研究开始时的设问和问题给予尝试性回答，以期勾勒出一个对东亚民主生成有所解读的理论性阐释架构。

一 东亚民主是"后发型民主"，有着自身独特的生成条件和路径特征

民主作为一种政治统治形式，源自古希腊的城邦政治形态，其公民直接参与公共事务的理念与公民参与的制度实现机制，给予了人类民主追求的永恒典范和不竭激励。

近代民族国家架构下的民主形态，源于英、美、法等西方主要国家，是在近代资产阶级革命以后逐渐发展和完善起来的，其间伴随着西方各国的工业化和现代化的推进，并逐渐培育和壮大起来作为民主运行社会基础的公民社会。

英国虽然在1688年"光荣革命"后确立了"议会主权"，但直到1832年之前，由于有关财产资格的限制，有选举权的人只占到成年人总数的约5%。1832年的选举改革，使中产阶级获得了选举权，1867年的改革，使城市工人获得了选举权，1884年的改革，使农村工人获得了选举权。1918年英国才初步确认了普选制原则，使21岁以上的男子和30岁以上且大学毕业的妇女，大致有了选举权。1928年的选举制度改革，使21岁以上的男女公民大致有了平等的选举权。直到1948年废除一个选民有两票以上投票权的所谓"复票制"，英国民主经历了260多年的漫长发育和成熟完善。①

美国的现代国家建构和民主演进同样艰难，从1776年签署的《独立宣言》开始，到1783年的《邦联条例》和1789年的《联邦宪法》，其后，民主宪政架构还经受了1861年—1865年期间美国内战的严峻考验，直到1970年通过的选举法修正案才在各州全部废除对黑人的"文化考试"和对新移民的"优良品行"的测试制度，平等的民主权利才最终得以普遍实现。②

而法国的民主演进更为艰难曲折，1789年急风暴雨式的大革命以后，法国政治进程陷于革命与复辟的反复较量、共和制与君主制的轮番交替之中，通过"进两步退一步"的曲折方式，经历了两个帝国和五个共和国的制度轮替，直到1958年以后第五共和国，民主宪政体制才得以稳固下来。以英、美、法为代表的所谓"原生型"民主，是在工业化和现代化进程中逐渐健全民主制度和实现平等原则的，其公民权利、政治权利和社会权利的落实，则是分别在18世纪、19世纪和20世纪分阶段逐步实现

---

① [俄]弗拉季斯拉夫·伊诺泽姆采夫主编：《民主与现代化——有关21世纪挑战的争论》，徐向梅等译，中央编译局出版社2011年版，第35页。应克复等：《西方民主史》，中国社会科学出版社1997年版，第555—556页。

② [英]迈克尔·曼：《社会权力的来源》（第二卷·上），陈海宏等译，上海世纪出版集团2007年版，第169—180页。

的。① 所以，"原生型"民主是分步实现、逐渐完善的，有相对充裕的时间把各种经济、政治和社会矛盾分阶段、分步骤来解决，使民主化的总成本分散为各个历史阶段的较小成本，民主化引起的制度裂变和社会冲击分阶段出现，从而使执政者和民众都较容易接受民主化的成本和代价。民主化过程相对平稳和非暴力，公民社会和公民素质的发育成熟也是在一个较长的现代化过程中逐步实现的。

而东亚民主生成的条件和路径是在完全不同的时代背景和历史条件下展开的。具有典型的"后发型"民主化的过程特征，其时间紧凑、被动匆忙和矛盾并发等限制性因素，使民主化过程更加跌宕起伏、艰难曲折。

从开启时间上，最早在殖民化危机下引进西方现代国家制度和政治因素的日本和泰国，也是在1868年以后才开始其现代化进程的。日本在其后开始"维新变革"，引进现代政治管理的制度和技术，1889年才制定出《大日本帝国宪法》。而在1868年的泰国，拉玛五世朱拉隆功继承王位，直到1873年亲政以后才迫不得已开始改革尝试，此后现代国家管理的制度和机构设置才被引入泰国。而此时的东亚其他国家，还处在遭受殖民侵略和占领的殖民化扭曲状态。真正由民族国家自主建构和推动的民主制度尝试，还需要等到二战后民族国家独立以后。民主开启时间上的滞后，其时世界历史的格局和趋势已经没有给东亚各国民主建构留有太多的时间和空间了。

从民主体系的建构"模型"上，也是以参照西方为"原型"和"典范"的。现代民族国家形态下的"民主"发源和成熟于西方，当东亚各国在殖民化的危机下被迫打开国门向外界学习的时候，更多的是希望学习和"复制"西方船坚炮利的器物技术，以图自存自强。现代国家的管理制度和机构设置只是不自觉地被引入或被殖民当局强行施加的。而后来的民主国家制度体系的整体性建构，更多的是在西方列强的直接影响和操纵下被强制性"移植"的。日本的1889年制定的宪法是在比较了英国和德国的宪政制度后，主要"取经"德国而制定的，而1947年的"和平宪法"则是在美国占领当局主导下制定的。韩国独立后的民主架构设计受美国主导，印度尼西亚独立后的民主架构设计由荷兰主导，新加坡和马来西亚的民主架构设计则受到英国主导，菲律宾独立后实行的宪法，则是

---

① 郭忠华、刘训练编：《公民身份与社会阶级》，江苏人民出版社2007年版，第144页。

1935年在美国主导下制定的"美式宪法"。当东亚各国在被动或主动中"建构"和"学习"民主宪政的制度体系时，已无可奈何地处于世界历史中的尴尬地位，不但民族国家自身的孱弱已使自己没有了多少主动性，而且此时除了"前行很远"的"西方民主"之外，世界也没有其他的"民主模式"可供学习和参照。东亚民主起步之初，由于命定的殖民化或殖民地历史的决定性影响，就已深深地受到西方列强或宗主国的政治力量和民主模式所影响，难以摆脱"后发模拟"的"原始基因"。

从历史阶段和现代化任务上，"后发型民主"也只有在符合现代化发展逻辑后才能发育启程，"民主"不可能从一开始或一直占有主导型价值的地位。西方国家长达二三百年的现代化进程和民主化演进，而在东亚各国被世界大势强制性"压缩"到几十年的时间之内。东亚各国独立后，面临经济发展、社会稳定和民族国家建构等繁多而百废待兴的紧迫任务，任务的并发性和严峻的生存危机，使得东亚各国不可能把"民主"建设放到首位。匆忙之中引进的西方式多元民主低效混乱，更使"民主"价值受到普遍的质疑甚至漠视，这是导致后来威权主义发展体制盛行的根本原因。东亚现代化进程中发展逻辑和民主逻辑的紧张关系由此产生，"经济发展第一"成为各国普遍要求。民主建设只能在有助于发展和服务于现代化建设时，才可能被谨慎推行。"民主"成了现代化的"工具"和"手段"。

由殖民化—现代化—民主化的历史逻辑所决定，东亚各国民族国家独立后，经济发展—社会变迁—民主转型，成为东亚各国现代化进程的普遍逻辑顺序。现代化的"发展逻辑"占据压倒一切或主导性的地位，"民主逻辑"只有"融入"和"并入"现代化发展逻辑，才有萌发和成长的空间、条件，这是东亚民主生成的最基本历史脉络。

二 东亚民主有着多样化的生成路径和制度模式，但具有共同的基本民主原则和制度要素

普遍性和特殊性，也即共性和个性，是万物皆具有的基本属性面相，"民主"也不例外。由于各国各自具有自己的国情条件和发展脉络，民主的生成路径和制度模式也各不相同，对西方"原生型民主"来说如此，

对东亚各国"后发型民主"来说也如此。

民主是人类政治文明发展的历史性产物,自然和其产生与发展的历史条件紧密相关。现代民族国家形态的民主,在西方主要大国的缘起和演变,也和各自的革命程度、社会结构和政治势力状况有着复杂的因果联系。

源于1640年代资产阶级革命的英国民主样态,在君主贵族势力与新兴资产阶级的力量的较量与平衡中,演化出保留"君主立宪制"架构的议会内阁制,并主要以两大党制作为政治表达和政治动力机制。在其后的民主演进中,在保持"君主立宪制"不变的架构下,通过不断地持续改良和制度变革,逐渐扩大公民的政治参与和民主制度体系的完善。

作为英国殖民地的美国,其政治思想和制度体系自然受到宗主国的影响,但经过1775年以后的美国独立革命,美国的政治制度体系更多地体现了"人为建构"的特征和多种政治力量的妥协平衡。美国的民主有了"成文宪法"宪政架构下的总统共和制,"三权分立"的制衡原则得到更充分的体现,也主要以两大党制作为政治表达和政治动力机制。

而源于1789年法国大革命的法国民主化历程,则更为曲折艰难而成本高昂,法国既没有像美国那样借助于一次革命而确立民主共和的架构,也没有像英国那样以渐进改良的方式把传统政治转化为现代民主政治。法国是在革命与复辟、共和制与君主制轮番较量中,"以进两步退一步"的曲折方式,一路跌宕而艰难地走向民主化的。[①] 法国在经历了"五次"共和国的政治设计后,最终在第五共和国的架构下,建立起来"半总统制"的民主制度体系,其政治表达和运转机制则依靠其多党制的制度支撑。

所以,从现代民主起源的"原生民主"的主要形态看,西方主要国家的民主生成路径和制度模式也是特点各异的。现代民主政治形态,从西方主要国家一路传播开来以后,经历几次民主化大潮的洗礼之后,在世界五大洲各个地域和各种文化宗教中播种扎根,更是展示了各具本土特色和文化特征的民主生成路径和制度模式。这其中也包括曾经深受西方殖民主义影响或作为其殖民地的东亚各国。

日本在受到殖民主义威胁后,自1868年明治维新后变法图强,从根

---

① 李剑鸣主编:《世界历史上的民主与民主化》,上海三联书店2011年版,第37—38页。

本政治制度上作出一系列变革，1889年制定出以德国宪法为蓝本的"大日本帝国宪法"，建立起带有"二元制君主立宪制"的政治架构。但是其后日本国内军国主义势力兴起，君主立宪制下的议会内阁制运作遭到摧毁。"二战"后，在美国占领当局的主导下，"和平宪法"建立起来君主"虚位"的君主立宪制下的议会内阁制民主架构，经过"二战"后短暂的多党冲突的民主混乱时期之后，在1955年至1993年长达38年的自民党一党独大的威权型体制之后，走向了多党轮替的民主转型时期。

泰国是在英国和法国的殖民势力较量的平衡夹缝中，经过1932年的军事政变建立起了君主立宪制的民主架构。但多党制维系的民主体系架构，由于缺乏牢固的社会基础和稳定政党支持，长期处于被军人政变所颠覆和被军人政权所替代的间隙运行状态。经过1992年的民主运动后，文人民主政权似乎占据主导地位并稳定运行，但其中还是出现了2006年的军人政变推翻民选政府的事件，泰国的多党民主还得在军人干政的阴影下一路艰难前行。

日本在韩国的殖民统治客观上遗留了一些现代国家的行政因素，"二战"后在美国的主导下，韩国建立起了多党体系支撑的总统共和制，经过李承晚和张勉时期的多党民主混乱时期，1961年朴正熙的军事政变结束了多党民主实验。朴正熙的军事威权体制在国家主导的强制性发展之中，给反对党的存活留有少许空间并促发了政治多元化的社会基础。经过1987年的民主化运动，韩国多党体系支撑的总统共和制民主架构，才得以成型运转并趋于成熟巩固。

印度尼西亚独立后多党制支撑的总统共和制，则受到荷兰殖民政府的决定性影响，经过苏加诺领导下的多党混乱竞争和"有领导民主"的过渡，1965年之后的苏哈托军人集团夺得政权。苏哈托"新秩序"时期的威权发展体制，在大力推动经济发展的同时，也在催生着政治变革的各种促进力量。在1998年的政治社会动荡的狂潮中，印度尼西亚快速地走向了民主转型的快车道，多党制支撑的总统制民主架构再度运行。

菲律宾是在1935年美国人制定的宪法架构下走向独立，并开始其"美国模式"的两党制总统共和制运行的，经1965年至1986年马科斯的威权与独裁统治后，在1986年一场急风暴雨般的"人民力量"运动之后，多党制支撑的总统共和制，在经济基础薄弱和传统"庇护制关系"强大的环境中艰难起航。

而在英国殖民政府影响下，马来西亚和新加坡的议会内阁制政府，在经历了"二战"后多党冲突的短暂民主实验期混乱后，各自由"巫统"和人民行动党一党独大式执掌政权，"半民主、半威权"的发展型体制长期保持稳定并有效运行。

不论是西方的"原生型民主"，还是东亚的"后发型民主"，由于不同的生成渊源和路径条件，各自形成了具有本土特征的民主模式和制度体系。民主的实现方式和制度样态的特殊性得以体现，这正是世界政治文明中民主生活丰富多彩的体现和保障。但多样性和特殊性并不能否定共同性和普遍性，各国"民主"之所以能够称为或有资格称为"民主"，应该具有共同和普遍的基本特征，否则容易滑到民主相对主义甚至民主虚无主义的泥潭。

我们看看美国著名政治学家威亚尔达对各式民主应该普遍具有的核心原则的概括：一是定期、公平、带有竞争性的选举；二是基本的公民权利和政治权利；三是一定程度的多元主义和平等；四是军事力量服从文人权威；五是公共资金和项目上的诚实与透明。这些被威亚尔达视为民主的核心原则要求和最低限度的标准。①

威亚尔达对基本民主原则的概括，是对熊彼特、达尔、亨廷顿和萨托利等人民主思想的进一步总结，核心的原则要求和制度要素也是一致的，是"西方中心主义"的，是从西方主要国家民主经验和制度特征出发来概括和归纳的最低限度的原则和标准。但也覆盖和涵括了后发民主化国家的最基本的民主原则和制度性标准，同样也是对东亚各国民主化转型后民主体系基本原则和制度性标准的概括和总结，具有普遍的制度意义。而民主化，则是指朝向民主路程的政治变迁，此种政治变迁过程的特征，随着时间的推移和民主化程度的提高意味着：从低责任政府到高责任政府，从低度竞争选举（或不存在）发展到更自由公平的竞争选举，从严厉限制自由权利发展到适度保护公民和政治权利，市民社会中则从薄弱自主的社团（或不存在）发展到更自主更多数的社团。② 这是普遍适用的民主和民

---

① ［美］霍华德·威亚尔达主编：《民主与民主化研究》，榕远译，北京大学出版社2004年版，第177页。
② David Potter, David Goldblatt, Margaret Kiloh, Paul Lewis：《最新民主化的历程》，王谦等译，台北韦伯文化国际出版有限公司2003年版，第10页。

主化的基本原则。

从东亚"七国一区"民主转型的路径特征和制度模式来考察,东亚民主也体现了一些共同的民主原则和制度要素:一是国家权力的开放,允许各政党通过公平竞争的普选赢得政权;二是各政党依法公开建立并运作,平等对公共权力和公共事务施加影响;三是基本公民权利与政治权利的法律保障,言论自由和媒体自由的有效落实;四是公民社会的成长壮大,公民组织和社会团体合法公开运作。

东亚民主的以上制度特征构成了民主化转型的标志,其民主体制的稳定成熟和制度化程度也是其民主巩固的标志。

三 东亚政治现代化内在地要求民主化,但民主并不是政治发展的唯一价值目标

在西方列强殖民化冲击和殖民地屈辱历史的刺激下,独立后的东亚各国奋起直追,开始了民族国家现代化的后发进程。东亚各国的现代化,一是以西方原发现代化国家为参照的目标和"原型"的,这是由无可奈何的世界现代化演进的历史缘起和梯进格局所决定的。二是现代化也是经济、社会和政治以及包括人的现代化的全面现代化。但并不是所有的"美好"都能同时实现,经济现代化与政治现代化、发展与民主、自由与秩序等的矛盾和纠结,也使东亚各国的现代化进程中同样面临着艰难的"价值次序"的先后选择。

第一,东亚后发现代化的历史逻辑要求的首要政治价值是稳定和秩序,这是一切现代化起步和推进的政治前提和政治保障。也就是说政治现代化的逻辑服从的是整体现代化推进的历史逻辑,在独立后贫瘠和混乱基础上开动的东亚现代化进程,更是应该把解决人民生存问题和保证民族国家统一作为重中之重的问题。也即政治现代化的问题首先必须服从经济发展和国家统一。政治现代化推进并不具有首选的或第一位的价值优先。

第二,从政治现代化的内容上来看,政治现代化是指传统的政治体系向现代的政治体系转型和转变的整个过程,既包括传统政治价值和政治文化的现代化,也包括传统政治管理的制度、方法和技术的现代化。

这意味着从传统的以等级、特权和专制为核心的价值和制度，向现代的以自由、平等、民主和法治为核心的价值和制度的转变。① 但由于东亚后发国家现代化的历史逻辑，要求政治现代化服从和服务于经济现代化，政治发展的价值选择首先是稳定和秩序，这便是亨廷顿所说的："首要的问题不是自由，而是建立一个合法的公共秩序。"② 甚至为了"经济发展第一"和维护民族国家统一，不惜一切代价地强制性维护"稳定压倒一切"。

第三，东亚各国的历史演进事实是，在民族国家独立后，东亚各国别无选择，甚至不由自主地"选择"了西方式的多党竞争支撑的多元民主体制。为了夺取政权或影响政策，不惜政党之间恶斗和动员民众卷入多党纷争的竞争性选举，成为了政治纷争的引爆器和社会动荡的角逐场，没有坚实社会基础和制度支撑的多党竞争民主，并没有给东亚各国提供"首要"的稳定和秩序，进而影响和延滞了经济发展和国家治理。这便是东亚各国经过多党冲突的民主初试期以后，普遍进入"威权主义发展体制"的历史根源。经济发展和国家统一的紧迫需要，使强制性威权体制有了一定历史阶段的必要性和合理性。东亚现代化进程曲折艰难，东亚民主化的实现还需要等待历史脚步通过的"威权过渡"的"弯道"。

第四，稳定、秩序和效率首先受到后发东亚各国的重视，但并不等于东亚各国人民不需要自己的民主和自由，更不等于东亚各国国情和文化不适合民主和自由。经过"历史辩证法"的"威权拐弯"之后，进入80年代以后，东亚各国的快速经济发展引发了深刻的社会结构变化，阶层分化、中产阶级壮大和教育普及，利益多元和自由开放的现代社会日益形成。"自由民主"也从西方完全"舶来"的理念和制度，慢慢地在东方的大地上适应性地扎根开花，从而越来越成为东亚各国人民的自觉和自主的普遍要求。而这一切都在催生着政治民主化的历史性变革。从1986年的菲律宾，到1987年的韩国和中国台湾，再到1992年的泰国、1993年的日本，1998年的印度尼西亚，民主化转型的大潮在东亚

---

① 施雪华：《政治现代化比较研究》，武汉大学出版社2006年版，第12页。
② ［美］塞缪尔·P.亨廷顿：《变化社会中的政治秩序》，王冠华等译，三联书店1988年版，第7页。

依次展开，东亚的"民主雁阵"初现形态。民主作为政治现代化的内在构成和价值目标，并作为现代国家治理的有效形式，再次得到东亚各国人民的真诚追求和自觉认同。因为，在现今的全球化开放时代，民主反映了东亚政治文明发展的客观必然趋势，体现了东亚人民的内在政治要求。

四 东亚现代化历史逻辑要求发展逻辑与民主逻辑、手段性民主和价值性民主协调共进

正如马克思毕生所追求的，人类社会的终极目标应是"自由人的联合体"，是每一个人的自由而全面的发展。就此而言，人的自由和幸福应是最高和最终的价值目标。一切的人类社会创造和"人为产品"，相对于人的自由和幸福的终极目的来说，都是人为建构的手段和工具，这其中自然包括了人类的政治发明，包括国家、政府、政党和其他的社会制度，资本主义社会形态和社会主义社会形态，也不过是实现人类最高自由和幸福的手段而已。

但人是自然而内在的社会性主体，是一种群居性理性存在。个体与个体之间自由的关联和易发冲突，也使个体性与集体性构成了人类社会中最基本的关系，两者之间的紧张和冲突也是永恒困扰人类智慧的结构性问题。对东亚各国来说，其被强制性打开国门后遭受的殖民威胁和殖民占领，刻骨铭心的殖民化屈辱刺激和催生了本土的民族主义和民族国家意识。民族解放和国家独立，在此一世界现代化脉络和国际政治格局中，成为压倒性的集体奋斗目标，民族国家独立后的集体性生存和经济发展也成为首要的价值选择和目标追求。

所以，东亚各国在国家独立、现代化自觉启动之后，经过多党竞争民主的混乱冲突教训之后，强烈的民族国家生存和现代化发展意识，使发展逻辑压倒了民主逻辑。而发展逻辑更多地要求社会的稳定和秩序，更多地要求集中国家权力和整合社会资源，更多地要求集体性的团结和协作。发展逻辑的紧迫性和首要性，要求在国家的强力主导下通过紧密的"政商联盟"和"对外开放"政策，而实现快速的战略性现代化发展。这便是东亚"发展型国家"所体现的"独裁发展"的逻辑。用埃文斯的语言来

说就是,"典型的发展型国家乃是一个触角深入社会但又能保持其整体性的怪兽"。① 而民主逻辑更多地要求自由平等、自主选择,更多地要求政治参与、自由表达,更多地要求政治多元、政党竞争。发展逻辑要求的集权、秩序和效率,与民主逻辑要求的自由、平等和参与,在"发展和稳定压倒一切"的东亚各国现代化初始时期,更多地构成了结构性的矛盾和冲突关系,而不是协调和互促的关系。发展逻辑压倒民主逻辑的同时,自然"民主"也就成了发展的"手段"。这时的"民主"只有在有利于经济发展、或有利于吸纳同化政治参与而维护威权体制的时候,才可能得到威权统治者的"认可"或"松绑"。在"发展型国家"的全局性现代化战略格局中,东亚各国的"民主"也只能是"发展型民主",也即服务和围绕发展"核心"的民主。因此,民主的手段性和工具性彰显,民主的价值性和目的性"让位"而退居幕后。

但在威权发展后催生的利益多元和诉求冲突,成为东亚各国普遍的事实和结构性问题的时候,与自由、平等紧密相连的民主治理方式便历史性地走向前台。当多元利益的纠纷和冲突普遍而正常,当暴力性、压制性利益解决方式成本不断增大而不再可行,这便是20世纪80年代以后,东亚各国民主转型发生的历史背景和历史合理性,因为民主逻辑适应了东亚现代化推进中的历史性需要,成为多元而开放的现代社会的政治治理方式,也是多元社会中民众普遍能够认同和接受、同时也能自主参与其中的政治治理形式。

其实,正如对于人的幸福而言,"吃饭"与"自由"同等重要,对于历史发展来说,发展逻辑与民主逻辑也同样重要。在现代化的不同历史阶段中,发展逻辑与民主逻辑的"先后选择",只是出于现代化历史逻辑的残酷而做出的无奈选择。在东亚民主转型后国家治理的"民主平台"上,发展逻辑与民主逻辑、手段性民主与价值性民主的矛盾和紧张还会一再出现。但随着各国现代化发展的进一步繁荣和民主巩固的进一步成熟,两对关系的紧张和矛盾,也许会在人类"治理智慧"的进步中,更进一步地趋于协调共进。

---

① Peter Evens, Embedded Autonomy: States and Industrial Transformation, Princeton: Princeton University Press, 1995, p.59. [美] 禹真恩编:《发展型国家》,曹海军译,吉林出版集团责任有限公司 2008 年版,第 18 页。

五 民主的生成需要一定的社会基础性条件，但更需要政治主体的主动努力建构

现代民族国家形态下的民主体系，是人类政治文明发展到一定历史阶段的产物，涉及更大地域、更多人口的政治管理和国家治理，是一个需要各种社会条件和系列制度加以支持的政治系统，因此，民主的生成和运作需要一定的社会基础条件的支撑和保障。

从世界各国具体民主生成过程来考察，各国民主初创时期的经济发展水平、社会阶层结构和政治力量对比等情况，都千差万别和各不相同，所以很难得出一个明确和统一的民主生成的社会条件清单和具体标准。单从"经济发展和民主"的关系来说，1960 年李普塞特首先提出了一个基本的通则性论述。李普塞特通过将欧洲国家、北美国家和澳洲国家、拉美国家的民主程度与该国的财富状况、工业化指数、城市化指数和教育指数进行了比较研究。从中发现，相较于专制国家，民主国家具有更高的社会经济发展水平。因此，李普塞特提出一个相关性通则："一个国家越富裕，它准许民主的可能性越多。"[①] 自从李普塞特的开创性研究发表以来，其后引发了大量的关于民主与经济发展的实证性研究。1989 年世界银行发现，人均收入在 6010 美元到 21330 美元之间的 24 个"高收入"国家中，除去 3 个石油输出国的非民主国家，在其余的 21 个国家中，除了新加坡外，都是民主国家。亨廷顿甚至认为，在 20 世纪 70 年代中期时，人均国民生产总值在 1000 美元到 3000 美元的国家，处于"政治过渡带"，最有可能发生转向民主化过渡。[②]

虽然众多的实证性研究揭示了，在经济发展与民主之间确实存在着一种相当紧密的"关联"，但这种"关联"只是统计学意义上的"现象关联"，只是描述了一种"趋势陈述"（tendency statements），而非"绝对的

---

① ［美］西摩·马丁·李普塞特：《政治人——政治的社会基础》，张绍宗译，上海人民出版 1997 年版，第 27 页。

② 塞缪尔·P. 亨廷顿：《变化社会中的政治秩序》，王冠华等译，三联书店 1988 年版，第 69—72 页。

规则"，更不是规律性的"因果关系"（causation）。① 即不能得出经济发展就一定能够导致民主化，也无法具体说明在经济富裕的哪一个水平上就必然导致民主化。

其实，正如"国家"是一个人为的"艺术作品"，"民主"也同样是一个人为的"艺术作品"。经济发展及其带来的社会结构的变迁、民主自由意识的增长、中产阶级的壮大等，只是为民主发生提供了社会基础和"可能性"，但如何把"可能性"转化为"现实性"？更为关键的还在于政治主体的自觉自主的主观行动。拉斯托更是在研究"向民主的过渡"中发现，采纳民主规则永远是政治精英有意识的决定，一个国家绝不可能仅凭"一阵子心不在焉"的活动就"自然"确定了民主体制。② 所以说，民主体制的确立，并不是经济社会发展后"自然而然"产生的必然结果，而是在民众抗争、政党互动和精英主导等合力的推动下"人为"建立的。

就西方民主发生的过程来说，在对欧洲民主从1650年到2000年长时间的历史性系统研究之后，蒂利发现：1650年之后的欧洲，一切通向民主政治体的主要历史道路，都包含了旷日持久的抗争，民主源于民主抗争，并且动员和重塑着民众抗争。蒂利甚至认为，民主偶然产生于政治斗争的"中途"，而不是历史悠久的性格倾向或长期宪政革新的产物，是"有意斗争的无意结果"。③

从对东亚各国民主孕育到生发的整个过程的长时段梳理中，我们也可看出，东亚各国的民主生成充满着不断的主体抗争、甚至流血牺牲。日本从1870年代的"自由民权运动"，到1912年之后的"大正民主"时代，再到1945年之后的多党纷争，直到1993年的自民党政权的下台，其间激荡着政党及其民众抗争对民主体制建构的不断推动。韩国在1960年李承晚政权垮台、1980年的"首尔之春"和1987年的"六月抗争"中，更能看到反对党及其民众抗争对民主化进程的直接推动，期间不断发生有暴力冲突和流血牺牲。菲律宾1986年反对党领导的"人民力量"运动的大规

---

① ［美］霍华德·威亚尔达：《比较政治学导论：概念与过程》，娄亚译，北京大学出版社2005年版，第11—17页。

② Dankwart Rustow, "Transitions to Democracy", *Comparative Politics*, Vol. 2, 1970, pp. 337–363. Quoted David Potter et al. Democratization, pp. 13–14.

③ ［美］查尔斯·蒂利：《欧洲的抗争与民主（1650—2000）》，陈周旺等译，上海人民出版社2008年版，第9、27页。

模普遍抗争，直接冲垮了马科斯的独裁统治，开启了民主转型之门。印度尼西亚的苏哈托威权体制，也是在 1998 年反对党及其民众大规模的冲击下解体并走向民主化之路的，其间甚至发生了令人发指的人道灾难。而进入 2010 年，在国际货币基金组织公布的世界各国人均 GDP 排名中，新加坡以人均 42653 美元高居第 15 位，但经济的繁荣和社会的富裕，并没有"自然而然"地演化出人们所期待的"民主化转型"。

贫穷不可能长久支撑"民主"，但发展也并不能自然导致"民主"。长期的经济发展和社会变迁，提供了民众抗争和反对党活动的社会基础和条件。通过组织资源、物资资源和主体资源的支持和整合，反对党及其民众争取民主化的运动有了更大空间和更大能量。在反对党和民众抗争的不断冲击和强大压力下，执政当局已切实意识到对普遍民主化要求的镇压成本已无限增加，威权体制的维系已不再可能，革命性变革已势不可当。因此，历史跨进了民主化的门槛，在执政党与反对党直接的策略互动和协商妥协中，民主化生成在各方政治主体自觉的努力推动下变成了现实。

六 执政党与反对党的战略互动和理性选择，对民主转型的时机和路径有着决定性的影响

民主转型既然是发生在一定的经济社会基础之上和一定的政治背景之中，是政治主体人为推动和建构的结果，那么是谁在历史的大变局中扭转乾坤？是什么样的政治主体在起着直接和重要的决定性作用呢？

以大学生、城市中产阶级、工人、农民为主体的大规模民众抗争运动，往往以与自身利益直接相关的经济社会问题为爆发点，间接性地推动政治变迁和间歇性地参与到民主化进程之中。民众抗议为反对党的社会动员和能量集聚提供了强大的社会支持基础和制度变革压力，但民众力量的组织化程度和抗议运动的主题提升，更多的是通过"政党中介"这一途径，集中到和作用于民主转型过程之中。

一般来说，利益集团和社会团体、非政府组织等组织化团体，更多地是关注自身组织的利益和非政治化目标，在政治变革之中，它们可以为民众抗议运动提供组织支持和资源支持，同样也可以给政党组织提供组织、

资金和人员的支持和补充。但其政治目标并不明确或其政治主张并没有系统论述，其政治愿望的表达也是更多地通过自己所支持的政党组织作为"政治中介"。特别是在急剧变革的民主转型时期，有关政体选择及其民主宪政架构的设计和建构问题上，组织化团体的政治意志也是通过自己所支持的政党组织来表达和实现的。

民主转型和民主制度建构的直接推动者，在政体革命性变革的历史纷纭中，自然落在了组织化程度更高、政治主张更明确的各个政党身上。按照通常的划分，执政的威权集团内部可以分为强硬派（保守派）、改革派，反对派内部可以分为激进派、温和派。当然双方都存在不少的机会主义投机分子，但投机分子要想在民主转型中发挥作用，也往往要加入到一定的派别阵营中去，以便利用政治派别的组织化力量。从政治立场和政治主张来分析，执政阵营中的强硬派一般是现有体制的既得利益者，坚决不愿与反对派谈判和妥协，顽固维护过时的威权体制，甚至不惜诉诸武力镇压，强力打击要求民主的反对派和民众；执政阵营中的改革派对威权体制的认知更为开明和理性，更愿意在与反对派及其民众的对话协商中推进既有体制的改革和转变。反对阵营中的激进派也往往不愿与威权体制妥协，甚至坚决主张发动街头抗争、直至武装暴力来推翻威权独裁体制；而反对阵营中的温和派一般更为现实理性和愿意作出一定的妥协让步，不愿在民主转型中让社会和民众付出太大的成本和牺牲，主张在与当权者的对话和协商的基础上，非暴力平稳地推动体制转型。

从理论上来说，民主化转型进程中，最为关键的三对互动关系是：政府与反对派之间的互动，执政联盟中改革派与强硬派之间的互动，反对派阵营中温和派与激进派之间的互动。在环境各异的政治大变局中，不同的力量对比关系和策略互动，直接决定着民主进程的时机、过程和未来的制度建构。

按照亚当·普沃斯基的民主转型理论，如果执政联盟中的改革派同强硬派结盟，而反对派阵营中的温和派同激进派结盟，执政集团与反对集团两大阵营分隔对垒，双方势必拼个你死我活。如果改革派同温和派结盟，而温和派也愿意同改革派结盟，那结果就是"有保证的民主"。同时，政治变革中不对称的结盟也是有可能的：如果温和派同激进派结盟，而改革派又同温和派结盟时，由于激进—温和联盟，改革派只能接受"无保证的民主"。当改革派同强硬派结盟，温和派又与改革派结盟时，温和派只有接受一定程度的"自由化",而威权体制在作出让步后仍旧保持下来。普沃斯基认为,对错综复杂的民主化转型过渡来说,最好的状态是改革派同温和派主动结成"民主化同盟",并努力主导整个民主转型进程。[①] 以便保证民主化转型过程的平稳顺利,并尽可能地减少不得不支付的政治和社会成本。

亨廷顿则按照不同的互动策略和民主转型的过程特征,把民主化转型过程分为三种类型:在"变革"过程中,执政联盟中的改革派和保守派之间的互动最为重要,如果改革派比保守派强大,变革才有可能发生。如果政府比反对派强大,如果温和派比激进派强大,变革才会发生。随着变革的深入,反对派中的温和派常常会与执政联盟合作,而反对民主化的保守集团则会退出执政联盟,这是执政者主导的转型过程。在"置换"过程中,政府与反对派之间、温和派与激进派之间的互动最为重要,反对派最终会比政府更强大,而且温和派也会比激进派更强大,执政联盟的分裂导致威权体制分崩垮台,反对派置换掉政府而主导民主化进程。在"移转"过程中,核心的互动是改革派与温和派之间的互动,而且二者都能够支配各自内部的反民主化团体,由于二者的势均力敌,改革派与温和派主动合作,相互协商妥协、分享权力,联手推动民主化转型过程的变迁和"移转"。

在已发生的东亚各国的民主转型中,我们同样也可以看到,执政联盟与反对派联盟的策略互动对民主转型的决定性影响。日本战后即建立了法律形式上的多党民主体制,执政党与在野党的分化组合,推动了战后初期的多党纷争和自民党一党独大体制的形成,同样执政党和在野党的多次分化重组,促成了1993年自民党长期执政的第一次终结,"多党轮替"从法律形式上转为现实政治生活中的正常状态。可以说,日本的政治转型,是在稳定立宪民主架构下通过平稳和渐变的方式而和平实现的,并没有发生制度完全重构意义上的革命型转型。泰国的民主化进程则更为艰难曲折,是在军事政变后军人政权主导下或间歇期中,分为多阶段、多次序而分步实现的,军人支持的政党与在野党的力量对比,影响和决定了泰国民主化进程的节奏和特征。而能否得到军人的支持,也是泰国各个政党能否

---

① [美]亚当·普沃斯基:《民主与市场——东欧与拉丁美洲的政治经济改革》,包雅钧等译,北京大学出版社2005年版,第49页。

执政和主导政治变迁的决定性因素。韩国的政治变迁，则一直处于执政党与反对党的冲突和紧张之中，反对党长期的坚持不懈和依靠发动民众抗议，一直对威权体制构成了强大冲击和挑战。在韩国1987年6月民主转型的关键时刻，执政党中以卢泰愚为首的少壮派改革势力，最终战胜了以全斗焕为首的强硬保守派，并在多次与金泳三和金大中领导的反对派力量的协商谈判中，共同合作确定了韩国民主转型的阶段步骤和民主的制度设计。印度尼西亚和菲律宾则是在反对派和民众大规模抗议浪潮的直接冲击下，威权体制内部分裂突然崩溃后，由反对派"置换"威权集团而实现民主转型的。

从东亚各国的民主转型中，不难看出，执政阵营中的改革派越是强大、主动和自信，并能在与反对派的协商合作中主导整个转型进程，而不造成大规模的社会抗议和权力真空的，其转型过程就越平稳顺利，民主体制也能在其后较快和较好地运行。反之，威权集团内部腐朽不堪，威权体制分崩离析，社会民众积怨深厚，则执政阵营更易分裂，社会抗争更趋暴力，整个转型过程更加动荡冲突，政治和社会成本代价高昂，其后的民主体制也较难稳定下来并有效运行。这两种案例在菲律宾的转型过程对比中最为明显。

七 民主转型后，民主体系的运转和巩固依赖于政党及其制度的稳定和健全

从众多后发民主化国家政治转型的比较分析中，可以得出的规律性通则是，各个转型国家政党的组织化程度和策略互动在推动民主转型中最为关键，同样在民主体系建立后，政党及其制度的稳定和健全，也是决定民主体系有效运转并走向巩固成熟的制度关键。

全球化背景中，后发现代化进程的推进，意味着现代社会结构的萌发形成并日益开放和多元，各个阶层公民的政治参与意识和政治诉求会被不断地激发出来。民主转型大门的开启，更是为转型后的政治参与提供了广阔领域，并伴随着宪政法律保护的更为自由的参与空间。广大民众长期被压抑的参与意识和自由主张，在初建的多元民主的宪政体制下，变成了突然释放出来的井喷式参与需求，加上"党禁"解除后多党林立和多党纷

争的竞争性政治局面的激励性和动员性机制，都对民主化后的政治制度造成"参与超载"的强大负荷和压力，时刻考验着民主化后社会的政治制度化能力。而现代政治的组织化运作，决定了政治性"组织"是通向政治权力之路，也是政治稳定的基础。"组织政治参与扩大的首要制度保证就是政党及政党体系。在政治参与水平尚低时就形成适当政党组织的国家，很有可能会在扩大政治参与的道路上稳步前进，而那些在现代化过程之中政党之建立晚了一些的国家，政治参与的前程就不会平坦。"[1] 亨廷顿的判断不仅适用于民主化之前的现代化过程，同样适用于民主转型之后的民主化过程。

民主转型之后，有法律保障的民主性政党及其制度的强大和稳定，其政治功能和民主化作用可以体现在以下方面：一是可以用组织化、制度化的政党代表和表达机制，来日常性地同化、吸纳和集中民主化后激增的公民参与，使公民的政治参与更为规范和有序。并有效及时地反映到政治输入系统中，使公民的利益和要求在公共政治中得以高效表达和体现，以此来减少公民的无序参与、街头抗议和暴力冲突的可能性，保证民主体系不受非法和混乱的冲击和干扰。二是政党的强大和稳定，可以稳定有效地促进政府稳定和政局稳定，减少政党频繁的分化重组而导致的政府混乱和解体，使持续性的法律和政策的制定有了稳定的政府中枢。三是有强大政党支持的民主政府，在持续性地制定和执行有效法律和政策的基础上，才能使民主体系的治理能力得以充分体现，才能使民主体系展现比威权独裁体制更高的活力和效率，从而使民主政府和民主制度体系得到公民普遍的认可和支持。民主体系的合法性和正当性，在政治稳定和社会繁荣中不断地扎根社会，民主逐渐成为公民的政治生活方式和社会行为习惯。

从东亚民主转型后的民主体系运作中，可以体现出民主巩固与政党体系的紧密关系。在日本，由于民主宪政规则的长期深入人心，以及各政党的自觉严格遵守，在1993年多党轮替后，虽然由于执政党和在野党不断地分化重组，导致首相和内阁的频繁更换，甚至出现"十年九相"的政治局面，但各个政党的政治功能仍能有效发挥，政党制度虽有变革但仍能保持相对稳定，因此，并没有太大地影响到日本政局的政治稳定和社会秩

---

[1] ［美］塞缪尔·P. 亨廷顿：《变化社会中的政治秩序》，王冠华等译，三联书店1988年版，第367页。

序。而泰国由于军事政变和文人政权的交替循环,而且军人政权长期处于主导地位,各个政党一直处于软弱而分散的依附性状态,加之政党不断分化与重组,泰国一直很难形成强大的政党形态及其政党制度。在1998年他信领导成立的"泰爱泰党",在取得政权并成为一党独大的执政党后,快速形成的强大政治能量,时刻冲击和威胁着泰王、军事集团和传统政治力量的各自权威和利益格局,因此,也难逃在军事政变后被强行解散的命运,泰国政党的命运也在左右着泰国民主化的进程和命运。韩国在1987年民主化后,在多党政治势力的分化重组中,逐步平稳地形成了大国家党与民主党"保革对立"的稳定政党格局,两大党在民主竞选基础上的和平轮流执政,基本保证了韩国民主化进程的顺利推进和趋于成熟。中国台湾地区与韩国的政党演化进程类似,而印度尼西亚在1998年急促的民主化后,在种族和宗教等社会结构多样化的基础上,形成了"碎片化"的多党林立的不稳定政党格局,直接影响了民主转型中的政治进程和稳定。2004年以后,苏西洛领导的民主党的崛起和强大,给印度尼西亚的政治变革带来了稳定之源,2009年苏西洛民主党再次执政,为印度尼西亚的民主治理和民主巩固提供了政党制度的保证。菲律宾自1986年快速民主化运动之后,一直处于"个人化"政党制度的困扰之中,各个政党完全跟随领袖个人的兴衰沉浮而起伏聚散,加上地方豪族势力的根深蒂固和"庇护制关系"的盛行无忌,强大的政党和稳定的政党体系始终难以形成,给菲律宾的民主化进程带来持久的考验和冲击。

与以上所有情况形成鲜明对照的是,新加坡和马来西亚,自20世纪60年代以来,由于一直保持着稳定而强大的执政党垄断政权,一党独大的政党体系持续有效,由此保持了政府的长期稳定和政策的长远高效,也同时使"半民主"体制长期得以维系。从这一侧面也反证了政党及其制度体系的稳定,对各国的政治变迁和民主化进程有着直接的决定性作用。

八 从民主转型到民主巩固和民主社会的成熟,东亚还有一段漫长的路要走

民主,体现着人类政治文明的艰难业绩,代表着一个文明国家的政

治成熟，在日益现代化的开放和多元的政治共同体中，民主更是广大民众普遍的政治理想和追求。然而，不论是对原发型的西方发达国家的民主来说，还是对广大后发国家的政治现代化来说，系统而精致的"民主不可能一夜之间成熟起来，它需要长时间的，几十年甚至几代人的文化变迁和政治制度发展"。① 这需要人类对民主化的进程有足够的耐心和理性。

对东亚各国的后发民主化历程来说，民主转型的开启，只意味着威权独裁时代历史合理性的结束，一个新的政治变迁时代的开始，东亚各国从此走上了民主的新的政治发展旅程。如果要在民主宪政架构下，巩固新的民主制度体系和推进新的民主社会生活，还需要从制度、文化到生活方式等各个层面，全面地进一步推动民主化的发展和进步。

如果说，东亚威权型体制在完成"威权发展"的阶段性历史使命后，在面对反对派和民主抗议要求的民主化压力下，开放党禁、解除报禁，并允许多党竞争、合法竞取国家政权的时候，即意味着"民主转型"之门的开启。那么，"民主转型完成的标志是，只有通过选举的政治程序才能产生政府成为广泛共识，政府权力的获得则是自由和普遍选举的直接结果"。② 如果按此操作性标准，东亚"七国一区"可以说都已完成"民主转型"。此后的民主化进程，只是民主架构开启之后的民主的巩固与民主社会的成熟。

民主转型由于以制度性和竞争性的自由选举为标志，因此，其开启过程和是否完成，较易确定和达成共识。而民主的巩固和民主社会的成熟，则由于是一个较长历史时期的政治文明任务，是一个需要持续完善提升的文明连续体，具有阶段性的发展任务和阶段性的过程特征。因而，对于民主巩固则有着从简单到复杂、从低度要求到高度要求的不同界定和标准：

奥唐奈尔和施密特提出"民主巩固"的最低要求：即"秘密投票、普遍的成人投票、定期的选举、政党竞争、承认和允许建立利益协会及其

---

① ［美］霍华德·威亚尔达：《新兴国家的政治发展——第三世界还存在吗？》，刘青、牛可译，北京大学出版社 2005 年版，第 114 页。

② ［美］胡安·J. 林茨、阿尔弗莱德·斯泰潘：《民主转型与巩固的问题：南欧、南美和后共产主义欧洲》，孙龙等译，浙江人民出版社 2008 年版，第 3 页。

行政机关负责任"。① 亨廷顿则根据民主转型后多党轮替的规律，提出一个民主巩固的"两次政权轮替的测试模式"（two-turnover test），通过这种测试，如果在转型时期内第一次选举中掌权的政党或集团在此后的选举中失去权力，并把权力移交给那些在选举中的获胜者，而且，如果这些选举中的获胜者然后又和平地把权力交给后一次选举中的获胜者，那么，这样的民主政权就可被视为已得到初步巩固。亨廷顿认为，"通过选举选择统治者是民主的核心所在，只有统治者愿意按照选举的结果来放弃权力，民主才是实实在在的"②。普沃斯基则更重视各方政治势力和组织对"民主规则"的自觉认同和严格尊重："当所有重要的政治团体将体制内主要的政治制度视为政治竞争的唯一正当的架构并且遵守民主的游戏规则"时，该民主体制就被认为得到了巩固。③ 这便是普沃斯基所高度概括的：民主被视为"城镇中的唯一游戏"（the only game in town），也即民主被视为"最佳的政体选择"。④ 戴蒙都罗斯则从什么对民主构成挑战的反向视角，提出了民主巩固的最低标准，他认为，只要没有出现对民主制度合法性的挑战和重要政治团体对行为规则的系统性违背，即可视为民主得到了巩固。不论是正向或反向的界定，民主巩固的最低标准都强调的是各方政治力量对民主规则的严格遵守和真诚认同。

考察民主巩固，如果从民主制度意义上向前更进一步，就进入到更大的民主政治与经济、社会和文化等子体系之间相互支持性关系的建立和巩固上，也就是更深层次上的民主巩固和民主社会的生成。普沃斯基更进一步指出，新生的民主政权要继续巩固，必须解决四个问题：必须建构一个竞争活动的制度框架；必须建立一个竞争性的代议政府；经济活动中的冲突必须在民主制度的渠道内解决；军人必须在平民控制的范

---

① Guillerno O'Donnell and Philippe C. Schmitter, *Transition form Authoritarian Rule*: *Tentative Conclusion about Uncertain Democracies*, Baltimore: The John Hopkins University, 1986, p. 8.

② [美]塞缪尔·P. 亨廷顿：《第三波——20世纪后期民主化浪潮》，上海三联书店1998年版，第321页。

③ Richard Gunther, Hans Jurgen Puhle and P. Nikiforos Diamandouros, *The Politics of Democratic Consolidation*: *Southern Europe in Comparative Perspective*, Baltimore: The Johns Hopkins University, 1995, p. 7.

④ [美]胡安·J. 林茨、阿尔弗莱德·斯泰潘：《民主转型与巩固的问题：南欧、南美和后共产主义欧洲》，孙龙等译，浙江人民出版社2008年版，第5页。

围内。①

林茨和斯泰潘则系统论述了民主巩固的不同层面和意义,从行为、态度和制度三个层面全面界定了民主政体巩固的操作性定义:

就行为层面而言,一个巩固的民主政体之中,没有重要的民族、社会、经济、政治或制度性的行为者将重要的资源用于建立非民主的政体,或者用于暴力,或者用于寻求外国的干涉从而获得独立。

就态度层面而言,一个巩固的民主政体之中,绝大多数民众都具有这么一种信念,即民主程序和制度是治理社会集体生活最合适的方式,反民主体制力量的支持者非常少,或者是或多或少地被孤立于民主的支持者。

就制度层面而言,一个巩固的民主政体之中,全国范围内的统治力量和非统治力量都服从特定的法律、程序和制度,并且习惯于在这些法律、程序和制度范围内解决冲突,而这些法律、程序和制度产生于新生的民主程序。

总之,林茨和斯泰潘认为,随着民主的扩展、深化和深入人心,民主变成一种常规,深深地"内化于"(internalized)社会、制度甚至心理生活之中,同时也内化于以成功为目标的算计过程之中。② 也就是说,从民主转型到民主的巩固和民主社会的成熟,是一个连续发展和不断完善的进步过程,涉及民主制度的完善、民主公民文化的强盛和民主生活方式的形成,是一个民主公民素质不断提高、民主生活惯例化和日常化的提升进程。

对照民主巩固的进程和标准,东亚各国的民主都"还在路上",各自处于不同的发展成熟阶段。日本可以说是民主稳定和巩固的国家,其二战以后建立的民主体制,虽然历经多党纷争———一党独大——多党轮替的各种变化,以及众多的首相和内阁替换甚至"十年九相",但民主宪政体系从未被颠覆,民主规则和民主化生活已扎根社会和深入人心。而泰国则在民主化的道路上一路曲折前行,军事政变和文人政权交替轮换,并且军事集团从来都是更为有力的干政力量,民主规则和制度还是有被颠覆和蔑视

---

① Adam Przeworski, The game of Transition, in Scott Mainwaring, Guillerno O'Donnell and J. Semuel Valenzuela, *Issues in Democratic Consolidation: The New South American Democracies in Comparative Perspective*, Indiana: University of Notre Dame, 1992, p. 106.

② [美]胡安·J. 林茨、阿尔弗莱德·斯泰潘:《民主转型与巩固的问题:南欧、南美和后共产主义欧洲》,孙龙等译,浙江人民出版社 2008 年版,第 6 页。

的可能。民主规则和程序还需要王室力量、传统地方势力、军方强人、新兴财团以及各政党和民众的自觉遵守和真诚支持,民主的社会基础和民主的公民文化还需漫长的培育和壮大。韩国和中国台湾地区,都已经历了"两轮政权轮替"的检验,民主规则也已得到基本的遵守和民众认同,民主竞争也已成为取得政权合法性的唯一方式,但在"分断性民族国家"的格局下,朝鲜半岛和台海两岸的和平稳定和统一进程,也许是未来影响民主化进程的主要因素和变量。印度尼西亚和菲律宾的民主转型都是在突发性的危机冲击下,匆忙上路和起航的,虽然两国也已经受了"两轮政权轮替"的考验,军事政变推翻民主政权的可能性已微乎其微。但两国都面临的民族分离主义的干扰、传统政治势力的强大和习俗性"庇护制关系"的根深蒂固,加之经济社会发展的迟缓和贫富差距的巨大,都在时刻冲击和考验着民主体系的治理能力和应变能力,两国民主巩固之路还可能更加漫长和艰难。新加坡和马来西亚的民主进程还处于特定的历史阶段,虽然人民行动党和巫统的执政地位和能力还未受到根本性的挑战,但国际民主化大潮和国内多元社会的形成,都在促发和积累着反对党和民主化的力量,多党轮替的民主化转型在什么时刻和条件下来临,都还有待历史老人来回答。

九 东亚各国民主生成的路径特征、制度体系和成熟程度都互有差异,并不存在统一模式的"东亚民主"

通过对东亚"七国一区"从殖民化到民主化过程的系统梳理,可以看出,东亚各国民主生成的路径特征、制度体系和成熟程度都互有差异:

从民主生成的路径特征来看,在近代西方殖民化威胁的冲击下,东亚各国开始了不同的危机应对之策,并影响了各自其后的民主因素引进和民主生发的不同路径。日本虽免除了被殖民化的命运,1868年明治维新之后开始了现代国家的构建,在"自由民权运动"和"大正民主时期"积淀了一定的民主制度要素和行为习惯,但都毁于军国主义势力的崛起和侵略战争之中。日本在二战后美军占领当局的主导下重新开启了"第二次民主化进程",民主进程自此以后在渐变中从未中断。泰国同样幸免于被殖民化的屈辱,但在1932年民主进程开启之时,就受到军方力量的主导和左右，并一直处于军人主政和文人民主的交替循环之中，民主化进程时断时续，一路艰难。韩国和中国台湾从光复之初，就受到冷战格局和民族分断的撕裂，并一直受到这一困局的极大影响，在威权发展的现代化基础上，两者都从80年代后期开始了比较平稳的民主转型，此后民主化进程也未曾中断或逆转。印度尼西亚和菲律宾在近代被殖民化之前，还处于分散性的传统型部落社会，是在抗击殖民主义的过程中才逐渐形成和凝聚起民族意识和国家认同。两国都经过独立初期的多党纷争后，相继进入了威权发展时期，却都在突发性动荡危机中匆忙走向民主转型之路，民主进程还时刻受到分离主义势力和传统政治力量的挑战。新加坡和马来西亚与印度尼西亚、菲律宾的现代化起始有所相似，也是从传统型部落社会，走向独立的民族国家，经过多党纷争的混乱时期之后，进入了长时期的一党独大的威权发展时期。

从民主转型后的制度体系来看，日本和泰国都保留了传统的君主制形式，在君主立宪下实行议会内阁制，日本经历了多党纷争、一党独大，再到多党纷争和两党制初现的过程，泰国则处于多党纷争和政党分化重组的不稳定状态。韩国和中国台湾则在民主转型后形成了半总统制的政治架构，经历政党的分化组合后，也都呈现出两大党制的制度形态。印度尼西亚和菲律宾在急剧民主转型后，还是保留了以前的总统制政治架构，政党体系还处于多党纷争和不断重组的时期。新加坡和马来西亚则实行的是议会内阁制，新加坡的国家元首是民选总统，马来西亚的国家元首则由"统治者会议"从九个州的世袭苏丹中选举产生，轮流担任，两国都由一党独大的执政党或执政联盟长期执掌国家政权。

从民主巩固的成熟程度来看，日本可以说从战后一直都是多党民主国家，民主程度最高。泰国的民主体系时常受到军事政变的挑战，民主进程时断时续，严重影响了民主的持续性巩固。韩国和中国台湾属于新兴的民主体系，民主进程已进入巩固阶段，民主成熟程度会继续走高。印度尼西亚和菲律宾的民主体系，还要等到政党及其政党制度稳定之后，才能逐渐走向稳固。而新加坡和马来西亚的民主进程，还要接受未来多党轮替的考验。

东亚各国现代化进程和国情状况互有差异，在受殖民化影响程度、历史政治传统和文化、经济发展水平和社会分化结构等方面都各不相同。如果说制度是影响人们行为的重要内生变量，是模塑和决定行为的结构性因素，从东亚各国的民主制度生成的路径特征、制度体系和巩固程度来考察，可以说并不存在统一模式的"东亚民主"。

十 东亚各国民主的未来取决于人民的选择

经过艰难曲折的现代化历程，东亚各国都通过各自不同的方式和路径走上了民主发展的道路，"天下同归而殊途，一致而百虑"？

东亚各国的民主进程，也都经历了从被动到主动、从朦胧到自觉、从外在到内在的磨砺和洗礼，从最初民主因素的移植性引进，到民主形式的适应性转化，再到民主制度的创造性追求，民主已在东亚的大地上生根、开花、结果。

如果承认现代社会日益开放多元的发展趋势，如果承认多元社会必然会有多样化的价值与利益，如果"社会中价值与利益的冲突是天生的，正因为我们有分歧，所以才需要民主，民主就是不用暴力也能解决冲突的制度体系"[①]。

也正因为民主的价值和制度性功能，民主成为世界各国人民的共同追求，成为人类政治文明发展的智慧成果，成为文明国家政治成熟的制度标志。

未来是未知的，但民主的发展是肯定的。我们不能对抗未来，因为时间站在民主一边。

未来如何？未来取决于人民的选择！

---

① ［美］亚当·普沃斯基：《民主与市场——东欧与拉丁美洲的政治经济改革》，包雅钧等译，北京大学出版社2005年版，第70页。

附录一

台湾政治发展的历史逻辑

一　国家衰败化和殖民化

进入19世纪之后，中央集权的君主专制体制内部已逐渐陷入腐化和衰败，受到官僚地主阶层抵制和分裂的中央权威，已无力整合政权和社会力量，更无力应对日益紧迫的内外压力。在外部殖民列强的强力侵扰下，体制僵化、分裂低效的专制体制衰败无能，终于沦为列强的殖民统治之下。此后的现代化进程和政治变迁，是在丧失主权和自主性的屈辱状态下，在殖民化和外来殖民当局统治的架构中展开的。这以中国台湾地区最为典型。

台湾地区历来属于中国的领土，清代以后设立府县行政机构加以管理。1871年12月，日本在琉球群岛附近失事船只的船员被台湾的原住民杀害。针对此次事件，日本政府向中国提出抗议，并要求对被杀害的船员进行赔偿。由于清廷的无能和含糊其辞，日本寻找到了侵台的借口。

1874年2月，日本内阁会议通过《台湾藩（番）地处分要略》，确定日本征台的理论基础和行动方针。同年5月7日，日军登陆琅峤，7月中旬日军完成对台的讨伐、征服任务。其后，在中国政府的抗议下，中日于同年10月签订一项协议，中国承诺为受害船员赔偿，并承担日本远征台湾的军事开支。

1894年2月，中日爆发甲午战争，清朝政府的腐败无能暴露无遗，战争使中国在朝鲜和东北地区及海上遭受一个又一个灾难性的失败。在美国的调停下，直到1895年日本在东北南部进逼北京附近的窘境下，中日和谈才开始。①

1895年4月,中日《马关条约》签订,中日战争结束。中国除赔偿日本2亿两白银外,还割让台湾及澎湖列岛给日本。不久,日本军队登陆台湾,并在残酷镇压各种反日保台运动之后,于1895年底控制了整个台湾。《马关条约》的签订,造成了台湾"政权更迭,治权易主"。②从此,中国台湾和韩国的命运相似,开始了长达半个世纪的扭曲殖民地历史发展。

二 殖民全权主义的掠夺体制

随着内部的衰败化和完全殖民化,台湾地区被日本帝国完全占领和控制,开始了长达半个世纪的殖民全权主义的掠夺体制。③ 政治上实行总督绝对专权的官僚统治,殖民者掌握着最终的政治控制权和绝大部分重要职位;经济上实行强制性工业化,大肆开发和掠夺殖民地资源,完全服务于日本帝国的东亚霸权战略;在社会生活领域,则依赖宪兵警察系统,严密监视和镇压任何对殖民统治的异议和反抗行为。虽然,日本帝国的殖民统治,在经济和社会领域也许给当地人民带来了些许的现代化因素,但政治上的绝对殖民统治给当地人民没有留下任何民主发展的可用因素。

1895年6月2日,第一个日本驻台总督桦山资纪,在基隆与清政府代表李经方完成交割,同月17日,桦山资纪在台北举行"始政典礼",标志着日本在台湾殖民统治正式开始。

日本殖民政府在台湾实行专制独裁的总督统治。1895年,日本在内阁设立台湾事务局,首相伊藤博文亲任总裁。1896年3月,日本发布《台湾总督府条例》,规定台湾总督之许可权,并将台湾划归拓殖省管辖。

---

① [德]戈特弗里特—卡尔·金德曼:《中国与东亚崛起——1840—2000》,张莹等译,社会科学文献出版社2010年版,第46页。

② 戴宝村:《台湾政治史》,台北五南图书出版公司2006年版,第187页。

③ "殖民全权主义",是亨德森(G. Henderson)概括日本帝国对朝鲜半岛进行殖民统治的概念,是指一种没有宪法或民众限制,殖民统治者绝对掌权的严酷刻板、集权化的、官僚化管理的绝对统治,其目的是完全同化殖民地人民,并掠夺其财富和资源用于服务日本帝国的霸权目的。Gregory Henderson, *Korea*: *The Politics of the Vortex*, Harvard University Press, 1968, p. 72.

从此到 1919 年间，日本在台湾奉行"武官总督制"，总督律令即为立法的制度。①

1896 年日本第九届帝国议会通过第六十三号法律，简称"六三法"，即《关于在台湾施行法令之法律》，规定"台湾总督得在其管辖区域内发布具有法律效令之命令"。台湾总督依此取得几乎不受限制的立法大权。

1898 年就任台湾总督的儿玉源太郎和民政官后藤新平，在其任内（1898—1906）推动了一系列殖民政务革新，极力促使实现台湾财政自给，以便为日本帝国扩展提供更多的海外支持和服务。

1906 年，统治台湾的法律改为第三十一号法律，故而统治台湾的根本大法取名为"三一法"。台湾总督因此成为拥有立法权、行政权、军事权和司法权的绝对全权掌握者。

在日本国内"大正民主时期"自由民权思想的影响下，加上第一次世界大战后国际上"民族自决"原则的广为传播，日本国内对台湾的殖民政策也发生了一些改变。1919 年 8 月，为了实现军民分治、文官总督的新理念，成立"台湾军司令部"，台湾军权交回天皇，而由天皇任命台湾军司令官，总督不再兼管军务。1919 年 10 月，日本删除台湾总督须由军人担任的规定，改"武官总督制"为"文官总督制"。台湾进入文官总督而实行同化政策的时期。1922 年天皇敕令第 406 号《有关民事法律实行于台湾之件》，指定日本民法、商法、民事诉讼法、不动产登记法等日本法律，在次年起实行于台湾。② 同时，日本殖民者在台湾也推行教育方面的日本化同化政策。

随着日本国内"大正民主时期"的终结，日本快速地滑入殖民侵略的战时军国主义独裁体制。1936 年 9 月随着小林跻造就任台湾总督，台湾也再次进入武官总督时期。并开始推行内在精神上的"皇民化"运动，这种"皇国民精神强化"运动，企图从根本上把台湾人改造成为所谓的"真正的日本人"，实现"同化之彻底"，服务于日本帝国侵略的战时总动员需要。

日本对台湾长达半个世纪的殖民全权主义统治，对以后台湾的政治发

---

① 苏嘉宏：《我们都是外省人——大陆移民渡海来台四百年》，台北东华书局 2008 年版，第 77 页。

② 戴宝村：《台湾政治史》，台北五南图书出版公司 2006 年版，第 204—210 页。

展也留下一些制度性遗产。1921年，台湾设立总督府评议会，并吸收9名有声望的台湾人当议员。1935年，台湾总督府发布地方自治改革法令，开放市、街、庄议会一般的议席，由具有资格的男性公民选举产生。这种怀柔和同化的政策，能够使日本人在对政治保持绝对控制的同时，有限度地开放地方自治，在垄断上层政治空间的同时，也吸纳少量的台湾人，以巩固其殖民统治的社会基础。此外，还有政治与经济相对分离的关系结构，在保持一个绝对权威的政治体制的同时，允许经济活动有一定的自主活动空间；在保持国家政权在经济活动中的主导和决定性作用的同时，允许民间资本有一定的发展和成长空间。[①] 这些都奠定了台湾后来国民党统治时期政治经济架构以及地方自治等制度的制度渊源和制度要素。

三　民族分裂下的多党冲突

第二次世界大战结束后，日本的战败和投降，骤然裂解了大日本帝国的殖民体系，台湾地区也因此摆脱了日本帝国的殖民侵略和占领，有望在和平统一的环境中开始新的现代化建设，但美好的愿望瞬刻幻灭。

由于各自国内政治力量的斗争及美苏两大国的冷战介入，台湾地区很快就被拖入地缘政治上的冷战与冲突中，并最终导致了统一民族国家的分裂和对立。从此，台湾进入美国主导的反共产主义同盟和战略格局中，在美国的决定性影响之下，各自开始了民族国家分裂下分断性政府之内的现代化进程。

对于"民族国家分裂下的多党冲突"这一阶段性主题，台湾在战后初期，也许并不适合这一论断。因为在"二战"之前，台湾是被日本殖民占领和控制，和祖国大陆的政治发展处于分立和隔离的状态之下。1945年台湾光复之后，国民党政权接管台湾政治管理，台湾才和大陆的国民党政权的政治架构逐渐接轨，并最终处于国民党的绝对统治之下。

故我们对蒋介石绝对威权体制在台湾建立之前的政治发展稍作梳理，

[①] 孙代尧：《台湾威权体制及其转型研究》，中国社会科学出版社2003年版，第45—47页。

以此说明国民党政权移居台湾之前的政治结构特点。

近代中国最早的政党组织，是孙中山先生1894年在檀香山创立的兴中会。1905年，兴中会联合华兴会、光复会等革命性组织，组建中国同盟会，同盟会便具有近代革命政党的初步形态。经辛亥革命后，国体变更，帝制终结，民国初开，政治自由剧增，政治组织和政党纷纷涌现，至1913年仅政治类的党团即达312个。1912年8月，中国同盟会联合其他五党组建新党，定名为国民党，"取共和之制，国民为国之主体"之意，一个有着"共和民主"之美好寓意的现代政党走上中国的历史舞台。

但中华帝制的强制性结束，并不意味着急促建构的多党民主就能自然平稳、顺利运行。在经济结构、社会基础和民众意识并发生多大改变的贫瘠国土上，特别是在有着2000多年帝王专制政治传统的东方大国，突然人为架构的西方式多党政治的民主宪政体系，根本没有多少能够保证其运行的客观和主观条件。徒具形式的宪政民主体系，很难经受得起政客和军阀权力欲望的无休止腐蚀，多党纷争的政治架构很快为军阀们的武力所戕害，多党议会民主变为徒有其表，成为军阀武夫们随意捏弄的骗人把戏。袁世凯恢复帝制的历史闹剧成为笑柄以后，政治权力的争夺成为军阀们武装实力竞赛的祭品，多党民主政治名存实亡。

古老的中华大地又一次面临"再次革命"的要求，消灭割据、统一中国，成为国民党组织的紧迫政治任务，集权和领袖独裁的体制要求也就在所难免，在武装消灭军阀、建立集中统一中央政权的过程中，以蒋介石为首的国民党集权型威权体制得以逐步建立。日本帝国的侵略战争更是打破了中国政治发展的内在进程，中华民族的生死存亡成为所有政党和政治力量必须面对的时代主题。中国共产党和国民党，经过长期的理念和实力的较量，国民党由于其内部的分裂、腐败和无能，而走向政权恶化、崩溃，无可奈何地败退台湾。① 台湾的政治发展也从此对接到国民党政权的威权统治架构之下，并开始了国民党政权直接领导下的现代化艰难进程。

在台湾地区，1945年日本投降、台湾光复之后，台湾人民欢欣鼓舞，奔走相告，以"大旱望云霓"的切盼心情，迎接祖国政府的到来。而以

---

① ［美］易劳逸：《毁灭的种子》，王建朗等译，江苏人民出版社2010年版，第201页。

蒋介石亲信陈仪为行政长官的国民党政权接管台湾后,行政长官集行政、立法、司法三权于一身,并身兼台湾省警备总司令。拥有如此几乎不受限制权力的陈仪,比之于殖民时期时代的日本总督,其权力也有过之而无不及,从而把对殖民地机构和日本资产的接受,完全变成了"劫收"。在把日本人的财产和企业变成国民党的"党营"和"公营"的同时,行政机构也完全排斥台湾人的参与,1946年,陈仪政府里从特任到简任的445名高级公务员中,台籍人士仅为36人,占8.1%。[1] 而在行政长官以下各处长、副处长中,外省人占领20人,台籍人士只有1个副处长。[2] 这自然让台湾本土精英丧失主体感觉,感到仕途受挫而大失所望。

　　而更为艰难的是民众的生活,因为光复后,随着海外归侨、复转军人和国民党军政人员的突然剧增,突然有近200多万人口涌进了台湾地区,致使当时失业人口甚至高达50万人。在米价高涨、普遍失业、社会不公的持续压力下,政府腐败和军警蛮横的行径更是深化了社会矛盾。在此官民关系紧张之际,发生了震惊全岛的"二二八事件",事因1947年2月27日,专卖局缉私人员在台北市缉查私烟时,与一女烟贩林江迈发生冲突并伤及妇人,民众愤恨缉私人员蛮横粗暴而引发抗议冲突,在军民冲突中市民陈文溪中弹身亡。2月28日,台北市民聚集在台湾省行政长官公署前举行抗议,又遭到军警武力粗暴镇压。最终引发波及全岛各个阶层普遍参与的抗议浪潮。3月8日,国民党援军在基隆和高雄登陆,开始全面从南到北的扫荡和镇压,人员伤亡大增,至12日局势才渐趋稳定。4月,蒋介石撤废行政长官公署,改设台湾省,并调离陈仪。

　　事后根据人口统计研究,台湾全岛在"二二八事件"中,死亡者人数最保守的计算应有18000至28000之间。其中除了社会各界领袖外,更多的是无辜民众。另一方面,台湾本土各界精英经过此次"镇压"事件,发生了空前绝后的断层。如台湾省参议会30名议员中,有11位被捕,其中有6位被杀;台北市参议会26位参议员中,有19位被政府列为与"反抗"有关,其中4位被杀,7位被监禁。在县市参议员层面,全省有将近

---

[1] 陈鸣钟、陈兴唐主编:《台湾光复和光复后五年省情》上册,南京出版社1989年版,第268页。

[2] 黄俊杰:《台湾意识和台湾文化》,台北正中书局2000年版,第27页。

七成的议员在反抗事件后退出政权,而剩下的三成中继续连任的只有总数的两成,因此,全岛有八成的地方精英由此从台湾的政治领域中消失了。①

经过"二二八事件","台湾人"与"外省人"的省籍矛盾开始凸显,成为长期发酵的"悲情"元素,并一直发酵作用于台湾的政治发展中,直到台湾民主化的转型与巩固时期还被作为族群议题加以发挥,这成为1949年退台的国民党政权必须面对的最直接的内部危机。

面对一个充满敌意的大多数本土基本民众,一个外来的落败的军政政权,人数和心理的劣势地位,使其施政方式处于十分尴尬的境地:"它既要实行紧密的权威控制,以保障最后一个安身立命的据点,又不得不惠予本地人民一定的经济上和政治上的利益,以培植政治稳定和政权的合法性基础,或起码也要换取他们对政权的最低限度的认同。"②

这种困境与矛盾,便是直到台湾民主化之前一直困扰国民党政权的深层次基本问题,由此也决定了介于多元民主制和独裁极权制之间的,既能保持稳定秩序、又能激励活力发展的"发展型威权体制",也许是一种合理而现实的现代化推进的制度选择。

四 军政主导下的权威发展体制

在国际冷战格局的牵制和国内经济发展压力的双重困境中,东亚一些国家和地区,经过了多党冲突、政局不稳的民主初试期以后,具有强烈国家发展使命的军人集团上台执掌政权。

台湾地区的现代化发展,也因此由多党竞争体制走向了军政主导的威权发展体制。军政集团主导立法和决策,强制行政高效执行,限制政党和政治活动,审查社会组织和舆论,保证军政对整个社会的渗透和控制。这一时期,民主宪政的政治架构受到了极大削弱或被"虚置","经济发展第一"成为军人政权的行动指针,程度不同的政府主导下的"发展型社

---

① 戴宝村:《台湾政治史》,台北五南图书出版公司2006年版,第278—281页。
② 孙代尧:《台湾威权体制及其转型研究》,中国社会科学出版社2003年版,第51—52页。

会"成为常态。从现代化实现的全过程来看,"军政威权发展"也从历史发展逻辑上具有了一定的现代化发展阶段的合理性。

在军人集团的战略性发展和强力推动下,东亚的国家和地区在20世纪60年代到70年代相继实现了高速的经济社会发展,人民的生存环境和生活质量有了极大的改善。伴随工业化、城市化推动的现代化发展,这些国家和地区的社会结构分层分化,经济政治利益日益多样化,中产阶级和公民社会日益壮大,一个开放而多元的现代化社会已经形成,这就为在20世纪80年代以后的民主化转型,奠定了雄厚的社会基础和民意条件。

1949年国民党政权在兵败退守台湾之后,国民党整个的党政军系统和大陆时期的民主宪政架构"移师"于此。在这个"无地可退"的孤岛,蒋介石及其国民党集团,逐步建立起一套"党国一体"的威权发展体制,并以此发展型体制推动了台湾岛内深刻的经济社会变迁。

1949年5月19日,台湾警备司令部发布《台湾戒严令》,宣布从翌日起台湾全省实施戒严令,戒严时期禁止罢工、禁止散布非法言论、禁止党外人士进行组党活动,如有违反规定者,将以军法惩处。

从此,台湾进入长达38年的戒严年代。1950年1月,台湾"行政院"颁布了"反共保民总体战略纲要",3月,台湾"立法院"又以法律形式通过决议,宣布在台湾实行戒严。4月,"立法院"修订"惩处叛乱条例",扩大惩处范围,加重惩处标准,扩大军警宪特的权力。6月,蒋介石下令颁布"戡乱时期检肃匪谍条例"。[①] 通过以上戒严和惩处的法律和条例,国民党政权以军事强制和暴力镇压为基础的党国威权体制的法律框架基本形成,蒋介石父子可以依此法律特权行使几乎不受制约的威权独断的权力。

同时,蒋介石在败退台湾前后,"痛定思痛",决心对国民党组织实行彻底"改造",以加强以蒋介石为核心的国民党组织对军队、政府的绝对领导。从1949年7月,国民党中常会讨论《本党改造案》开始,到1950年7月,蒋介石召集中常会临时会议通过《本党改造案》,再到1952年10月国民党第七次全国代表大会的召开,经过改组国民党中央、吸取新党员和加强培训等一系列改造运动的实施,蒋介石重组和健全了国民党

---

① 茅家琦、徐梁伯、马振犊、严安林等:《中国国民党史》(下),鹭江出版社2009年版,第544页。

的组织体系，并确立了"民主集权制"的组织原则。同时，清除了国民党党内长期存在的派系倾轧，重新确立了蒋介石在国民党内的最高权威地位。经过建立"戒严体制"和"国民党改造运动"，蒋介石及其国民党集团实现了在大陆时期难以企及的绝对统治地位和威权独断能力，这为其后在台湾推动一系列"威权发展"措施和蒋经国接班政权奠定了牢靠的权威基础。

但国民党政权在台湾却始终存在着"宪政体制"上的困境。蒋介石在退守台湾之后，为了显示和保持其政权的"正统"地位和"名号"，宣示"宪法体制绝不改变"。但"中华民国"政权的"中央民意代表机构"：国民大会、立法院、监察院，都是根据1947年在大陆公布的《中华民国宪法》选出的。在败退台湾时，很多民意代表滞留大陆或海外，到达台湾的国民大会代表还未及半数。其合法性当然受到质疑，同时也面临着任期将到的问题。还有，在"中华民国"行宪初始，即遭逢国、共两党领导的国内战争，1948年国民党政府随即制定了《动员戡乱时期临时条款》，作为宪法的一部分，以应对战争时期的危机形势。国民党政权迁台后，一直处于戒严体制下"行宪与戡乱不悖"而不得的困境之中①。

无奈之下，1953年国民党政权作出"解释"：各种"中央"民意代表机构的代表，直到第二届代表依法选出之前，继续行使职权。之后，"中央"民意代表机构又面临代表老化和台籍代表过少等问题，迫使国民党政权进行了"中央"民意代表的"增选"和"补选"，于1969年、1972年、1975年、1980年进行了四次投票选举，四次共选出404名代表，其中"国民大会代表"144名，"立法委员"211名，"监察委员"49名。② 通过这些"增选"和"补选"的临时性措施，实现了"中央"民意代表对台籍人士的有限开放，名义上延续了1949年之前中华民国的"宪政"体制，暂时缓解了国民党政权政治困境中的合法性压力。

蒋介石政权在严格控制台湾地方中央政权并实行"一党领政"的党国体制的同时，为了稳固"外迁"政权的本土化基础，同时又利用地方

---

① 周育仁、谢文煌主编：《台湾民主化的经验与意涵》，台北五南图书出版股份有限公司2011年版，第20页。

② 茅家琦、徐梁伯、马振犊、严安林等：《中国国民党史》（下），鹭江出版社2009年版，第674页。

势力加强对地方生活的控制和管理,不得不尊崇台湾地方自治的制度传统,实行县市地方自治和地方选举。从1950年4月开始实施"台湾省市县实施地方自治纲要",到1983年为止,已进行的各种地方公职人员选举,共计有"省议员"选举8次,"县市议员"选举10次,"县市长"选举9次,"乡镇县辖市长"选举9次,"乡镇县辖市民代表"选举10次,"村里长"选举10次。① 实施这些地方选举,国民党政权有效吸纳了台湾本土精英进入党国威权体制,通过地方精英实现了对地方社会的全面控制,国民党政权建立了"党内精英——地方精英——地方选民"的"二重侍从体制",实现了从人才、到组织和资源等方面对社会的完全掌控。② 但从民主化演进的长远视角来看,这些地方自治选举,为地方精英在"二二八"事件后的高压社会氛围中,参与威权政治提供了唯一渠道,也一直是"党外人士"开展社会动员活动的重要舞台和渠道。地方选举活动也因此成为"党外人士"成长锻炼,并逐步冲破威权体制的制度缝隙和突破口。

以蒋介石为核心和最高权威的国民党组织的强固,通过"一党领政"和"以党领军"的党国体制,同时通过国民党组织控制的"青年工作会"、妇女工作会、社会工作会等外围组织系统,实现了对社会团体和基本民众的有效控制,"威权独裁"的发展体制得以建立并有效运转。1953—1960年间,台湾经济基本实现了进口替代,工业化和现代化开始起步,20世纪60年代以后,台湾经济进入高速发展时期,1961年到1972年,台湾GNP年均增长14.7%,开始进入新兴工业化发展行列。③ 国民党政权在台湾现代化发展和民生改善的进步中,依靠政绩合法性替代法理合法性,使其威权体制的合法性基础也得以持续补充和维系。

然而,在蒋介石威权发展体制看似稳固牢靠的控制下,也一直潜藏着反抗国民党政权的有限力量,这股异议和反抗的势力随着台湾社会经济的发展也日益壮大并组织化。"二二八"事件中的大规模血腥镇压,使反抗国民党政权的本土化力量趋于失声。之后,只有1949年发行的以胡适和雷震为核心的《自由中国》杂志,成为体制内对国民党政权提出异议的

---

① 茅家琦、徐梁伯、马振犊、严安林等:《中国国民党史》(下),鹭江出版社2009年版,第667页。
② 戴宝村:《台湾政治史》,台北五南图书出版公司2006年版,第292页。
③ 李非:《台湾经济发展通论》,九州出版社2004年版,第86页。

仅有阵地。但《自由中国》一系列对"党国体制"和"党化教育"的无情批评，受到了专制政权的严厉打压。1954年，雷震被开除国民党党籍。1960年以《自由中国》杂志为核心组建"中国民主党"的行动，使蒋介石为之大怒，雷震和杂志主编傅正等人以涉嫌叛乱的罪名被捕入狱。组建"反对党"的行动，在台湾从此隐匿了20多年。

台湾在威权发展体制下，经过60年代经济的高速发展，台湾社会的经济多元化和利益多元化格局日益形成，以私有中小企业为基础和后盾的本土势力，与以党营、国有企业为支持的"军、公、教"势力形成了愈演愈烈的对立格局。本土企业也为抗议国民党政权的"党外"运动，不断地提供了资金和人才等方面的支持。加之1971年，台湾国民党政权被逐出联合国而中华人民共和国恢复联合国合法权利，以及1972年中美《上海公报》的发表，都使国民党政权在台湾的合法性和国际地位受到了极大冲击，也给抗议国民党的"党外"人士以极大鼓舞。

而台湾的"党外势力"，就是在地方自治选举中逐步得以锻炼并成长起来的。1954年的"台北市长"选举中，非国民党籍的高玉树击败国民党候选人而成功当选。1957年，非国民党籍的黄顺兴以农会小职员的身份当选"台东县议员"，并于1964年当选"台东县长"。但这一时期的"党外人士"还是单枪匹马，对国民党政权而言，并没有遭遇组织化的反对力量。

其后，以发行杂志为组织手段，党外势力得以组织化的发展壮大。1968年由国民党创办的《大学》杂志，聚集了一大批知识界和企业界的青年才俊，并逐渐由党内走向了"党外"。1972年，康宁祥、黄信介等五名党外人士当选"增额立法委员"，黄天福、张春男当选"国大代表"，党外人士介入"中央"层面的政治活动。1975年纯粹党外杂志《台湾政论》创刊，并由当时党外"增额立法委员"黄信介担任发行人，康宁祥任社长，通过这一"杂志平台"，党外势力对国民党专制政权的批评更加激烈。1977年11月，台湾举行五项地方公职选举，康宁祥、黄信介等党外人士奔走串联、协调助选。而此时，许信良退出国民党，以党外身份竞选桃园县县长获得成功。同时党外势力获得30%以上的选民支持，共获得20个县市长中的4个，77个省议员中的21席和6个台北市议会的议席，党外势力受到极大鼓舞。

1978年，康宁祥、黄信介等党外人士借助《台湾政论》的宣传力量，再次当选"增额立法委员"。1978年9月,党外人士决定成立"台湾党外人士助选团",11月,成立全省党外助选团总部,党外势力组织化和统一化进程加快。1979年8月,由黄信介任发行人、许信良任社长的《美丽岛》杂志创刊,以发行杂志为纽带,《美丽岛》在全省建立了21个县市杂志服务社,它实质上具有了一个政党的雏形,成为一个"还没有党名的党"。12月10日,以《美丽岛》杂志的组织系统为联系纽带,党外势力在高雄举办"世界人权纪念日"的集会游行,在与警察的冲突中遭到镇压。[①] 在此次"美丽岛事件"中,党外势力及其民众支持基础得以有效展示,但在其后党外势力的主要人物纷纷被捕入狱,党外势力遭到重创。

在遭到暂时沉寂后,党外势力再度兴起,1983年4月,为了筹划"增额立法委员"选举,党外势力决定成立"党外人士竞选后援会",其后,党外势力内部也发生分裂,"新生代"力量在9月成立"党外编辑作家联谊会"。1984年,《新潮流》杂志创刊,同年,党外公职人员公共政策研究会成立。1985年,党外公职人员公共政策研究会与党外编辑作家联谊会共同组织"1985年党外选举后援会"。1986年党外势力得知国民党当局准备开放党禁,便开始积极筹划组党活动,1986年9月28日,党外选举后援会在台北举行候选人推荐大会,会中突然宣布成立新党——民主进步党。

直接挑战国民党威权地位的反对党的成立,以蒋经国为首的国民党政权已被历史逼到一个痛苦选择的十字路口:是坚持旧的统治体制,绝不向反对势力妥协;还是顺应时代潮流,开放政权,走向民主化道路?[②] 何去何从?对台湾未来政治发展走向和民主化前途具有十分重大的意义。

其实,早在1985年2月,蒋经国就"决心在今后一两年内推动全面民主改革",经过1986年3月国民党十二届三中全会的正式启动,蒋经国推动的"政治改革"已经起程。面对民进党成立后造成的冲击和国民党内保守势力的压力,蒋经国主动压制住保守势力要求"镇压"的呼吁,继续推进台湾的民主化改革进程。

---

① 李振广:《当代台湾政治文化转型探源》,中国经济出版社2010年版,第132—137页。
② 茅家琦、徐梁伯、马振犊、严安林等:《中国国民党史》(下),鹭江出版社2009年版,第767页。

1987年7月1日，蒋经国宣布自7月15日起解严，实行了38年的戒严体制宣布结束。1987年12月1日，台湾新闻局宣布，自1988年1月1日起，解除报禁，言论自由得以重现。1988年1月13日，蒋经国病逝，李登辉继任总统。1989年1月，"动员戡乱时期人民团体法"得以通过，党禁正式解严，各政治团体均可自由成立和自由活动。

五　权威转移中的多党轮替

台湾地区出现的民主转型过程，更多地带有亨廷顿所说的"移转"类型特征：在威权移转和向民主转型的过程中，民主化进程是由政府和反对派采取协商妥协行动而推进的。在政府和执政党内部，保守派和改革派的平衡使政府愿意就改变政权体制进行谈判，这与"置换"进程中推翻威权政权不同。在移转过程中，政府中的改革派不愿主动地改变政权，它常常被推入和拖入与反对派的正式或非正式的谈判中来。在反对派中间，民主的温和派强大到足以压过反民主的激进派，但他们还没有强大到足以推翻执政党和政府。因此，谈判和妥协，对于执政党和反对党来说都是可以接受的"代价"较小的理性选择，民主转型在威权移转和改良中，比较平稳地过渡到多党民主的宪政体制。

之所以在台湾地区出现较为平稳的"移转"转型，可以说是二者现代化发展到一定阶段后出现的"综合性政治结果"。经过20世纪60—70年代经济的高速发展之后，台湾的经济和社会结构已发生了历史性的深刻变化。多元化的社会结构日益呈现，多元化的利益要求日益高涨，中产阶级逐渐壮大并成为社会的主体，民众的自由民主意识日益觉醒，这就为要求多元民主的反对派的动员组织活动提供了社会基础和民意支持。以反对派和反对党为组织核心的全民性民主化运动，对军政威权体制提出了强有力的冲击和挑战。在反对派的民主化冲击和美国的民主化要求下，军政威权执政当局已经很难对大批民众参与的示威游行进行"代价高昂"的血腥镇压。理性而现实的选择只能是执政党与反对党联手的协商妥协，走"改良式"威权"移转"道路，这样既满足了反对派和民众的民主化要求，又能使威权执政党"合法"移转并有机会继续执政。韩国和台湾的"移转"转型，使二者的"形式上的民主宪政、实质上的威权独断"体制逐渐迈向"形式上的民主宪政、实质上的多党轮替"体制。民主化转型之后，台湾的民主化进程虽然还会经历不少的混乱和挫折，但现代国家的民主宪政架构由此建立，并迈上了走向民主巩固的正道。

台湾的民主转型同样呈现出了"移转"的过程特点，在执政党与反对派的互动博弈中平稳渐变地推动转型，只不过在这一过程中，由于执政党的更加自觉和主动，从而更为有效地掌控着转型的议题和进程，因而转型过程更为平顺和稳妥，付出的社会成本和政治成本也因此更少。台湾的民主转型过程，民主化议题与政权本土化议题相互勾连、互为因果，从早期的反抗国民党独裁的民主运动，到台湾的"住民自觉"和"台湾意识"的兴起，再到政权的本土化转移，民主化与本土化交织在一起，相互激荡。但同样围绕着执政党与反对派权力博弈的中轴而展开和推进。

第一，国民党的主动主导。在从1986年左右国民党开启"政治革新"，至2000年政权更替时初步完成民主化转型的整个转型过程中，执政的国民党出于维护自身政权稳固的紧迫需要和顺应民主化潮流的历史自觉，一直主动地顺应和主导着整个民主转型的过程，而对反对派并没有采取强制性镇压和抵抗的对策，这是台湾整个转型过程平稳顺利的根本性前提和政治保障。蒋经国晚年主政国民党政权时，由于他在国民党政权中的党、政、军中都有牢固的威权基础，使他能够凭借自己的威权极力推动"政治革新"和"开放参与"。当然，这更多的是为了在台湾国际地位和国内社会结构发生了深刻变化的压力下，通过开放政权，吸收本土势力，壮大国民党政权的本土基础，维系国民党政权在台湾的合法性和持久统治。所以，当1986年"党外"势力急促成立民进党时，蒋经国极力压制住国民党内要求镇压和取缔的保守势力，主张对民进党的成立采取"容忍"政策，并快速推动了解除"戒严体制"和解除"党禁"和"报禁"的进程。但1988年李登辉主政国民党政权后，由于他在国民党政权的党、政、军中并没有建立起自己的牢固权力基础，各方面都有牵制而处于"弱王"地位。李登辉反身过来，积极主动地主导民主化过程，以期利用民主力量和本土化势力来巩固和加强自己的政治地位。李登辉通过主导政治转型过程，一是可以有效地"借外力"来排挤和打压国民党内的"非主流"反对派，用"体制外"的民进党和民众的势力来巩固自己的个人权力；二是可以树立自己台湾"民主化推手"的正面形象，来为自己在未来的多党民主竞争中赢得更多的政治资本。所以从1991年至2000年期间，李登辉"借力"民进党和台湾民众的民主化要求和压力，主导了六次"修宪"活动，实现了台湾从威权体制到多党竞争体制的结构性制度转型。① 在1996年的第一次"总统"直选中，李登辉成为第一个民选的"总统"。国民党对民主转型的主动和主导，在不同的转型阶段可能出于不同的个人目的和政权要求，但客观效果上都自觉不自觉地推动了台湾政权的民主化和本土化进程。

第二，"党外势力"的强力推动。1986年民进党的成立没有受到国民党当局的镇压，意味着台湾政治转型的"缺口"已经打开。随着其后"党禁"的解除，民进党的"身份"也从"地下非法"的"党外"势力，摇身变为公开合法的反对党。民进党依靠其"本土化"的政党身份，高举"民主化"的大旗，借助于体制外的"街头抗议"和体制内的"议题"倡议，一直强力推动着台湾民主转型的进程和议题。从1986年到1996年，由民进党首先提出并强力推动，而后由国民党实现和执行的"政治议题"就有：解除《戒严法》、国会全面直选、省长及直辖市长选举、允许海外异议分子回归、废除1948年的临时条款、总统直选。如1986年5月19日民进党提出"解除《戒严法》"，而后由国民党在1987年7月15日执行；1989年12月25日，民进党提出"总统直选"，而后由国民党在1996年3月23日执行。② 同时，民进党在1986年至2000年间，在历次的"民代"选举中都稳获30%左右的选票，在"民代"机构中的民进党代表，在议题和议程中都对整个议案的最终结果起着重大的推动作用。民进党从体制外到体制内的强力推动，是国民党威权体制转型的一个强大推力。

第三，执政党与反对党的策略互动。国民党出于扩大政权基础和巩固政权合法性的目的，主动开放"党禁"并在具体的制度转型中与反对党妥协合作，"合作"而不是"镇压"就为执政党与反对党的策略互动提供了基础。而民进党作为从体制外成长起来的反对党，在取得合法政党资格

---

① 关于李登辉任内的六次"修宪"活动的主要内容，可参见孙云《台湾政治生态的变化与两岸关系》，厦门大学出版社2009年版，第67—69页；周育仁、谢文煌主编《台湾民主化的经验与意涵》，台北五南图书出版股份有限公司2011年版，第29—38页。

② 戴宝村：《台湾政治史》，台北五南图书出版公司2006年版，第343页。

后，也进行了战略调整，放弃了以街头抗议为主的抗争路线，转而进行以竞取选票、夺得政权为主的选举路线。执政党与反对党沟通协商的策略互动，是整个转型过程保持平稳和顺利的重要机制性条件。早在1986年5月，蒋经国在"政治革新"启动后不久，即请"中间人"安排让国民党与党外人士餐叙沟通，开启了朝野首度公开正式对话的先例。据笔者对台湾大学教授陈明通的访谈，民进党成立前后，国民党一直保持着与党外人士的沟通渠道，蒋经国及国民党政权对民进党成立的态度，党外人士也一直在掌握之中。① 在李登辉1988年主政国民党政权后，更是"借力"反对党和民众的压力，巩固自己在国民党内的"弱王"地位。在李登辉的主导下，执政党与反对党的策略互动更为直接和有效。国民党本土派甚至与民进党在重要改革议题上暗通款曲，合作互利，打击了新党、亲民党等新生的"蓝营"政党。例如1990年"国是会议"的召开、1997年的"冻省案"以及2005年的"修宪"，都是李登辉领导下的国民党与民进党两党联手推动的。② 执政党与反对党的策略互动和协商妥协，是台湾的民主转型具有平稳渐进和"低社会成本"的根本保障。由此，民进党由体制外街头抗议型政党转变为体制内选举取向的政党。

第四，以美国为首的国际社会的民主化压力。"二战"后，美国一直是左右台湾国民党政权生存和维系的重要国际因素，20世纪50年代美国为维系国民党政权在台湾的稳定，提供了大量的"金援"和"军援"。在70年代以前，美国支持台湾政权，是把其作为反对共产主义势力的前哨。70年代初，中美关系的缓和，特别是台湾当局"退出联大"，中华人民共和国在联合国地位的恢复，给国民党当局造成重大的"合法性"危机。80年代后，菲律宾、韩国的民主化运动，更是给国民党政权以极大的震撼。美国此时也认为，亲美反共的"民主政权"比"独裁政权"更有利于美国在东亚的战略利益。1985年7月，美国参众两院联席会议通过了"台湾民主修正案"，认为充分民主为台湾和平前途之要件，"台湾若能朝更民主的方向前进，将有助于美国民众对台湾道义与法律上的支持"③。台湾对美国在国际上的长期依赖地位，决定了美国对台湾民主化的直接施

---

① 东亚政治转型课题组：《陈明通先生访谈录》，2009年5月5日。
② 郑振清：《台湾：本土化推进民主转型》，内部交流稿，2011年5月。
③ 赵勇：《台湾政治转型与分离倾向》，中央编译局出版社2008年版，第39页。

压，构成台湾民主化动力机制中重要的外在动力。

在台湾的民主转型中，一直交织着民主化与本土化两个主题，两蒋时代推动政权本土化，是为了扩大国民党政权的本土基础，维系政权的合法性认同，这一时期的本土化也一直处于国民党的主导控制之下，其范围维系在"一个中国"的架构下。而李登辉利用本土化，完全是为了借助本土力量，打压国民党内的反对派势力，巩固其个人的权威根基。本土出身的民进党，更是和本土因素有着天然的联系和纽带，本土化因素也一直是民进党的势力之根和选票之源，更是其"台独"理念的社会基础。所以说，在台湾的民主化进程之中，各派政治势力都在"借力"于本土化力量，虽然各自出于不同的理念和目的，但在根本上都是一样，都是服务于其"权力占有和巩固"的根本宗旨。这便使台湾的民主转型中有了更为复杂的影响变量，也使台湾的民主化和本土化互为因果，相互推进。

可以说，1986年民进党的成立，标志着台湾民主转型之门悄然开启，经过其后一系列国民党主导的"修宪"而促成制度性变革。1996年的总统直选，是民主转型的初步完成。2000年的总统大选，由于李登辉对宋楚瑜的打压，导致国民党分裂，连战和宋楚瑜"分割"了"蓝营"支持者的选票。而民进党的陈水扁"渔翁得利"，夺得总统大位。台湾政权实现了第一次和平交接，标志着台湾民主转型的完成。2004年，陈水扁继任总统后，由于其治理无能和贪腐案件，2006年出现了施明德领导的百万"红衫军"的"倒扁"风潮。同时，配合这场"倒扁"运动，在野的国民党也发动了全台范围"罢扁"联署，并与亲民党联手在"立法院"三次推动罢免案。但遍及全岛的"乱而有序"的"倒扁"运动，并没有动摇和破坏"民主宪政"的基本架构，一切都是在法治的范围内进行的，说明了台湾朝野对民主宪政架构有了最基本的认同和维护。

下野后的国民党经过"脱胎换骨"式的整党运动，在2008年的"总统"大选中，重新赢得大选，马英九领导"浴火重生"后的国民党再次执掌政权。第二次政权的和平交接，标志着台湾民主巩固的初步实现，台湾的民主化进程迈入了一个新的历史阶段。2012年，马英九领导的国民党团队，再次赢得了执政的"总统"大权。就在这次选举中，不论是竞争中的国民党和民进党，还是选民中的"蓝"、"绿"支持者，都表现出了足够的耐心和素养，平和而理性地参加选举投票，平和而理性地接受选举结果，这表明台湾的民主进程已经迈上"常态化"成熟之路。

但是，交织着太多的历史遗绪和现实变量的台湾民主化进程，其未来的稳定运行和成长进步，还有赖执政党与反对党的理性沟通，有赖台湾公民社会的更加成熟，有赖海峡两岸中国人的和平合作。

附录二

民主化转型的结构性分析架构
—— 以东亚民主化转型为知识背景

民主是人类政治生活的理想，是人类主体自由的体现，是相对于公共权力独断的一种公共权力共享方式。民主化则是从公共权力独断状态转型到公共权力共享状态的转型，是一场深刻的政治革命和社会革命，非人类社会的自然演进所能达成，需要在一定社会基础之上的社会主体的抗争和争取，涉及复杂的社会客观条件和主观努力。从人类民主生成的历史，特别是东亚国家和地区民主化发生的进程来看，要对民主化转型过程进行深入了解和把握，至少涉及几个要素和过程。本文拟提出一个民主化转型的结构性分析架构，以期对民主化转型过程有一个准确和完整的了解，提供规律性的认识和借鉴。

一　结构与条件

民主化是在一定的历史条件和社会基础上发生的公共权力运作方式和公共生活方式的根本性变革，社会结构和社会条件制约着民主化发生的社会基础和社会空间，也影响着民主化过程的具体特征和民主生成后的具体形态。

社会结构：一定的生产方式和社会发育程度决定着一定的社会结构样态，社会结构是社会文明程度的反映，也决定着民主化转型时的社会资源分布状况和阶级阶层分化状况。社会结构不同说明社会发育程度和现代化程度不同，也说明民主化的初始社会基础和条件不同。如现代化理论所着重研究的经济体制、经济结构、产业结构、阶级阶层结构、工业化和城市化水平、教育水平、中产阶级状况、人均 GDP 和人均收入状况等。现代化理论通过统计资料发现的"经济发展水平与民主化存在正相关关系",只是统计数量上的"现象"相关,只是一种"可能性"说明,而无法说明经济发展通过什么样的机制和中介而促进了民主化转型和民主发生。民主化并非经济发展的自然产物,经济发展和社会发育,只是促成了社会结构的变化并为民主化的发生提供了一定的社会条件。

社会条件:是指与民主化转型过程相关的民主化运动中的相关主体可资利用的资源条件和制度条件,既包括民主化支持者的社会条件,也包括民主化反对者的社会条件。民主化转型非自然生成,也非权力独占者自觉让渡和推动。是在一定的社会结构基础上的民主化推动者和民主化反对者的实力较量和博弈过程。因为民主化意味着公共权力从独占到共享的转型,现有权力执掌者的主流如果坚决反对民主化,就意味着民主化进程更为艰难、曲折甚至延迟。因为掌权者掌握着更为庞大、雄厚的资源条件和制度条件,在民主化进程中更为主动和强势,掌权者有庞大的国有经济基础、有压倒性的暴力强制性力量,有现成的组织动员体系和制度平台。但民主化启动时,政权反对者或民主化推动者一定也具备了广泛的社会基础和社会条件,如广大的中小型私有经济的支持,庞大的中产阶级的拥护,自由民主理念先进者的大学生的参与,还有持续不断的工人、农民和学生参加的街头抗议运动。此外,在独裁或威权时期存在的局部和边缘化的民主机制,也为反对派提供了扩张民主空间和强化民主制度的制度条件和制度机会。如韩国在威权时期存在的议会选举,为反对人士当选国会议员并扩大政治影响提供了制度条件。

社会的资源条件和制度条件决定着民主化反对者和民主化推动者各自的实力和动员能力,也决定着对民主化运动进行镇压或容忍的成本和收益,当容忍成本小于镇压成本或镇压成本过于重大甚至根本无法镇压时,就是民主化运动开启之时。

二 主体与组织

社会结构和社会条件只是提供了民主化的基础和条件,只是民主化的一种"可能性",要把这种"可能性"转化为"现实性",非有人类主体的抗争和努力不可。民主化并非自然而然的社会变迁,更多的是人类主观努力的结果，这就涉及什么人和什么组织参与了民主化进程。

主体：是指民主化进程的参与者，既包括民主化的反对者、也包括民主化的促进者，还包括大量的民主化运动的旁观者而享有投票权的民主化成果享有者。

民主化的反对者，更多的来自现有权力独享的受益者和既得利益者，也包括民主意识未觉醒而担心自身生活受到影响的部分民众。权力独享的民主化反对者如果过于强大和强硬，民主化进程就可能难以起始或命运多舛。在其中具有强大威权、现有权力的最高执掌者对民主化的态度甚为重要，起初最高威权者也许对民主化心存疑虑，担心自身政权的崩溃，但在强大的民主化压力下，随着镇压成本的急剧加大，最高威权者也许会转变理念，压制住政权内部的保守派和强硬派，转而被迫支持或主导民主化进程。反对民主化的民众如果过于庞大或实力雄厚，就说明民主化的民众基础还没有成熟、民主化还没有民意基础，民主化也难以起始，即使民主制度急促建立也往往难以持续和巩固。

民主化的支持者，既包括现政权外部的民主化支持者，也包括现政权内部民主化的支持者。政权外部支持者，包括在现有威权体制下其自身的理念和利益无法得以完全满足的民众，更重要的是民主化运动的领袖和领导群体，他们或出于对民主的价值信念，或出于个人的政治抱负和利益，其民主的观念和行为直接影响着民主化运动的展开方式和进程，也影响着民主化民众运动的动员方式和组织方式。此外民主化领袖与政权内部民主化支持者的互动博弈、谈判妥协的方式和能力更对民主化进程有着直接的决定性影响。政权内部支持者，在民主化力量弱小之时，往往处于"蛰伏"状态，在民主化勃兴之时和民主化压力愈大之时，处于民主信念或个人政治利益，往往转变成民主化的支持者。政权内部民主化支持者的力量强弱，往往决定着政权对民主是镇压还是容忍的态度，最高威权者如果坚决支持民主化，民主化开明派如果战胜民主化保守派，现政权可能会主导民主化进程，其过程也可能更为顺畅和快速。

民主化的旁观者和民主权的享有者，旁观者的多少反映了民主化运动的民众基础和民意状况，也反映了民主意识和民主动员的水平和程度。如果绝大多数公民对民主化抱有"无所谓"的态度，民主化运动就难成气候。如果多数公民不分阶层、职业、收入、宗教和文化而纷纷踊跃加入到民主化运动的各种抗争运动之中去，威权体制的镇压成本就会急剧增加。

民主化的旁观者，在民主化开启之时也许无所影响，但在民主化转型之后，"搭便车"式的成为民主化后民主权利的享有者，在民主后第一次选举中和在其后民主的巩固中，旁观者的投票取向就能决定是执政党继续掌权还是反对党上台，民主化起初时的旁观者也许就成为民主化进程的被动或主动的参与者。

组织：组织是个体力量的整合体系和动员体系，对个体力量有放大和扩展效应。成员少而组织化程度高的小群体，往往在意志和利益实现方面胜过大而松散的群体。所以组织化程度和组织力量对民主化的支持者和反对者来说都是关键的决定因素，也是研究民主化进程必须关注的一个核心变量。

民主化支持者的组织体系往往有一个从小到大、从边沿到中心、从非法到合法、从高层到基层的发展壮大过程，组织体系完善状况和组织能力是其组织领导能力和动员民众能力的反映，其发展过程影响着民主化的议题和进程，也是民主化程度的标志。从初期的办报办杂志、健全学生民主组织，到后期的支持"党外"选举和组建反对党，再到推动"普选"和成为执政党，反映了民主力量成长的过程，也是政权内外民主化支持者组织协调和组织分化组合的过程。

民主化反对者的组织体系，由于往往是现有权力独享的受益者反对民主化，特别是现有政权的执掌者，反对者的组织体系往往是现成的、既有的，从高层到基层全面覆盖的，既和公共权力密切相关，也和公共资源密切勾连。但随着最高威权者的去世或下台，政权内部的组织体系往往在争夺权力中会发生撕裂和分裂，政权内部的非主流派也往往从原来的组织体系中分割出去，成立新的反对现政权的组织。这种分裂出去的组织，和体制外的反对派组织也许不同，但在反对现政权、削弱现政权方面是一致的。现有政权组织体系的分裂是现政权的大敌，从此，民主化反对者的组织体系也就会发生从强大到收缩、从强控制到弱控制、从执政党到在野党的变化过程。韩国的民主化运动中反对者和支持者双方组织体系的变化就是一个佐证。

主体因素决定着民主化参与者的数量和质量，组织因素决定着主体因素力量发挥的方式和程度，在高度现代化和组织化的社会生活中，组织因素对主体因素有着重大的放大和扩张效应。民主化的过程最终是主体因素和组织因素的博弈过程，组织体系对民主化双方主体因素、资源条件和制度条件的效用和实力较量更为根本和重要。

三 事件和过程

在一定的社会结构和社会条件下,民主化的主体通过其组织体系进行的互动博弈推动着民主化的进程,这其中发生各种各样的民主化事件和过程,民主化事件是民主化主体和组织力量的体现和较量,标志着民主化进程的关键环节和互动纽带,民主化事件的整体构成了民主化的过程,民主化过程展示了民主化的特征和民主化的规律。所以事件和过程是民主化研究的动态核心要素和变量。

事件:民主化事件标志着民主化进程的关键环节和转折点,研究民主化事件对民主化转型研究具有标志性意义。事件是民主化支持者、反对者、旁观者互动博弈的行动和活动,既包括民主化支持者发动的体制外的街头抗议、非法活动,也包括民主化支持者参加的体制内的选举活动和合法活动,还包括掌权者进行的镇压行为、妥协行为和政权内主动或被动进行的宪法和选举改革行为。其中绝大部分事件是民主化支持者和反对者实力较量和谈判妥协的过程。如台湾地区的民主化事件就包括1960年代的"雷震事件"、1977年的"中坜事件"、1979年的"美丽岛事件"、1986年的民进党成立、1987年的"解禁"、90年代的李登辉时代的一系列修宪活动、2000年的民进党上台执政、2008年国民党的重新执政等等。民主化事件标志着威权制度的瓦解和民主制度的健全,以及民主生活方式的逐步建构。

过程:民主化事件的连接和整体构成整个的民主化过程,过程中体现的各方力量互动和作用机制,以及威权制度的解构和民主制度的重建,体现着民主化过程的地域特征和发生机制。如掌权者主导的"变革"过程、反对派主导的"置换"过程、掌权者和反对派谈判妥协联合推动的"转移"过程,都体现了不同的民主化过程的机制和特征。民主化转型研究中最重要的是揭示转型的机制性特征和规律,以期对后进民主化国家提供经验和借鉴。如韩国的民主化过程表现出更多的街头抗争和暴力冲突的特征,折射出掌权者对民主化事件的应对态度和策略。而中国台湾的民主化过程更多通过"选举机制"和"政党互动"

来推动而很少暴力色彩。对民主化规律性的认识更多的是对民主化过程中所揭示的特征和通则的认识，涉及民主化各方的民主理念、民主战略和民主策略。

四　制度与生活方式

民主化转型涉及民主观念的普及、民主价值的认同，更为根本的是民主制度的建构和民主生活方式的实现。民主制度的建构标志着民主化转型的展开，民主生活方式的实现标志着民主的巩固和持续。

制度：民主化从根本的意义上是威权制度的解构和民主制度的建构，涉及制度过渡中的制度衔接和制度替换，防止"制度真空"和保证平稳过渡是一项复杂而重大的挑战。涉及从一党体制到多党竞争体制，从任命制或间接选举到直接普选，从禁止"结社"到结社组党自由，从媒体管制到新闻自由等制度的建立和完善。威权制度的和平退场和民主制度的有效运行是民主化转型成功与否的关键，这需要民主化各方力量在制度创新、制度替换和制度运作中足够的理性和耐心，需要对民主制度和法治原则的真诚尊重和切实践行，需要广大民众对民主法治的认同和支持，而这就必须有民主法治文化的养成和民主生活方式的达成。

生活方式：民主制度的建立对民主化转型具有标志性意义，但对民主化的成功更为根本的是民主生活方式的健全。要研究完整的民主化进程，不仅要研究标志性的"普选"和民主制度，还要研究基础性和长远性的民主观念的普及、民主文化的形成、公民素质的提升等民主生活方式的方面。当人们把民主价值视为"理所当然"，民主程序成为唯一获取和运作公共权力的方式，民主生活成为"自然习惯"的时候，就说明民主化转型真正完成，民主制度持续巩固，民主社会健全稳定。这需要足够的时间来完成对民主法治的文化转型和文化认同，需要民主法治之根深深地扎在本土文化传统和每一个公民的心中。

权力独断更符合人之本能，权力共享更需要人之理性。由于民主化转型是一项十分复杂、人们努力为之的政治革命和社会工程，"全景式"过程描述很难做到，也容易陷入"枝节"问题而难以把握"关键"。本文提出的"四对关系、八个要素"是研究民主化转型的一个结构性分析架构,是一种组织材料和揭示规律的方式。希望这一分析架构能对研究民主化转型,特别是东亚的民主化转型有所助益。

附录三

影响当代中国政治发展的民主思路

当代中国正经历着前所未有的广泛而深刻的现代化变革，政治现代化作为全面现代化的保证和应有内涵，也在扎实有序地推进。随着国门打开和全球化进程的深入，世界上的各种民主思潮和观点也被渐次介绍和传播到中国，精英主义民主、自由主义民主、多元主义民主、合作主义民主、参与民主、协商民主等都在不同的领域和层面影响着中国人的民主思维。现代化的中国，是全球化的中国，也是民主思潮大传播的中国。

各种民主思潮的传播，扩大了中国人的民主视野和知识，也对官方的马克思主义政治理论和民主观点构成了冲击和挑战，但问题的实质和关键依然是：如何扎实而有效地推进中国的政治发展和民主建设。中国民主何去何从？如何在保障中国现代化目标全面实现的进程中，切实而有效地推进中国的民主实践和进程，也就成为中国各界人士思考的中心主题和问题。这就涉及国外民主思潮的本土化问题，涉及对现行政治制度的认同和评价问题，也涉及民主的价值评估、民主的制度架构、民主的生发路径，以及民主的未来图景等一系列民主思想和中国现实相结合的问题。这激发了中国思想界的丰富想象和智力投入，不同的学者站在不同的立场、依据不同的视角、关联不同的现实、规划不同的蓝图，对中国的民主发展提出了各种各样的思路和观点，也对中国的民主实践产生着直接或间接的各种影响。以下就对海内外中国学者依照中国现代化的问题背景或隐含或明显地对中国民主发展的不同思路和观点加以评介，以期对影响当代中国民主发展的民主思路有一总体了解。

一 替代民主论

替代民主论认为，相对于中国的社会历史传统和客观现实条件，对于中国的政治发展来说，发展民主是危险的，甚至是有害的，中国的政治发展目标有着可以替代民主的另外选择，如"法治政体"、"仁政"等。其中以北京大学教授潘维和中国科学院研究员康晓光为代表，潘维的替代民主方案最为完整和典型，下面就以其说明替代民主论的逻辑和依据。

潘维首先承认，他对西方的"自由民主制"的成就深怀敬意，甚至认为这种民主与法治结合的体制，是人治加法治的制度，这种政体取得了秩序和自由的高度统一，代表了当今政治文明的最高成就。但他质疑民主作为一种"放之四海而皆准"的政治"真理"，质疑其行将终结世界政治文明的帝国主义宣传，质疑其在中国具体条件下的可行性，并提倡用一种开放而实用的政治思维取代民主迷信。[①]

潘维质疑自由民主制的所谓的"普世的价值"，那么他所质疑的"关于民主的神话"是什么？他认为，所有的政体都宣称自己目的高尚，但所有的政体都不过是手段，是组织政府的方法。现代民主制组织政府的方法，也即现代民主制指的是全体成年公民自由、定期地选举本国最高层领导人的制度。潘维承认他的民主定义和熊彼特的民主定义相通，[②] 其根本的特征和核心的机制就是竞争性选举，就是"多数决"。潘维逐一批判了这种民主制中许多人以为必然包括的价值和内容：现代民主制并不使人民享受政治平等和广泛参与决策，现代民主制并不导致言论、出版、结社和集会的自由，现代民主制并不意味着制衡，现代民主制也不制止腐败。而这一切都可以通过完善法治得以实现。潘维认为西方的民主制之所以成功稳定有赖于三大基石：第一是法治，第二是对强权政治合理性的认识，第三是多元利益集团均衡。[③]

---

① 潘维：《法治与"民主迷信"》，香港社会科学出版社有限公司2003年版，第5页。
② 同上书，第8页。熊彼特开创了最简洁的关于民主的程序性定义："民主方法是为了达到政治决定的一种制度上的安排，在这种安排中，某些人通过竞取人民选票而得到作出决定的权力。"熊彼特：《资本主义、社会主义和民主主义》，绛枫译，商务印书馆1979年版，第337页。
③ 潘维：《法治与"民主迷信"》，香港社会科学出版社有限公司2003年版，第23—24页。

潘维主张，政体设计的基本出发点是在一国具体的社会和经济文化条件中寻找秩序与自由的平衡。西方自由民主制稳固持久的三大基石并不存在于其他文明之中。中国的社会和经济条件并没有创造出法治传统，也没有导致关于强权政治的文化共识。中国社会既没有造就真正的大型社会利益集团，更谈不上大型社会集团之间的清晰利益分际。在这种条件下通过民主的方式挑动社会分裂是非常危险的。①

那么，中国社会的历史传统是什么？潘维认为，古代中国自商鞅变法始，即开创了漫长的"传统社会"，自给自足的小农经济是这种社会的经济基础，分化不明的小农家庭构成其社会基础，政治上则是皇帝率领文官系统伙同地方乡绅进行统治，拥有世俗和大一统的中央政权。这种世俗的"传统社会"与西方宗教的"封建社会"相比有非常不同的四大特点：一是拥有深厚的经济自由传统，二是拥有独特的政治公平，三是"德政"而非强权是政权生存的条件，四是道德原则而非具体的法律是权威的源泉。所以传统的中国成就了一种独特而又先进的政治文明，即以公平考试产生文官政府，以道德原则治理官吏和国家，以有限政府保证经济和社会自由。②

潘维认为，西方文明选择民主制，因为这种政体能保障社会集团的经济和政治自由，而中华文明适合选择法治，这是因为：第一，中国社会不是大型利益集团的温床。第二，中国人民并不热衷于把原来混沌的利益分际政治化，组成大型政治利益集团。第三，中国缺少的不是自由，而是关于自由竞争的公正环境和公平条件。因此，中国的政体改革问题不是要解决由谁掌握权力的问题，而是权力怎么被掌握的问题。不是要"换人做做看"，而是要由人治走向法治，用制度限制人的权力，用法的权威代替人的权威。③ 潘维相信，每一个伟大的文明都基于一个伟大的政治文明，中国的传统政制是中华古典文明的核心，中华文明复兴的希望在于确立一个植根于本土文明和本土条件的政体，解决大众面临的现实，以法治为导向的政体是中华政治文明的自然发展。

由以上历史依据和逻辑推演，潘维开出的替代民主的中国政治发展选

---

① 潘维：《法治与"民主迷信"》，香港社会科学出版社有限公司2003年版，第24页。
② 同上书，第25—26页。
③ 同上书，第34页。

择是"咨询型法治",它由六大支柱组成:一是中立的文官系统,二是自主的司法系统,三是独立的反贪机构,四是独立的审计系统,五是以全国和省人民代表大会为核心的广泛的社会咨询系统,六是受法律充分保护的言论、出版、集会和结社自由。潘维自信,对中国的执政党来说,选择"咨询型法治"较之选择民主制的可行性要高得多。这是因为:第一,以法治为导向的政治改革不会引发政治动荡,反而会使社会更稳定,因为法律与秩序的因果关系已久经历史考验。第二,咨询型法治与现行政体在结构上相差不远,现行政体为法治政体的建立提供了良好基础,无须发动社会革命,另起炉灶。第三,中国香港和新加坡的政体提供了在华人社会里建立咨询型法治的丰富经验,而且这两个政体已经取得了举世公认的成功。第四,以法治为导向的政治改革是解决腐败问题最直接、最有效的办法。而解决腐败问题,维护竞争的公平,乃是执政党在人民中继续享有声望的关键。第五,建设法治政体是中国现代化事业的天然组成部分和最后的任务,而推动中国的"现代化"是人民拥护执政党的历史原因。①

在现行的政治架构下,如何实施以法治为导向、以吏治为核心的政治改革?潘维也给出了较具体的规划:第一,宣布执政党的"中心工作"由经济建设转变为法治建设。第二,宣布分三个阶段进行,以法治为导向的二十年政治体制改革。在第一个五年,主要任务是实行十一届三中全会提出的"党政分开"原则,取消目前的"双行政"体制,实现共产党的"依法治国"。在第二个五年,主要任务是大幅度减少属非公务员系统的政务官,建立和完善制衡制度,让司法系统真正自主,反贪机构真正独立,审计系统真正中立,社会咨询系统的功能真正实现,目的是建立初级的"法律做主"的体制。在最后十年,主要任务是开放言论、出版、集会和结社自由,在实践中调整六大支柱的相互关系,提高咨询型法治政体的稳定性,使之成为一种成熟的现代政体。②

潘维最后认为,中华民族向何处去?未来留给政治体制改革的选择是有限的,让人民定期和自由地普选领导人明显是一种自杀式的选择,不仅

---

① 潘维:《法治与"民主迷信"》,香港社会科学出版社有限公司2003年版,第44页。
② 同上书,第46页。

会毁掉执政党，而且会毁掉中华文明复兴的希望。①

替代民主论，可以说是一种对中国政治现状和政治发展最具"现实主义"的认识和选择，但对于民主中国的前景来说则是最"悲观主义"的方案。由于一个社会的政治实践无法也无从进行大规模的"实验"，当权者更是不敢拿自己的政权命运当"赌注"。所以，替代民主论的社会历史证据是很有限的，从正面论据来看，替代民主论者引证最多的是中国香港和新加坡的优良法治实践，但从历史渊源不同、政治架构不同而且小规模的香港和新加坡政治实践，来论证共产党执政的大规模政治发展，其间的差异比其相似性更多更大，这是有待质疑和进一步探讨的。从负面论证来看，替代民主论者引证最多是南美、东南亚和非洲"新兴民主国家"民主化导致的政治动荡和社会混乱，而这些地区民主转型比较平稳和巩固的国家则不再提起。② 因此，对于替代民主论者来说，最为关键和具有挑战性的问题是，在中国现行的政治制度下，如何在没有民主发展的推进和保障的情况下，顺利过渡到"咨询型法治"政体或推行"仁政"的"合作主义国家"。③ 这就要求直面现行政治制度的现实和问题，而不仅是靠思想逻辑推演来解决。

其实，"民主"对于中国人民究竟是"福音"，还是一根搞垮中国的"绞索"，④ 这不仅仅是一个理论思辨问题，而且是现代化进程中的实践问题，取决于"民主"实践在整个现代化实现中的价值和功用，最终是要靠中国政治发展的实践推进，要靠中国执政党和人民的智慧和合作。

---

① 潘维：《法治与"民主迷信"》，香港社会科学出版社有限公司2003年版，第54页。潘维、玛雅主编：《人民共和国六十年与中国模式》，生活·读书·新知三联书店2010年版，第23页。

② 康晓光：《中国：改革时代的政治发展与政治稳定》，燕南，http//www.yannan.cn. 2004-07-13. 潘维：《法治与"民主迷信"》，香港社会科学出版社有限公司2003年版，第4页。

③ 康晓光认为：在中国，"民主化是祸国殃民的选择"，因为从经验事实看，民主从来就是少数人统治多数人，并不值得推崇。所以应该建立一个权力精英、资本精英和知识精英的"阶级分权"的"合作主义国家"，推行"仁政"。见康晓光《论合作主义国家》、《仁政：权威主义国家的合法性理论》。参见蔡定剑《民主是一种生活方式》，社会科学文献出版社2010年版，第13页。

④ 潘维、玛雅主编：《人民共和国六十年与中国模式》，生活·读书·新知三联书店2010年版，第380页。

二 直接民主论

直接民主论主张，公民作为国家的主人应该在广泛的领域和层次直接参与和管理自己的事务，而不必通过中介和代表。在当前中国的思想知识界中，主张直接民主论者，多为新左派人士，其中王绍光对直接民主思想有较为全面的论述和主张，下面就以王绍光的论述来展示直接民主论者的民主理想和逻辑脉络。

首先，对于民主的普遍价值，王绍光并不否认，虽然承认民主是个好东西，但不同的人对民主的理解十分不同，而他认为，真正的民主才是个好东西。那么，什么是真正的民主？那就是民主的本原含义，人民当家做主是真正的民主，因此，人们当家做主的民主是个好东西。①

由以上所定义的民主，会引来一系列需要讨论的问题：谁是人民？当谁的家？做什么主？怎么来当家做主？王绍光一一给予阐释：

谁是人民？理论上是指所有的人，所有的人在经济、社会、政治生活中都应该平等的参与、得到平等的代表、对决策有平等的影响。

当谁的家？当然是当自己的家，自己的事情自己来决定，人民应该在一切影响他们切身利益的领域里面当家做主。

做什么主？在自己的一切事务上做主，人民当家做主的领域应该既包括政治领域、也包括经济领域和社会领域。

怎么来当家做主？无非两种方式，一是直接民主，人民直接参与到决策中去。二是通过代表间接参与。②

直接民主论者，推崇和向往的是原始的、理想的民主理念，自然就集中火力于对间接民主批判。王绍光把以竞争性选举为特征的所谓民主制度，称之为"选主"，这是因为它的实质不是人民当家做主，而是由人民选出"主人"来。第一，从民主发展的历史渊源上讲，选举或者竞争性选举原本与民主没有任何关联，在19世纪之前，民主多是与抽签联系在一起的，抽签是挑选决策者的主要方式。第二，从目标上讲，民主在时间

---

① 王绍光：《祛魅与超越》，中信出版社2010年版，第214页。
② 同上书，第216—218页。

和空间上不对决策的范围进行限制，而选主在时间和空间上都进行了限制。第三，从过程上讲，选主的过程是非常容易被操控的，必然导致精英统治。第四，从结果上讲，精英统治说到底是一种不平等代表，不同的社会群体对决策影响大不相同，其最终结果是强化了精英阶层占主导的统治秩序。①

所以，无论是从历史渊源、立场、性质、目标、过程、结果和效果方面来说，直接民主都体现为一种无所限制、永远探索、平等参与、平等代表、平等影响的民主生活方式，每个人在影响自己福祉的领域里面，都有参与决策的权利。相比较而言，代议民主、自由民主、多元民主、宪政民主，都是用在民主前面加修饰词的方法来阉割民主、驯化民主，而这是有产阶级对抗民主的主要策略。王绍光认为，所谓的"代议"、"自由"、"多元"、"宪政"阉割了民主的精髓，把民主从难于驾驭的烈马变成了温顺的小绵羊，资产阶级接受的是经过阉割的"民主"，而不是原本意义上的民主。② 王绍光强调，所谓的"自由民主"体制，其实，形式上看似"民主"体制（如有定期选举和多党竞争），运作起来未必符合民主的原则。当"自由民主"这部机器的关键部件要靠金钱的"润滑剂"来维持运转的话，"民主"就变成了"选主"，"选主"就变成了"钱主"。③

如果以竞选为机制的自由民主是变质的民主，是寡头政治，根本不是什么民主，那么，直接民主论者主张的真正民主是怎样才能运转的？王绍光认为，真正的民主必须由人民当家做主。如果政体规模太大，人民不能直接当家做主，必须经由代理人，至少所有人都应有担任代理人的平等机会。这又如何实现呢？只有在随机抽签的体制下，每个人才可能获得当选的平等机会。除非所有资源在社会各个阶层之间均衡分布，代议制选举民主的结果可能与抽签或直接民主的结果没有太大差别。④ 所以，直接民主论者给出的现实的民主实现机制就是：要么直接参与决策，要么抽签，要么所有资源均衡分配。这就是王绍光鼓励大家探索的"超越选主"

---

① 王绍光：《祛魅与超越》，中信出版社2010年版，第219页。
② 同上书，第105页。
③ 王绍光：《民主四讲》，生活·读书·新知三联书店2008年版，第3页。
④ 王绍光：《祛魅与超越》，中信出版社2010年版，第106页。

的直接民主实现形式：电子民主，商议式民主，抽签式民主，经济民主。

至于中国民主政治建设的路该怎么走？王绍光也有自己的设想：中国要在社会主义制度的基础上建设民主，它应该是以最广大劳动人民利益为出发点的民主，是广泛参与的民主；完全不必向有产者作出巨大的让步，而对民主大打折扣。具体来说，他对中国的政治转型有三点基本的思考：

第一，广泛的民主，首先，民主的适用范围并不局限于政治生活领域，而是涵盖生活的其他方面，包括经济民主、社会民主、军事民主、学术民主、日常生活民主。在各个领域内部实行民主时，可以采用各种不同的方式，既可以直接参与决策，也可以用抽签、投票等方式来产生民主决策的机构。其次，即使在政治领域，民主的形式也不能局限于竞争性选举一种，还有如民众直接参与的商议式民主、电子民主等。

第二，公平的自由，因为一个人在多大程度上享受自由，取决于他拥有多少资源，要实现"公平的自由"，首先就要消除贫困、消除两极分化，消除文盲、消除愚昧，使得所有人都能享受财产权、人身自由和政治自由。换言之，为了让人们享有免于经济和社会不安全的自由，必须对经济和社会资源进行再分配，使之不是集中在极少部分人手中，而是让所有人都成为经济、社会、文化、政治资源的拥有者，而这必须靠强有力的政府干预才能实现。

第三，有力的国家，一个强有力的国家有利于民主，建立民主国家，必须加强国家机器，而不是损坏它；如果损坏国家机器，可能既得不到民主，也得不到国家。

总之，广泛的民主、公平的自由、有力的国家，这就是王绍光给我们指出的"安邦之道"：只有国家具备适当的能力，才能实现最广泛的民主和公平的自由；同时，也只有在民主、自由的条件下，强大的国家才不会变成张牙舞爪的怪兽——利维坦。[①] 其实，这也是王绍光早就给中国指出的政体民主化目标：我们的目标是一个强有力的民主政权，我们实现这个目标的途径不是弱化国家能力，而是使权威主义政权向民主政权转化。[②]

[①] 王绍光：《祛魅与超越》，中信出版社2010年版，第110—115页。
[②] 王绍光：《安邦之道——国家转型的目标与途径》，生活·读书·新知三联书店2007年版，第32页。

直接民主论，承接着人类全面地自己做主的民主梦想，追求每一个人自由平等的参与和决策，所以往往在人类民主的起源地——古希腊民主城邦中溯源。其对西方式的以竞争性选举为核心机制的自由民主的批判就显得火力十足，其批判性揭示是深刻的，甚至是正确的。但是直接民主内在的全面性和理想性，也就内在地决定了其现实性的缺陷。正像自由主义对其批判指出的那样，直接民主缺乏具体的制度设计和可行性研究，因而是一种可望而不可即的"高调民主"。[①] 直接民主可以在一些领域和层面上"超越选主"，但在现代大规模政治生活中，要超越"代议制民主"的间接机制，其实是难于上青天，而且是人类理性所不及的。在论及中国的政治现实和民主发展时，直接民主论对于下层民众经济社会资源弱势状况的关注值得深思，但在有意无意回避现实政治体制的问题的约束下，还是难以回答自由民主论者的质问："当前中国的首要问题是要把以选举为基础的代议民主制度建立起来，有了这样一个基本的平台以后，才可能谈如何完善民主的问题。"[②] 至于在中国这样一个急于赶超发展的后发现代化国家的境遇下，要求广泛的经济民主、文化民主，甚至反对一切压迫关系、实现人类解放的"全面民主"，总难免有"时空错置"的浪漫情怀。其实，王绍光的最深刻之处，在于辨明了"有力国家"与"民主自由"的互动关系，而这是当今中国政治发展无法回避的"真问题"。

三 中国民主道路论

中国民主道路论，是指在中国共产党的领导下，在实现社会主义现代化的进程中，中国已经走上了一条富有中国特色的社会主义民主政治道路。这是主流意识形态宣传的主导思想，得到很多体制内官员和学者的认同，对此论述最为集中和完整的是中国社会科学院政治学所的房宁所长。下面就以房宁的论述来分析中国民主道路论的主要内容和特征。

---

① 顾肃：《自由主义基本理念》，中央编译出版社2003年版，第171—172页。
② 蔡定剑：《民主是一种现代生活》，社会科学文献出版社2010年版，第45页。

中国民主道路论的根本立论的基础和前提是马克思主义和社会主义，房宁首先明确指出：中国的民主政治建设并非无源之水、无本之木。中国民主政治建设的"本"，就是坚持四项基本原则；中国民主政治建设的"源"就是马克思主义民主观的指导。并着重强调：中国的政治体制改革和民主政治建设是在原有的社会主义政治制度基础上的自我完善和发展，其理论基础、制度架构没有改变。① 这是中国民主道路论的根本政治立场和价值预设。

房宁归纳认为，马克思主义民主观的核心理念是指出：民主是一个历史的范畴，民主具有阶级性，民主具有相对性。所以，虽然民主是人类的普遍价值追求，但民主是由历史来定义的：一个国家选择什么样的民主道路，从根本上讲，取决于这个国家的历史、国情和国际环境。历史条件不同、面临的任务不同、所处的国际环境不同，民主的道路、民主的实现形式就会有所不同。②

那么中国的民主道路是怎样产生和形成的？当代中国的民主道路是中国人民在近代以来的历史困境中进行反复探索的结果。救亡图存，实现民族独立和国家富强，是中国近现代的历史主题。这一历史主题规定了中国的民主政治的核心内容，这就是：团结中国人民，凝聚中华民族，实现国家的独立与民族解放；调动人民群众的积极性、主动性、创造性，实现社会主义现代化和中华民族的伟大复兴。③ 由此历史性地决定了中国民主政治的根本任务、性质、内容、形式、功能与西方民主根本不同，并具有中国社会主义的特色和中华民族的特征。

房宁认为，在当代中国实现民主，建立和完善民主政治制度所要解决的主要问题是：实现人民主权，即保证国家各级政权代表人民、由人民掌握；通过经济社会文化发展，扩大和发展人民权利；保障国家的统一、民族团结和社会和谐稳定。在中国，能够实现这三大目标的制度，才是符合社会发展进步要求和人民愿望的民主制度。在中国共产党的领导下，中国的人民代表大会制度、共产党领导的多党合作与政治协商制度、民族区域

---

① 房宁：《民主政治十论——中国特色社会主义民主理论与实践的若干重大问题》，中国社会科学出版社2007年版，第28页。
② 同上书，第1—2页。
③ 同上书，第2页。

自治制度和基层群众自治制度,就是在长期的革命、建设和改革实践中,围绕着实现上述三大目标形成并发展起来的。所以,房宁归纳指出:中国的民主模式的官方表述是:共产党的领导,人民当家做主和依法治国的有机统一。它具体表现为四项基本制度:人民代表大会制度、共产党领导的多党合作和政治协商制度、民族区域自治制度和基层群众自治制度。正是这"三统一"和"四制度"构成了中国模式的政治框架。①

如果说,"三统一"是中国民主政治建设的根本规律,那么"三步走"就是发展人民民主权利的基本规律:主权在民是中国人民权利实现的开端;实现经济平等是中国人民权利实现的第二步;在实现主权和平等的基础上,逐步扩大人民的个人权利和自由。② 房宁认为,历史经济表明,社会主义民主是由低到高、由不完善到完善的发展,人民权利的实现与发展要经过一个循序渐进的过程。

在深刻研究中国近代以来民主发展得失,特别是改革开放以来民主政治建设的经验的基础上,房宁系统总结了中国民主政治的三大优势:第一,有利于形成代表中国人民的整体利益、长远利益和根本利益的大政方针;第二,有利于统筹兼顾协调各方利益;第三,有利于政治稳定、社会安定,促成经济社会长期稳定发展。同时,对于中国民主政治发展必须面对的问题,房宁也有清醒认识,他认为,中国未来民主政治建设必须解决三大问题:一是市场经济条件下保持人民当家做主的地位问题;二是实现和发展广大人民群众的民主权利问题;三是保持执政党的先进性问题。③

如何解决三大突出问题?本着高度负责的态度,从中国人民的根本利益出发,房宁系统规划了发展和完善中国民主政治的基本路径:

第一,权利意识与政权建设:推动民主的两个轮子,权利意识增长、社会矛盾的增加以及向政权的集中,构成了新时期政治参与的动因,要求政治体制作出有效回应。同时,市场经济下行政成本居高不下和腐败蔓延也对政权建设提出了压力和挑战。

---

① 房宁、杨琳:《民主的中国经验》,载《瞭望新闻周刊》2010年1月4日。
② 房宁:《民主政治十论——中国特色社会主义民主理论与实践的若干重大问题》,中国社会科学出版社2007年版,第82—84页。
③ 同上书,第85—95页。

第二，参与、协商、监督是民主政治建设的三大重点。考虑到我国的历史与国情、社会发展阶段与面临的主要任务，中国的民主政治发展所应选择的方向和路径，不应当是发展和扩大竞争性的政治制度，包括实现竞争性选举和进一步扩大和上推基层民主机制等。中国在现阶段政治体制改革和民主政治建设的重点和方向应当是：稳步扩大有序政治参与，积极推进政治协商和大力加强民主监督。

第三，政治民主、经济民主、社会民主是民主建设的三大领域。中国特色社会主义民主政治不仅要实现全体人民的政治平等，实现政治民主，还要以此为基础将民主推向经济和社会领域。社会主义民主更主要也更为深刻的内容是经济民主和社会民主。

第四，坚持和完善党的领导，促进人民民主。这是因为坚持共产党领导与发展人民民主的关系，是中国特色社会主义民主政治建设中的核心问题。

第五，选择正确思路推进党内民主。在目前的阶段和形势下，改革党内选举制度，逐步加强选举的竞争性的思路是不妥的，正确的思路是扩大参与、落实权利和加强监督。

第六，确有必要、经过试点、逐步推行是政治体制改革的基本策略。这是因为，政治体制改革是发展社会主义民主的重要途径，但也关系到执政党和国家的前途命运，是有高度风险的。因此，对于政治体制改革必须慎之又慎，必须对每一种思路、每一项措施进行可行性论者，应当按照"确有必要、经过试点、逐步推行"的原则审慎实施。[①]

中国民主道路论，是运用马克思主义的民主原理和中国特色社会主义基本理论，从社会主义的政治立场和基本原则出发，在系统总结中国近代以来民主发展的得失和国际社会主义民主建设的经验教训的基础上，对中国特色民主发展道路的形成、性质、内容、特征、问题和对策的系统论述和阐明。是第一次有影响的中国特色社会主义民主理论和实践的开创性正面宣示，其中所包含的历史分析方法、阶级分析方法、具体相对分析方法都值得知识界的进一步的深思和开拓。中国民主道路论，从理论意义上来说，直接关系着中国发展道路和中国模式的政治架构和关键性的制度特

[①] 房宁：《民主政治十论——中国特色社会主义民主理论与实践的若干重大问题》，中国社会科学出版社2007年版，第197—218页。

征，是中国模式能否成立和持续的核心阐释；从实践价值来说，直接关系着未来中国民主发展的战略和策略，关系着民主制度和形式创新的重点和路径。

四 增量民主论

增量民主论，是指在已经取得的政治民主的成就和经验即"存量"的基础上，在现存的政治法律框架下，通过渐进的政治改革和民主建设，形成新的民主"增量"和发展，以期不断推动中国的民主政治建设和完善。这是中央编译局俞可平教授一贯阐释的观点，是对中国民主发展过程特征的概括，也是对未来民主发展路径特征的揭示。俞可平是横跨"官方"和学术界的"两栖"学者，对中国的民主发展和治理善治理论有众多论述，其民主思路对理论界和中国民主实践都有着主要影响。

俞可平对民主的价值有着一贯的阐释和推崇，这构成了增量民主论的理论基础和价值支撑。他认为，如同自然现象有自然规律一样，政治现象也自有其普遍的规律，在中国的政治学界，2002年他首次提出存在于政治领域的四大政治学公理：第一，人类具有共同的基本政治价值，这就是人类的尊严、自由和平等，在现实的政治生活中，它们具体体现为各种各样的人权；第二，良好的政治制度是实现人类根本利益的基本保证；第三，民主是迄今最好的政治制度；第四，评价民主政治有一套客观的标准。[①]

这便是俞可平一贯宣扬的"民主的普遍价值"，进一步的延伸和阐发，就是2006年俞可平发表的引起广泛关注的"民主是个好东西"一文：民主是个好东西，不是对个别的人而言的，也不是对一些官员而言的；它是对整个国家和民族而言的，是对广大人民群众而言的；民主是个好东西，不是说民主什么都好；民主是个好东西，不是说民主可以为所欲为，能解决一切问题；民主是个好东西，不是说民主就没有痛苦的代价；民主是个好东西，不是说民主是无条件的；民主是个好东西，不是说民主

---

① 俞可平：《政治与政治学》，社会科学文献出版社2003年版，第42—55页。

就可以强制人民做什么。① 俞可平更加强调，对于中国来说，民主更是个好东西，也更加必不可少。因为，没有民主，就没有社会主义，就没有现代化，人民民主是社会主义的生命。

那么，俞可平所认同的"民主"到底指什么？俞可平认为，民主政治有许多普遍的要素，只要是民主政治，它就必须具备以下这些要素，否则，它就不是一种民主制度：

一是握有实际权力的各级政治领袖直接或间接地通过自由而公正的选举产生的，民主政治是一种普选的政治。

二是政治权力的唯一合法性来源于国家的法律，民主政治是一种法治，而不是神治或人治。

三是国家的政治权力得到人民的有效制约，民主政治是一种有限权力的政治，不允许不受制约的绝对权力。

四是每个公民都有参与政治的机会和条件，民主政治是一种竞争式的参与政治。

五是每个公民在宪法允许的范围内都有最大限度的言论权和自由选择权，民主政治是一种宽容的自由政治。②

以上说明俞可平所认可的"民主"是一种每个公民自由、平等参与的竞争性政治制度，这一定义很重要，是其后制定的评价民主政治客观标准的依据。俞可平认为，这一评价民主政治的客观普遍标准包括以下基本要素：普选、参与、法治、透明、人权、责任。

俞可平认为，中国政治的新发展，体现着人类社会普遍的政治价值，从根本上说，支撑这些变革的普遍价值，就是自由、民主、平等和人权。③

有了以上关于"民主"的普遍要素和标准的指导和作为知识支持，俞可平在深入系统总结中国政治发展经验的基础上，参照中国经济改革的增量改革模式，2002年前后提出了中国增量政治改革和增量民主的思路。其一，正在进行或者将要进行的政治改革和民主建设，必须有足够的

---

① 闫健编：《民主是个好东西——俞可平访谈录》，社会科学文献出版社2006年版，前言，第1—5页。
② 俞可平：《政治与政治学》，社会科学文献出版社2003年版，第54—55页。
③ 俞可平：《思想解放与政治进步》，载《北京日报》2007年9月17日。

"存量"。即必须具备充分的经济和政治基础，必须符合现存的政治法律框架。其二，这种改革和民主建设，必须在原有的基础上有新的突破，形成一种新的增量。其三，这种改革与发展在过程上是渐进的和缓慢的，它是一种突破但非突变。其四，增量民主的实质，是在不损害人民群众原有政治利益的前提下，最大限度地增加政治利益。俞可平还强调，增量民主的概念应当包括几个要点：强调民主的程序，把公民社会的存在视为民主政治的前提，推崇法治，充分肯定政府在民主建设中的重要作用。[①]

更进一步，俞可平认为，根据增量民主的观点，治理和善治的思想对于中国的政治改革而言具有特别重要的意义，中国政治发展的基本目标之一，应当是不断走向与社会主义市场经济体制相适应的善治，这种建立在民主基础之上的善治，称为民主的治理。这种民主的治理应当是中国政治发展的主要发展方向。并结合中国的实际，制定了一套中国民主治理的主要评价标准及指标，主要评价标准包括：法治、公民的政治参与、多样化、政治透明度、人权和公民权状况、对党和政府的监督、党内民主和多党合作、基层民主、民间组织状况、合法性、责任性、回应、效率、程序、稳定。[②]

在 2007 年，俞可平进一步把"增量民主"概括为八个方面，并指出，换一个角度，这八个方面也将是中国未来政治发展的主要趋势：

其一，中国民主的发展将是一种"增量式"的发展。推进民主治理的重大改革，必须拥有现实的政治力量，取得大多数人民群众和政治精英的支持，拥有最广泛的社会基础。

其二，中国的民主政治将在渐进发展中有所突破。突破性的政治改革并不是一种休克式的政治突变，它是由量变到质变的发展，是长期累积性改革的结果，是一种厚积薄发。

其三，增量民主的实质，是在不损害人民群众原有政治利益的前提下，最大限度地增加新的利益。下一步政治改革将着眼于调整社会的利益分配格局，缩小社会成员和社会群体之间的利益差距。

其四，动态的政治稳定将逐渐取代静态的政治稳定。增量民主所要达到的不再是一种传统的以"堵"为主的"静态稳定"，而是现代的以

[①] 俞可平：《增量民主与善治》，社会科学文献出版社 2005 年第 2 版，第 137—141 页。
[②] 同上书，第 141—145 页。

"疏"为主的"动态稳定",使秩序由静止的状态变为一种过程的状态。

其五,政治改革将持续推动公民的政治参与,形成一种有序的民主。积极鼓励公民的政治参与,这是贯穿中国所有政治改革的一条主线。发展增量民主的基本途径,就是致力于"不断扩大公民有序的政治参与"。

其六,推进民主与法治是密不可分的,没有法治,就没有民主。中国共产党的理想目标是,"把坚持党的领导、人民当家做主和依法治国有机统一起来"。

其七,培育公民社会,推进社会管理体制改革。让民间组织更多地参与社会政治生活,政府更加主动积极地与民间组织合作,共同管理社会政治生活,扩大公民自我管理的范围,提高社会自治的程度,是民主治理的方向。

其八,通过三条途径,全面推进增量民主。在可预见的将来,中国的民主政治将沿着以下三条路线图稳步地向前推进:第一,以党内民主带动社会民主。没有党内的民主,中国目前的民主就是一句空话。第二,逐渐由基层民主向高层民主推进。中国现阶段民主政治的重点和突破口是基层民主,一些重大的民主改革将通过基层的试验,逐步向上推进。第三,由更少的竞争到更多的竞争。不论何种形式的民主,都离不开人民对政府领导及政府政策的自由选择。从某种意义上说,民主的发展过程也就是人民政治选择的范围不断扩大的过程,是由更少的竞争性选择到更多的竞争性选择的过程。中国的民主之路也将遵循这一规律。①

俞可平认同,中国正在形成一种别具特色的政治模式——中国特色的社会主义民主政治,其理想目标是实现党的领导、人民当家做主和依法治国三者的有机统一。

俞可平的"增量民主论",是中国学者提出的概括中国民主政治演进和扩展的理论范式,它既是对已发生的民主演变过程特征的总结,又是对未来将发生的民主生成路径特征的指明;既渗透和吸收了人类政治文明的普遍价值,又具有揭示中国民主问题的现实指向;既可能获得知识界的学术好评,又可能得到体制内的官方认可,因此,俞可平本人也达致一个"左右逢源"沟通"学理"和"官言"的中间性显著地位。但是,正因

---

① 俞可平:《思想解放与政治进步》,载《北京日报》2007年9月17日。闫健编:《让民主造福中国——俞可平访谈录》,中央编译出版社2009年版,第33页。

为俞可平的"中间人"处境，右派可能质疑他"不过是官方理论的代言人和阐释者"，左派可能指责他是"西方自由民主等普世价值的暗渡者"，俞可平也往往处于"左右不讨好"的尴尬境地。其实，"好评"或"诋毁"并不重要，历史发展是理论观点的最好检验者和最后审判官。重要的是总结中国民主发展的经验和教训，揭示中国民主发展的问题和障碍，推动中国民主发展的提升和进步。增量民主论，直面政治精英和民众的接受能力和权利诉求，注重民主变革的政治力量和社会基础，在既有的政治法律架构下有序求变，既避免颠覆性的急剧突变，又拒绝保守性的故步自封，有望凝聚学界和官方的政治性共识。但其发展路径策略还需进一步明确和更具操作性，其理论意义和实践价值还最终有待未来中国民主发展进程的检验。

五 民主思路中"主题关系"辨析

以上主要简评了对中国民主发展有重要影响的几大思路，这些思想和发展路径都是以"西方"思潮为知识背景，以"中国"问题为现实背景，具有强烈的"影响"或"想影响"中国民主进程的现实指向。当然，每一种"思路"背后都有众多的拥护者和民众基础，取其"主要代表"的思路加以剖析，只是为了展示和解剖各自"思想逻辑"的完整和准确。同时，还有其他在此未加分析的有影响的"思路"：如以季卫东为代表的"宪政民主论"，以徐勇为代表的"基层民主论"，以郑永年为代表的"渐进民主化"，以何包钢为代表的"协商民主论"等。这些都说明了开放时代中国思想界的多元纷呈与交错互动的复杂关系。但以上所有的"民主思路"都涉及或针对了一些基本的"主题"以及"主题关系"，如直接民主与间接民主、竞争性民主与协商性民主、政治民主与经济民主等，除去各种繁复的论辩，这些民主思路之间都是在这些"主题关系"上的论证与反论证，沉淀下来的这些"主题关系"便是中国未来民主发展中必须面对的理论问题，对这些"主题关系"的认识也将影响未来中国民主发展的战略和路径。以下就把这些"主题关系"识辨出来并加以简要分析。

（一）民主：价值目标？工具手段？

生活没有"逻辑"，甚至不需要"逻辑"，生活只有"需要"，怎样满足"需要"？生活只有"问题"，怎样解决"问题"？民主是在生活中生成，在生活中壮大，它一定是在某些方面满足了生活的需要，解决了生活中的问题，从根本上来说：民主源于人民的生活需要！这便是马克思主义者所说的"民主是在历史中形成的，民主是由历史来定义的"。人民的生活需要和社会的发展要求一定是民主产生和发展的根本原因，这是不能超越，也无法加以忽视的。所以，所谓的"民主是最高政治价值、终极价值目标？还只是一定形式的政治手段、社会工具？"这样的问题，只是一个知识界的"逻辑问题"，而不是一个现实中的"生活问题"，但并不意味着这一问题不重要。这就需要从理论性"逻辑"和现实性"生活"两个方面来回答。

从理论性的"逻辑"来说："自己的事情自己做主"，"人民的事情人民做主"，似乎天经地义、自成公理。再从"逻辑"的理想状态来说：民主意味着人民主权、人民当家做主的彻底、完全实现，意味着每一个公民都能自由、平等、有效的普遍参与国家和公共事务。这样，民主就内在的和自由、自主、平等价值紧密关联，民主似乎是唯一适合自由、平等个人的国家形式和政府形式。[1] 如果人类的最终目标是追求"人的自由而全面的发展"，那么由于民主与自由、平等的紧密关系，民主自然也就具有终极性价值的意义和性质。我们追求自由，我们追求平等，我们自然追求民主！这就是"民主是普世价值"论者的基本逻辑，也是民主是"价值目标"论者的基本逻辑。民主价值论的理想性和逻辑性不言自明，但问题是，民主的产生不是由理想和逻辑来决定，而是由生活和需要来决定的。

从现实性的"生活"来说，自己的事情自己往往做不了"主"，因为需要他人，需要社会，人民的事情人民也往往做不了"主"，因为人民也需要社会、需要管理。在小范围的私人公共生活中，出于相互尊重、彼此熟悉和共同行动，"民主"往往成为公共决策和行为的方式，所以在民间的生活中，民主往往具有自发性，新时期中国最早的"村民自治"的起

---

[1] ［英］杰弗里·托马斯：《政治哲学导论》，顾肃、刘雪梅译，中国人民大学出版社2006年版，第263页。

源就是如此。但在像国家这样大范围的人民的事情，民主就不具有自发性，人民也常常不能"做主"。为什么？因为国家更多的是起源于暴力和强制，国家的统治也更需要暴力和强制，统治者也不会轻易让人民来做主，要得到"民主"：就需要统治者自觉地"放权让利"，就需要人民抗争性地"争取奋斗"，查尔斯·蒂利所描绘的欧洲近现代民主的发展史，就是一部"民主源于抗争"的历史，① 这是其一。其二，后发的发展中国家，在国际的强权压力下，其现代化进程往往面临更为紧迫的问题：民族独立和解放，国家统一和秩序，经济社会恢复和发展。在国家主导的"追赶型"现代化中，"经济发展第一"、"发展是第一要务"，在特定的历史阶段和条件下，"民主"很难成为这些国家的首要任务和"主题"，再说，威权性质的统治更有利于集中权力和资源，更有利于发展经济和巩固政权。"自由与面包"的问题自然地偏向于"要面包"的一方，统治者也就有了足够的理由和借口把"民主"搁置一边，如果需要一些"民主"，也自然成为服务于经济发展和政权合法性的手段而已。一些发展中国家缺乏必要的经济和社会基础，而强行竞争性民主导致的政治和社会混乱，也从反面给了民主工具论者以充足的理由。

民主价值论，还是民主工具论？经济社会发展服从、服务于民主发展，还是民主发展服从、服务于经济社会发展？② 这不是一个二元逻辑选择"作业题"。一切源于历史阶段和历史条件，源于人民的生活和需要。民主价值论者高扬民主的理想和目标，期望"毕其功于一役"的快速彻底地实现民主，甚至不惧"革命"和动荡，有民众基础吗？掌权者能让步吗？民主工具论者，"窄化"民主、甚至"丑化"民主，一切为了发展，但发展了之后呢？人民就没有民主的要求吗？没有民主还能持久和谐发展吗？其实，最终民主发展的动力取决于人民的生活和需要，取决于需要背后的利益和力量。认清历史发展的趋势和远景，顺应人民的需要和力量，把人民要求民主的自发性和执政者推动民主的自觉性结合起来，把民主价值论者的理想性和民主工具论者的现实性结合起来，形成推动民主发

---

① ［美］查尔斯·蒂利：《欧洲的抗争与民主（1650——2000）》，陈周旺等译，格致出版社、上海人民出版社2008年版。

② 房宁：《民主政治十论——中国特色社会主义民主理论与实践的若干重大问题》，中国社会科学出版社2007年版，第48页。

展的政治共识和社会政治力量，才是中国语境中民主价值论者和民主工具论者必须共同关心的问题。

（二）民主之长？民主之短？

民主有多古老，反对民主之声就有多古老。从古希腊的柏拉图起始，直到今天，揭露民主之短的声音不绝于耳。连自由主义大师哈耶克也列举了民主政治的四大罪状："腐败、无法律、软弱和不民主。"① 世间没有完美的事物，"民主"自有其长，自有其短，有人支持，有人反对，这是自然的事情。甚至支持民主的人，也在指出民主的缺陷和不足。但一般来说，支持民主的人极力寻找民主的长处，质疑或反对民主的人则极力收集民主的短处。

中国民主思路中的各方对民主也是有褒有贬，手法和思想史上的各位智者大同小异。扬民主之长者"泛化"、"美化"民主，揭民主之短者，则"窄化"、"丑化"民主。虽然，中国思想界的各方背景、动机可能更复杂，有没有"辩护"或"讨好"现政权？不得而知。但对于民主褒贬，从学理上来说，中国学者则更为简单。

潘维把民主制简约为竞争性选举，又把竞争性选举简约为"多数决"，于是，民主就有太多的缺陷和困境：多数决不是维护和平衡利益的唯一方法，而且从道义、概念、逻辑上都谈不上"普适"，多数决有概念困境，多数决有道义困境，多数决有逻辑困境。② 康晓光同样运用"双重简约"的手法，于是得出了"民主化是祸国殃民的选择"的宏论。

王绍光的思想要更为复杂，但同样用"双重简约"的办法，代议制的自由民主简约为竞争性选举，竞争性选举简约为选择"主人"，而资本集团的金钱在选举中有着决定性的作用，于是代议制民主就是"选主"，"选主"就是"钱主"。但王绍光并不是一般地反对民主，他只是深刻揭示了代议制的间接民主中的诸多不平等和缺陷，因而，王绍光推崇的是人人平等参与的直接民主制，对于直接民主制的长处，他讲得很多很透，但

---

① 转引自［美］霍伊《自由主义政治哲学：哈耶克的政治思想》，刘峰译，生活·读书·新知三联书店1992年版，第172页。

② 潘维、玛雅主编：《人民共和国六十年与中国模式》，生活·读书·新知三联书店2010年版，第14—15页。

对于直接民主制的规模问题、成本问题、效率问题以及可行性、操作性问题则讲得很少。

相反,"为民主辩护"的一方,则尽量展现民主的价值和功能:民主有利于无论多数还是少数的权利实现,民主有利于社会稳定,民主有利于经济发展,民主有利于遏制腐败,民主有利于提升公民素质等。① 而对于民主的切割选民、分裂社会、影响效率等可能的负面作用避而不谈。

但是,推崇民主价值和民主制度,但对民主不足有清醒认识者也不乏其人,俞可平认为:民主是个好东西,不是说民主什么都好。民主决不是十全十美的,它有许多的不足。但是,在人类迄今发明和推行的所有政治制度中,民主是弊端最少的。②

房宁认为对民主政治也要一分为二,并系统总结民主的长处和短处。民主政治的长处有:构建合法性,增强社会活力,化解社会矛盾;民主政治的短处有:导致自发主义倾向,诱发外界干预,不利增进效率。③

其实,民主之长的"名单"可以列的很长:民主促进明智的决策、民主促进普及的公正、民主促进和平解决争端、民主促进忠诚、民主促进言论自由、民主促进才智的发展、民主促进心理条件……④民主之短的"名单"也可以列得更长:民主导致无能、民主导致混乱、民主导致分裂、民主导致投机者掌权、民主导致效率低下、民主导致有钱人统治、民主延缓经济发展、民主激发内耗、民主诱发冲突、民主导致腐败、民主导致民粹主义。正如世间万物,有其长、必有其短。民主有其短,专制不是"更有"其短吗?把展示民主其长者指责为"民主万能论",只是指责者在"攻打"其自己捏造的"稻草人",因为没有人"傻"到说"民主包治百病";把揭示民主其短者批判为"反对民主",也有乱扣"帽子"之嫌。

最终,各方必须回答的依然是:民主是否是人民的需要?是否是社会的需求?民主是否是现阶段解决政治问题和社会问题的有效之方?民主是

---

① 蔡定剑:《民主是一种生活方式》,社会科学文献出版社 2010 年版,第 3—39 页。
② 闫健编:《民主是个好东西——俞可平访谈录》,社会科学文献出版社 2006 年版,前言,第 2 页。
③ 房宁:《民主政治十论——中国特色社会主义民主理论与实践的若干重大问题》,中国社会科学出版社 2007 年版,第 165—176 页。
④ [美] 科恩:《论民主》,聂崇信、朱秀贤译,商务印书馆 1988 年版,第 208—278 页。

否是持久有利于人民的幸福和国家的长治久安？在回到了这些问题之后，才应是扎扎实实地推进民主的制度路径和实现机制，"打口水仗"也许是"专家"的"专长"，但能解决什么问题呢？

（三）直接民主与间接民主

民主作为人民或利益相关者自主决策和管理的形式，其本质是免除强制和暴力的每一个相关者共同决定。直接民主和间接民主只是共同和平决定的实现形式。关于各自优劣的争论由来已久。

罗伯特·达尔概括了古希腊民主的特征，也是直接民主要有效运作必须满足的六项条件：公民利益之间必须足够和谐，以便他们能够分享并按照一种强烈的普遍善的感觉行事；公民之间必须具备高度的同质性特征，财产、语言、宗教、教育、种族等大致相近；公民团体必须相当小，不超过四五万人的规模；公民们必须能够召开公民大会并直接决定法律以及政策；公民参与并不仅限于公民大会，它也包括对城邦管理的积极参与，如主要通过抽签担任公职；城邦必须是完全自主的。[①] 从罗伯特·达尔的描述中可以看出，直接民主的实现，是需要一定的严格条件的，无论古代还是现代都如此。也许正是看到了这种"一切都是公民亲手来做"的民主的特征，卢梭才认为民主制度只能在"小国寡民"中实现，甚至认为：民主是一种只适合神灵的政府形式。[②] 因此，在自由主义者约翰·密尔看来，"代议制民主是唯一能够使民主在现代社会继续存在下去的方式"[③]。

以王绍光为代表的新左派则偏好于直接民主，对间接民主则进行了全面批判。其主要的论据是代议制的间接民主，是以竞争性选举为其核心机制，而选举则很容易受到金钱的操控，占有主导性资源的少数集团完全掌控着选举，导致民主成为"选主"，选主成为"钱主"，最终是少数精英玩弄民主于股掌，所以是"鸟笼民主"。而直接民主是民主的本原含义，

---

① ［美］罗伯特·达尔：《民主及其批评者》，曹海军、佟得志译，吉林人民出版社2006年版，第11—12页。
② ［英］杰弗里·托马斯：《政治哲学导论》，顾肃、刘雪梅译，中国人民大学出版社2006年版，第255页。
③ ［英］乔纳森·沃尔夫：《政治哲学导论》，王涛等译，吉林出版集团有限责任公司2009年版，第99页。

更加平等和公平，更加有利于广大人民，特别是中下层资源较少民众的有效参与。应该说，王绍光对西方的代议制民主的批判是深刻和准确的，但对中国的代议制民主则不予置评！他所开出的几种直接民主形式，也只能在基层的、小范围内或具体社会问题上应用，至于在国家体制层面如何运转？他也语焉不详。对于代议的间接民主机制，他也没能完全拒绝，甚至是不得已而认可的，如他在论述"广泛的民主"时，就主张："在各个领域实行民主时，可以采用各种不同的方式，既可以直接参与决策，也可以用抽签、投票等方式来产生民主决策的机构。""用投票选举民主决策的机构"，这不是就给间接民主留有的"后路"吗？看来，间接民主是"一棍子打不死的"。

总之，针对中国民主发展来说，自由民主论者也得承认中国代议制民主的存在和价值，而不能一味只顾推销代议制民主的自由民主价值；直接民主论者，不能只聚焦于中下层阶层的资源和参与的不平等，而对解决此问题的政治条件不予评说。就目前中国状况来说，一切有利于推进现代化的民主形式都是好的，只要它能落地实现，操作可行。

（四）竞争性民主与协商性民主

如同直接民主与间接民主的争论一样，竞争性民主与协商性民主的争论延伸到中国，就有了中国的问题意识和现实指向。

替代民主论、直接民主论和中国民主道路论，都几乎不同程度地批评和质疑竞争性民主。其质疑的依据也大同小异，不外乎是：其一，竞争性民主的选举机制导致"选主"、"钱主"，本质是资本精英统治；其二，竞争性选举易于切割选民，分裂社会、撕裂族群，导致政治混乱和社会动荡；其三，竞争性民主不适合中国国情和发展需要，影响政策效率、经济发展和国家统一。因此，各方都给出了各自的替代性选择：咨询型法治、参与型直接民主、中国特色民主。

而自由民主论认为，竞争性民主才是真正的民主，是自由民主的内在要求和特征，协商性民主最多只是制度性补充而不是替代。增量民主论则认为，选举是民主政治的第一要素，应不断扩大竞争性选举。对此有很多学者赞同，如中央党校的王长江教授就认为"中国的民主要有自己的特色，但前提是遵守民主的普遍规律，这个普遍规律就是有竞争的政治。历史也证明，这个基本原则是不容超越的"。他还特别强调，党内民主应推行"有竞争性的选举"。①

房宁教授则对竞争性民主与协商性民主进行了具体分析，他认为：竞争性的制度安排实际上并不适合中国现阶段发展"黄金期"和矛盾"凸显期"的国情，以竞选为代表的竞争性的民主制度安排，其主要优点在于表达和选择的相对充分以及监督的有效性。但它也有明显的缺点，就是有强化差别、扩大分歧的社会效能。其表现就是各个政党或政治派别以争夺权力为价值和目标，相互排斥、相互攻击，其社会效应就是在客观上强化了本来就存在的社会群体之间的利益差别，扩大了矛盾。而协商民主的长处和优点就十分明显了。协商的前提与基础是参与各方的平等地位，协商的内容就是寻求利益的交集，寻求最大的"公约数"，协商的作用就在于照顾各方利益，促进共同利益的形成。特别是在矛盾的多发期、易发期，协商民主有利于协调社会矛盾，有利于求同存异，扩大共识。因此在房宁看来，协商民主是最适合中国现阶段状况的民主形式，应当成为中国经济社会发展的主要方向和重点。②

而对协商民主有系统研究的海外学者何包钢则认为：把竞争性民主与协商性民主对立起来的做法在理论上是误导的，在经验上缺乏足够的事实证据。这是因为，其一，协商民主和选举民主都依赖于政治权利，这种共同基础说明两者有深厚的、内在的联系；选举和协商都假定人们有充分的表达意见的自由和权利；选举民主强调选票价值的平等、政治竞争的平等，协商民主则强调审议能力及其影响力的平等、政治参与的平等。其二，在竞争性民主模式中，协商沟通是一个必不可少的有机成分；而在协商民主模式中，也包含了某种选举的成分、内涵意义。其三，在中国的地方民主实践中，竞争选举和协商民主同时发展，如在竞争选举有了发展的乡村，协商民主才具有真实性；基层协商比在上层协商更具有真实性；投票被用在公众协商的最后阶段，当协商民主遇到不能达成共识、意见分歧仍然存在时，就采用投票来解决争端。再说，协商民主过程本身就是一种竞争政治：各种不同观点、政策之间的竞争。何包钢还强调："用西方协商民主理论来抵制选举制度或把协商民主局限在现有政协的框架内，这两

---

① 王长江、赵灵敏：《中国到了非大力推进民主不可的地步——对话王长江教授》，载《南风窗》2009年第22期，第23—25页。
② 房宁、杨琳：《民主的中国经验》，载《瞭望》2010年第1期。

种做法都是扭曲、误用协商民主理论。"①

何包钢对竞争性民主与协商性民主的论述是准确和中肯的，其实这也是辩论各方所能理解和默认的。只是由于对中国政治现状、问题和发展路径有不同的认可、揭示和期望，所以各方就对竞争性民主与协商性民主有不同的认可或批判，对现实的不同评判才是各方分歧的根本原因。

（五）政治民主与经济民主

民主，首先起源于政治领域，是一个政治概念，按照萨托利的说法，从公元前 5 世纪"民主"一词出现，一直到 19 世纪，它一直是个政治概念，也就是说，民主只意味着政治民主。在此以后，民主延伸到非政治的领域，出现了"社会民主"、"工业民主"、"经济民主"等概念和实践形式。也就说，从历史渊源上来考察，政治民主与经济民主的关系是清楚的，有一个出现和实现的先后顺序。

在中国的语境下，这一主题关系的出现，主要源于新左派针对经济资源和文化资源占有的不平等而提出的经济民主、文化民主等全面民主要求，以及自由主义者针锋相对的回应和批评。

经济民主的逻辑以王绍光的论述为典型：在公平和效率之间找折中点涉及利益的分配，这是一个政治性问题，解决这个问题的最佳机制是政治民主，也就是让每个人在决策过程中具有同等的发言权。但政治民主的机制充其量不过是用收入二次分配修正初始分配，这就带来了一个问题，如果收入的初次分配十分不平等，经济资源的不平等必然导致社会的政治资源分布的不平等。这样，掌握了很多资源的既得利益集团便有可能阻碍向公平方向移动的收入二次分配方案，甚至促成劫贫济富的方案。要避免此类情况出现，王绍光认为，经济民主是实现这一目标的最佳途径。初始分配的不平等，是因为资本雇佣劳动，要实现经济民主，就必须改变为劳动雇佣资本，劳动者成为剩余获取者，这样，收入的初始分配就能够更为公平。这便是经济民主的主要制度安排，至于在中国如何实现，王绍光没有太多论述。他最后主张：实现社会主义民主并不一定要像资本主义民主那

---

① ［澳］何包钢：《协商民主：理论、方法和实践》，中国社会科学出版社 2008 年版，第 37—38 页。

样,先由政治领域起步,然后慢慢扩展到经济领域。中国民主化的道路可以试验先由经济领域起步然后扩展到政治领域,因为基层单位的民主比较容易实施,并由此获得民主的"训练"和经验。[①]

而新左派的另一学者汪晖则强调争取"文化民主",实现对文化资本和文化生产的平等权利。文学家陈燕谷则更进一步,追求反对一切压迫关系、实现人类解放的"全面民主"。他们的民主要求很高,但对于如何实现则很少阐述。

相反,自由主义者的民主理念主要是以政治领域的宪政民主为要旨,[②] 认为政治民主是决定性的民主,是其他民主实现的前提和条件。并对新左派提出的非政治民主的浪漫性质进行了批判,批评新左派不能正视政治民主的前提和基础作用,其所提出的非政治性民主也缺乏现实的可行性和操作性。

对于政治民主与非政治民主,民主理论大师萨托利早就进行了明确辨析,对今日中国的民主讨论依然有现实意义。萨托利认为,"谁也不否认社会民主作为民主政体之不可缺少的基础的重要性,也不否认基层的初级民主可能比民主的任何其他方面更有价值。与此相似,经济平等和工业民主可能比任何其他事情对我们都更为重要。但事实依然是,政治民主是我们可能珍爱的无论什么民主或民主目标的必要条件、必要手段。如果统领性制度,即整个政治制度不是民主制度,社会民主便没有什么价值,工业民主便没有什么真实性,经济平等便可能同奴隶之间的平等没有什么两样"。[③]

新左派关注工农阶层的弱势地位和平等状况,是值得尊敬和深思的,但回避政治条件和具体实现机制的探讨,则有政治软弱和批判的不彻底性。而自由主义者,罔顾劳工的贫弱状况,甚至认为这是发展中的必付代价,则有对资本集团帮腔之嫌。问题依然是问题,"口水仗"的"左""右"辩论,无益于问题的解决。

[①] 王绍光:《安邦之道——国家转型的目标与途径》,生活·读书·新知三联书店 2007 年版,第 44—45 页。

[②] 许纪霖、罗岗等:《启蒙的自我瓦解——1990 年代以来中国思想文化界重大论争研究》,吉林出版集团有限公司 2007 年版,第 215—232 页。

[③] [美]乔万尼·萨托利:《民主新论》,冯克利、阎克文译,世纪出版集团、上海人民出版社 2009 年版,第 23 页。

此外，有关中国民主的战略和策略思路论辩中，也涉及其他一些具有重要意义的"主题关系"：如党内民主与人民民主（社会民主），是自上而下的党内民主先行？还是自下而上的人民民主先行？还是党内民主和人民民主在宪政构架内的有序互动？① 由于中国共产党在整个国家现代化和民主发展的核心决定性地位和作用，这一主题关系也就具有强烈的现实针对性，但同样是核心的关键性问题。又如民主建设与国家建设，如何处理民主建设与国家建设的关系？如何在有效国家的前提下推进民主建设？如何保证不是消解国家而是用民主的方式改造国家？如何最终建立一个强大的民主国家？② 最后，是否存在革命性突变与渐进性改良的"赛跑"？或"革命"和"改革"的"赛跑"？渐进性改良的多数共识是否正在遭到"消解"？有意无意拖延或滞后的改革是否在积淀着"问题"？民众的不满和积怨是否在堆积着"爆发"？

重要的不是"论辩"，而是"问题"！这对于理论界和执政者同等重要！再华丽的论辩，也掩饰不了问题，更解决不了问题。热爱中国，想"帮忙"中国，学者不分"海内外"，思想不分"左右派"，就必须直面和回答这样的问题：中国的民主发展有没有问题？有什么问题？怎样解决问题？靠什么解决问题？"帮闲"而不"帮忙"，"空口高论"而不"落地解决"，在某种意义上，都是粉饰太平、甚至是"误国误民"的把戏！怎样达成推进民主的共识，采取切实有效的举措，共同促进中国民主的发展和进步，才是真正具有批判精神的"真问题"，才是真正对中国功德无量的"善德事"。

---

① 郑永年：《中国模式：经验与困局》，浙江出版联合集团、浙江人民出版社 2010 年版，第 96 页。

② 王绍光：《祛魅与超越》，中信出版社 2010 年版，第 46 页。郑永年：《中国模式：经验与困局》，浙江出版联合集团、浙江人民出版社 2010 年版，第 52—55 页。

主要参考文献

一 中文著作

1. 李路曲：《东亚模式与价值重构——比较政治分析》，人民出版社2002年版。

2. 朱云汉等：《台湾民主转型的经验与启示》，社会科学文献出版社2012年版。

3. 李剑鸣主编：《世界历史上的民主与民主化》，上海三联书店2011年版。

4. 罗荣渠、董正华编：《东亚现代化：新模式与新经验》，北京大学出版社1997年版。

5. 王振锁、徐万胜：《日本近现代政治史》，世界知识出版社2010年版。

6. 田禾、周方冶编：《列国志——泰国》，社会科学文献出版社2009年版。

7. 《东亚三国的近代史》共同编写委员会：《东亚三国的近代史》，社会科学文献出版社2005年版。

8. 戴宝村：《台湾政治史》，台北，五南图书出版公司2006年版。

9. 梁英明：《东南亚史》，人民出版社2010年版。

10. 马燕冰、张学刚、骆永昆编著：《列国志——马来西亚》，社会科学文献出版社2011年版。

11. 马燕冰、黄莺编著：《列国志——菲律宾》，社会科学文献出版社2007年版。

12. 房宁等：《自由、威权、多元——东亚政治发展研究报告》，社会科学文献出版社2011年版。

13. 姜万吉：《韩国近代史》，东方出版社 1993 年版。

14. 尹保云：《韩国为什么成功——朴正熙政权与韩国现代化》，文津出版社 1993 年版。

15. 尹保云：《民主与本土文化——韩国威权主义时期的政治发展》，人民出版社 2010 年版。

16. 苏嘉宏：《我们都是外省人——大陆移民渡海来台四百年》，台北，东华书局 2008 年版。

17. 孙代尧：《台湾威权体制及其转型研究》，中国社会科学出版社 2003 年版。

18. 卢正涛：《新加坡威权政治研究》，南京大学出版社 2007 年版。

19. 陈祖洲：《新加坡："权威型"政治下的现代化》，四川人民出版社 2001 年版。

20. 张伯玉：《日本政党制度政治生态分析》，世界知识出版社 2006 年版。

21. 陈佩修：《军人与政治——泰国的军事政变与政治变迁》，台北中研院人社中心亚太区域研究专题中心 2009 年版。

22. 郭定平：《韩国政治转型研究》，中国社会科学出版社 2000 年版。

23. 陈鸣钟、陈兴唐主编：《台湾光复和光复后五年省情》上册，南京出版社 1989 年版。

24. 黄俊杰：《台湾意识和台湾文化》，台北，正中书局 2000 年版。

25. 李金河主编：《当代世界政党制度》，中央编译出版社 2011 年版。

26. 王瑞贺：《新加坡国会》，华夏出版社 2002 年版。

27. 杨鲁慧、杨光：《当代东亚政治》，山东大学出版社 2010 年版。

28. 周方冶：《王权、威权、金权——泰国政治现代化进程》，社会科学文献出版社 2011 年版。

29. 郑继永：《韩国政党体系》，社会科学文献出版社 2008 年版。

30. 茅家琦、徐梁伯、马振犊、严安林等：《中国国民党史》（上、下），鹭江出版社 2009 年版。

31. 周育仁、谢文煌主编：《台湾民主化的经验与意涵》，台北，五南图书出版公司 2011 年版。

32. 李非：《台湾经济发展通论》，九州出版社 2004 年版。

33. 李振广：《当代台湾政治文化转型探源》，中国经济出版社 2010

年版。

34. 贺圣达、王文良、何平：《战后东南亚历史发展 1945—1994》，云南大学出版社 1995 年版。

35. 李文主编：《东亚：政党政治与政治参与》，世界知识出版社 2007 年版。

36. 周东华：《战后菲律宾现代化进程中的威权主义起源研究》，人民出版社 2010 年版。

37. 李文、赵自勇、胡澎等：《东亚社会运动》，社会科学文献出版社 2009 年版。

38. 张应龙：《马来西亚国民阵线的组成与华人政党的分化》，载《华侨华人历史研究》2002 年第 2 期。

39. 王新生：《现代日本政治》，经济日报出版社 1997 年版。

40. 李文主编：《东亚：宪政与民主》，中国社会科学出版社 2005 年版。

41. 曹中屏、张链瑰等：《当代韩国史》，南开大学出版社 2005 年版。

42. 车哲九：《南朝鲜四十年》，中国展望出版社 1991 年版。

43. 董正华主编：《世界现代化历程——东亚卷》，江苏人民出版社 2010 年版。

44. 孙云：《台湾政治生态的变化与两岸关系》，厦门大学出版社 2009 年版。

45. 郑振清：《台湾：本土化推进民主转型》，内部交流稿 2011 年 5 月。

46. 赵勇：《台湾政治转型与分离倾向》，中央编译局出版社 2008 年版。

47. 王长江、姜跃主编：《世界执政党兴衰史鉴》，中共中央党校出版社 2005 年版。

48. 温北炎、郑一省：《后苏哈托时代的印度尼西亚》，世界知识出版社 2006 年版。

49. 应克复等：《西方民主史》，中国社会科学出版社 1997 年版。

50. 郭忠华、刘训练编：《公民身份与社会阶级》，江苏人民出版社 2007 年版。

51. 施雪华：《政治现代化比较研究》，武汉大学出版社 2006 年版。

52. 潘维：《法治与"民主迷信"》，香港社会科学出版社有限公司 2003 年版。

53. 蔡定剑：《民主是一种生活方式》，社会科学文献出版社 2010 年版。

54. 潘维、玛雅主编：《人民共和国六十年与中国模式》，三联书店 2010 年版。

55. 王绍光：《祛魅与超越》，中信出版社 2010 年版。

56. 王绍光：《民主四讲》，三联书店 2008 年版。

57. 王绍光：《安邦之道——国家转型的目标与途径》，三联书店 2007 年版。

58. 顾肃：《自由主义基本理念》，中央编译出版社 2003 年版。

59. 房宁：《民主政治十论——中国特色社会主义民主理论与实践的若干重大问题》，中国社会科学出版社 2007 年版。

60. 俞可平：《政治与政治学》，社会科学文献出版社 2003 年版。

61. 闫健编：《民主是个好东西——俞可平访谈录》，社会科学文献出版社 2006 年版。

62. 俞可平：《思想解放与政治进步》，载《北京日报》2007 年 9 月 17 日。

63. 俞可平：《增量民主与善治》，社会科学文献出版社 2005 年第 2 版。

64. 王长江、赵灵敏：《中国到了非大力推进民主不可的地步——对话王长江教授》，载《南风窗》2009 年第 22 期。

65. ［澳］何包钢：《协商民主：理论、方法和实践》，中国社会科学出版社 2008 年版。

66. 许纪霖、罗岗等：《启蒙的自我瓦解——1990 年代以来中国思想文化界重大论争研究》，吉林出版集团有限公司 2007 年版。

67. 郑永年：《中国模式：经验与困局》，浙江出版联合集团、浙江人民出版社 2010 年版。

68. 余逊达、徐斯勤主编：《民主、民主化与治理绩效》，浙江大学出版社 2011 年版。

69. 林震：《东亚政治发展比较研究——以台湾地区和韩国为例》，九州出版社 2011 年版。

70. 张凡：《当代拉美政治研究》，当代世界出版社 2009 年版。
71. 燕继荣主编：《发展政治学》，北京大学出版社 2010 年版。
72. 陈尧：《新兴民主国家的民主巩固》，上海人民出版社 2011 年版。
73. 陈尧：《新权威主义政权的民主转型》，上海人民出版社 2006 年版。
74. 蔡东杰：《民主的全球旅程——从欧洲走向世界》，五南图书出版公司 2009 年版。
75. 王浩昱：《欧美民主宪政之源流》，三民书局股份有限公司 2011 年版。
76. 王振锁等：《日本政治民主化进程研究》，上海三联书店 2011 年版。
77. 丛日云：《当代世界的民主化浪潮》，天津人民出版社 1999 年版。
78. 李景鹏：《权力政治学》，北京大学出版社 2008 年版。
79. 李景鹏：《挑战、回应与变革——当代中国问题的政治学思考》，北京大学出版社 2012 年版。
80. 周少来：《人性、政治与制度》，中国社会科学出版社 2004 年版。
81. 周少来：《制度之规、和谐之道——当代中国政党、国家与社会》，世界知识出版社 2010 年版。
82. 郭秋水：《当代三大民主理论》，新星出版社 2006 年版。
83. 郭定平主编：《文化与民主》，上海人民出版社 2010 年版。
84. 刘国深：《当代台湾政治分析》，九州出版社 2002 年版。
85. 杨贵言：《当代东亚问题研究简论》，人民出版社 2004 年版。
86. 青木昌言、吴敬琏编：《从威权到民主》，中信出版社 2008 年版。
87. 吴志攀、李玉主编：《东亚的价值》，北京大学出版社 2010 年版。
88. 贝淡宁：《超越自由民主》，上海三联书店 2009 年版。
89. 吕元礼：《亚洲价值观：新加坡政治的诠释》，江西人民出版社 2002 年版。
90. 李光耀：《李光耀 40 年政论选》，现代出版社 1996 年版。
91. 范若兰等：《伊斯兰教与东南亚现代化进程》，中国社会科学出版社 2009 年版。
92. 郭道晖：《社会权力与公民社会》，凤凰出版传媒集团、译林出版社 2009 年版。

93. 潘一禾：《生活世界的民主》，社会科学文献出版社 2010 年版。

94. 谢岳：《社会抗争与民主转型》，上海人民出版社 2008 年版。

二　中文译著

1. ［美］乔万尼·萨托利：《民主新论》，冯克利、阎克文译，世纪出版集团、上海人民出版社 2009 年版。

2. ［英］乔纳森·沃尔夫：《政治哲学导论》，王涛等译，吉林出版集团有限责任公司 2009 年版。

3. ［美］罗伯特·达尔：《民主及其批评者》，曹海军、佟得志译，吉林人民出版社 2006 年版。

4. ［美］科恩：《论民主》，聂崇信、朱秀贤译，商务印书馆 1988 年版。

5. ［英］杰弗里·托马斯：《政治哲学导论》，顾肃、刘雪梅译，中国人民大学出版社 2006 年版。

6. ［美］霍伊：《自由主义政治哲学：哈耶克的政治思想》，刘锋译，生活·读书·新知三联书店 1992 年版。

7. ［美］查尔斯·蒂利：《欧洲的抗争与民主（1650——2000）》，陈周旺等译，格致出版社、上海人民出版社 2008 年版。

8. ［美］亚当·普沃斯基：《民主与市场——东欧与拉丁美洲的政治经济改革》，包雅钧等译，北京大学出版社 2005 年版。

9. ［美］胡安·J. 林茨、阿尔弗莱德·斯泰潘：《民主转型与巩固的问题：南欧、南美和后共产主义欧洲》，孙龙等译，浙江人民出版社 2008 年版。

10. 塞缪尔·P. 亨廷顿：《变化社会中的政治秩序》，王冠华等译，三联书店 1988 年版。

11. 塞缪尔·P. 亨廷顿：《第三波——20 世纪后期民主化浪潮》，上海三联书店 1998 年版。

12. ［美］霍华德·威亚尔达：《新兴国家的政治发展——第三世界还存在吗？》，刘青、牛可译，北京大学出版社 2005 年版。

13. ［美］霍华德·威亚尔达：《比较政治学导论：概念与过程》，娄亚译，北京大学出版社 2005 年版。

14. ［美］西摩·马丁·李普塞特：《政治人——政治的社会基础》，

张绍宗译，上海人民出版社 1997 年版。

15. [美] 禹真恩编：《发展型国家》，曹海军译，吉林出版集团责任有限公司 2008 年版。

16. David Potter David Goldblatt、Margaret Kiloh Paul Lewis：《最新民主化的历程》，王谦等译，台北，韦伯文化国际出版有限公司 2003 年版。

17. [美] 霍华德·威亚尔达主编：《民主与民主化研究》，榕远译，北京大学出版社 2004 年版。

18. [英] 迈克尔·曼：《社会权力的来源》（第二卷·上下），陈海宏等译，上海世纪出版集团 2007 年版。

19. 弗拉季斯拉夫·伊诺泽姆采夫主编：《民主与现代化——有关 21 世纪挑战的争论》，徐向梅等译，中央编译出版社 2011 年版。

20. [澳] 约翰·芬斯顿主编：《东南亚政府与政治》，张镇锡等译，北京大学出版社 2007 年版。

21. [美] 詹姆斯·F. 霍利菲尔德、加尔文·吉尔森主编：《通往民主之路——民主转型的政治经济学》，何志平、马卫红译，社会科学文献出版社 2012 年版。

22. [日] 安世周：《漂流的日本政治》，高克译，社会科学文献出版社 2011 年版。

23. [印度尼西亚] 巴哈鲁丁·尤素夫·哈比比：《决定命运的时刻——印度尼西亚走向民主之路》，李豫生等译，世界知识出版社 2008 年版。

24. [美] 斯迪芬·海哥德、罗伯特·R. 考夫曼：《民主化转型的政治经济分析》，张大军译，社会科学文献出版社 2008 年版。

25. [澳] 约翰·芬斯顿主编：《东南亚政府与政治》，张镇锡等译，北京大学出版社 2007 年版。

26. 芭芭拉·沃森·安达娅、伦纳德·安达娅：《马来西亚史》，黄秋迪译，中国大百科全书出版社 2010 年版。

27. [韩] 徐仲锡：《韩国现代史 60 年》，朱政、孙海龙译，民主化运动纪念事业会 2007 年版。

28. [美] 戴维·K. 怀亚特：《泰国史》，郭继光译，东方出版中心 2009 年版。

29. [日] 升味准之辅：《日本政治史》（第四册），董果良、郭洪波译,商务印书馆1997年版。

30. [新加坡] 冯清莲:《新加坡人民行动党:它的历史、组织和领导》,苏婉蓉译,上海人民出版社1975年版。

31. [美] 易劳逸:《毁灭的种子》,王建朗等译,江苏人民出版社2010年版。

32. 史蒂文·德拉克雷:《印度尼西亚史》,郭子林译,商务印书馆2009年版。

33. [德] 戈特弗里特—卡尔·金德曼:《中国与东亚崛起——1840—2000》,张莹等译,社会科学文献出版社2010年版。

34. [日] 富永健一:《日本的现代化与社会变迁》,李国庆、刘畅译,商务印书馆2004年版。

35. [美] 阿图尔·科利:《国家引导的发展——全球边缘地区的政治权力与工业化》,朱天飚等译,吉林出版集团有限责任公司2007年版。

36. [美] 安德鲁·戈登:《日本的起起落落——从德川幕府到现代》,李朝津译,广西师范大学出版社2008年版。

37. [意] G. 萨托利:《政党与政党体制》,王明进译,商务印书馆2006年版,第56—81页。

38. [美] 熊彼特:《资本主义、社会主义和民主主义》,绛枫译,商务印书馆1979年版。

39. [美] 拉里·戴蒙德、理查德·冈瑟主编:《政党与民主》,上海人民出版社2012年版。

40. [英] 戴维·赫尔德:《民主的模式》,燕继荣等译,中央编译出版社1998年版。

41. John Dunn:《为什么是民主?》,王晶译,联经出版事业股份有限公司2008年版。

42. 约瑟夫·斯蒂格利茨、沙希德·尤素福编:《东亚奇迹的反思》,王玉清、朱文晖等译,中国人民大学出版社2003年版。

43. [美] 达龙·阿塞莫格鲁、詹姆斯·A. 罗宾逊:《政治发展的经济分析——专制与民主的经济起源》,马春文等译,上海财经大学出版社2008年版。

44. [美] 巴林顿·摩尔:《民主与专制的社会起源》,拓夫、张东东等译,华夏出版社1987年版。

45. ［英］约翰·邓恩编：《民主的历程》，林猛等译，吉林人民出版社1999年版。

46. ［美］道格·麦克亚当、西德尼·塔罗、查尔斯·蒂利：《斗争的动力》，李义中、屈平译，凤凰出版传媒集团、译林出版社2006年版。

47. ［美］查尔斯·蒂利、西德尼·塔罗：《抗争政治》，李义中译，凤凰出版传媒集团、译林出版社2010年版。

48. ［美］西德尼·塔罗：《运动中的力量——社会运动与斗争政治》，吴庆宏译，凤凰出版传媒集团、译林出版社2005年版。

49. ［美］查尔斯·蒂利：《民主》，魏洪钟译，上海世纪出版集团2009年版。

50. ［澳大利亚］琳达·维斯、约翰·M. 霍布森：《国家与经济发展——一个比较及历史性的分析》，黄兆辉、廖志强译，吉林出版集团有限责任公司2009年版。

51. ［美］塞缪尔·P. 亨廷顿等：《现代化：理论与历史经验的再探讨》，罗荣渠主编，上海译文出版社1993年版。

52. ［美］拉里·M. 巴特尔斯：《不平等的民主》，方卿译，上海人民出版社2012年版。

53. ［阿根廷］吉列尔莫·奥唐奈：《现代化与官僚威权主义》，王欢、申明民译，北京大学出版社2008年版。

三 英文著作

1. Adam Przeworski, *The game of Transition*, in Scott Mainwaring, Guillerno O'Donnell and J. Semuel Valenzuela, *Issues in Democratic Consolidation: The New South American Democracies in Comparative Perspective*, Indiana: University of Notre Dame, 1992.

2. Richard Gunther, Hans Jurgen Puhle and P. Nikiforos Diamandouros, *The Politics of Democratic Consolidation: Southern Europe in Comparative Perspective*, Baltimore: The Johns Hopkins University, 1995.

3. Guillerno O'Donnell and Philippe C. Schmitter, *Transition form Authoritarian Rule: Tentative Conclusion about Uncertain Democracies*, Baltimore: The John Hopkins University, 1986.

4. Dankwart Rustow, "*Transitions to Democracy*", Comparative Politics,

Vol. 2, 1970, pp. 337—363. Quoted David Potter et al. Democratization.

5. Peter Evens, *Embedded Autonomy: States and Industrial Transformation*, Princeton: Princeton University Press, 1995.

6. Temario C. Rivera, "*Transition Pathways and Democratic Consolidation in Post-marcos Philippines*", Contemporary Southeast Asia, Vol. 24, No. 3, 2002.

7. Rai Vasil, *Governing Singapore: Democracy and National Development*, St Leon ards : Allen and Unwin, 2000.

8. Andreas Ufen, "*The 2008 Elections in Malaysia Uncertainties of Electoral Authoritarianism*", Taiwan Journal of Democracy, Vol, 4, No, 1, 2008.

9. Jon S. T. Quah, Chan Heng Chee, Seab Chee Meow (eds), *Government and Politics of Singapore*, Singapore: Oxford University Pess, 1985.

10. Stanley Karnow, *in our image : America's empire in the Philippines*, New York: Random House, 1989.

11. Sukarno, "*Let Us Bury the Parties*," in Indonesian Political Thinking 1945 – 1956, ed Herbert Feith and Lance Castles Ithaca: Cornell University Pess, 1970.

12. The Supreme Council for National Reconstruction (SCNB), *History of the Korea Military Revolution*, Seoul: Publication Committeem 1961.

13. C. I. Eugene Kim and Young Whan Kihl, eds, *Party Political and Elections in Korea*, The Research Institute on Korean Affairs 1976.

14. Gregory Henderson, *Korea: The Politics of the Vortex*, Harvard University Press, 1968.

15. C. M. Tumbull, *A History of Singapore 1819—1988*, Singapore: Oxford University Press, 1998.

16. Gregory Henderson, *Korea: The Politics of the Vortex*, Harvard University Press, 1968.

17. Anderson, Lisa, ed. , *Transition to Democracy*, New York: Columbia Univiesity Press, 1999.

18. Young, Iris Marion, *Inclusion and Democracy*, New York: Oxford University Press, 2000.

19. Guillermo O'Donnell and Philippe C. Schmitter, *Transitions from Au-*

thoritarian Rule: Tentative Conclusions about Uncertain Democracies, Baltimore: John Hopkins University Press, 1986.

20. Steven Levitsky and Lucan Way, *Competitive Authoritarianism* . New York Cambridge University Press, 2009.

21. Larry Diamond, *Developing Democracy: Toward Consolidation*, Baltimore: John Hopkins Universiuty Press, 1999.

22. Geraint Parry and Michael Moran, (eds) *Democracy and Democratization*, New York: Routledge, 1994.

23. David Potter (ed.), *Democratization*, Polity Press, 1997.

后　记

民主生成难亦易!

　　书写完，付梓出版，如放飞的鸟儿，能飞多远，要看她的造化。
　　心存写作时的余温，不想写点什么，但似有不甘。静下心来，在这雪花飘飘的夜晚，漫谈多年来研读"民主"后的些许认知，作为心底的话，以敬读者，以慰自己，是为后记。
　　民主，源于文明需要，是生存和生活的需要。人类经过几千年血与火的权力争夺和探索，摸索出一整套从民主理念到民主制度，再到民主生活的政治文明规则，这便是现代民主体系。
　　这是人类政治智慧的千年结晶，你可以批评、质疑，甚至挑剔她的缺陷和困境，但在发明替代性的政体方案之前，我们需要尊重民主!
　　民主，源于"人为"的建构和遵守，而非源于自发或"本能"。人类作为社会性的群居动物，结伴而行，守望相助，需要不断重复的合作和博弈，合作者之间的权力关系如何安排？
　　除非你以暴力或权威为后盾，强制性地命令合作者，否则你就得和他协商，妥协你们之间的意见和利益分歧。这便是民主的最初场域，协商、妥协愈广愈深，民主愈广愈深。众人之事，众人共同决定与执行，这也许是"民主"的原初含义。
　　按其动物天性，弱肉强食，以强凌弱，才为"自然"。"人人皆为便衣皇帝"，出于人性"幽暗"，人人从根子上喜欢"独断"和"独裁"。所以，人类政治发展史上，有太多的君主专制、寡头统治和个人独裁，人类为此付出大得无法计算的生命代价和政治成本、社会成本。
　　经过无数次暴力革命和流血牺牲的惨痛教训，人类在政治变迁的暗道中摸索前行，什么是更为文明和有序的政治管理规则，什么是更符合人性和更尊重人权的政治文明秩序？
　　迫于人们之间的利益和权力冲突而又要"文明"地加以解决，"数人头"代替"砍人头","可以不流血地推翻政府",① 可以和平与平等地解决人们之间的权力诉求和利益纠纷，而不致使人类政治共同体"鱼死网破"。人类理智地、智慧地建构起"民主"，并被迫遵守"民主规则"。

这是人类在政治领域创造的最大"政治艺术"。民主，也许不是因为其能够给最大多数人带来"最大幸福"而可爱，而是其能够给最大多数人带来"最小罪恶"而必需。

在现代政治文明运作中，"民主是绞杀革命的最好武器",② 民主也是协调意见和利益分歧的最佳机制。

除非"江湖骗子"，谁人相信包治百病的"灵丹妙药"？对于"民主"来说依然，"民主能解决发展中一切问题"，就这一命题，无论是其支持者还是反对者，都需要好好反思一下其论说的动机是什么？其偏执与否？

推行民主，不一定能刺激经济发展，不一定能遏制腐败滥权，不一定能促进公平正义，更与工程师计算的"效率"和"效益"无关，"民主"何用？

民主是文明的"权力规则"，大到国家，中到组织，小到家庭，凡是涉及人们之间的意见和利益纠纷，除非暴力与强制，你要心平气和、理智有序地解决分歧，你就得运用某种"民主规则和程序"。

当然，只要你真心真意、诚心诚意地推行"民主"，这便是与"流血"和"暴力"相区别的原则问题，至于"民主"的实现方式，可以因地、因时、因事地相宜运用，"鼓掌通过""举手表决""平等票决""协商妥协"，甚至是"随即抽签、抓阄"等，都可以各适其宜，只要其过程不存在强制威胁、贿选贿赂、操纵控制；只要让"人民民主"，给人民以切实的"民主权利"，人民就可以发挥无穷的智慧，探索出无限的"民主实现方式"。

人民是否有切实可行、操作有效的法治化"民主权利"，是"真民主"与"伪民主"、"半民主"相区别的制度性标准。

把民主归结为"一人一票"，是无可救药的"简单化"，支持者认为

---

① [英]卡尔·波普尔：《猜想与反驳——科学知识的增长》，傅季重等译，上海译文出版社1986年版，第500页。
② 赵鼎新：《民主的限制》，中信出版社2012年版，第221页。

是"民主的标志",反对者认为是"混乱之源"。一人一票的普选,虽说可能是比"协商"、"举手"、"抽签"更易规范和操作的程序,更能达到公正地表达投票人意志,但也存在强人操控、金钱贿买、激化分歧等众多缺陷。其实,民主是比"一人一票"远为复杂和"纠结"的制度系统和生活方式。

自民族国家政治共同体规模中的近代民主萌发以来,经过几百年不断地修补与完善,现代民主体系,发展成一个制度互强、功能互补的宪政民主的系统体系。民主离不开公民权利、宪政制约、舆论监督和法治保障,从政治民主、经济民主、到社会民主,民主领域不断开拓,民主品质不断提升,民主不但关涉权力交接、权力监督和决策参与、利益协调等,也是日益扩展成为人们之间的交际模式和生活方式。

从民主的生成,到民主的巩固,是一个艰难复杂的"民主化"过程,是一步一步走过来的,尽管步伐有时快、有时慢。从最初的民主观念的萌发或接受,到政治权力运行规则的设计,到公民民主权利的行使,都有一个民主规则的准守、民主惯例的形成到民主生活的成熟的漫长过程。

这是一个从外在规范到内在习惯,从被迫接受到自觉服从,从政治权力到社会生活逐渐扩展和深化的艰难历程。一个"民主共同体",与其说是"民主政府"、"民主国家",不如说是"民主社会"。

民主社会,不仅仅只有"一人一票",更有自由的权利、平等的保护、公正的要求、公众的监督和法治的保障。从政治、经济到社会、文化,从家庭、社团到政府、国家,公共权力和公共生活都得服从民主的规则和法治的要求。这便是开放多元、诉求多样的现代社会的文明生活秩序。

理想往往是高远而美好的,而现实更多是残酷而无奈的。回顾东亚各国和地区的民主化历程,从日本的"民主起飞",到韩国、中国台湾地区的"紧随其后",再到泰国、菲律宾和印度尼西亚的"蹒跚而行",东亚"民主雁阵"悄然形成?是历史的必然?还是人为的必然?

伴随着西方列强殖民扩张的隆隆炮声,从古老封闭的王国沉睡中惊醒的东亚各国,被世界文明的大潮强行拽入了现代化的轨道。从殖民化、工业化到民主化,东亚各国的现代化进程艰难而曲折。但无论付出多少流血牺牲、付出多少代价成本,其间多少人奋身自杀、遭到暗杀和屠杀,多少人被监禁、被监控,各国人民似乎百折不回、殊途同归地走向"民主化",为什么？

180年前的托克维尔似乎找到了"根源"，这便是"身份平等"这个"源发性事实"[①]：身份平等的逐渐发展，是势所必至，天意使然。这即是民主化潮流不可阻挡的根本原因。在现代开放国家，再高傲或强势的人也不敢公开宣称自己比别人"身份高贵"，再顽固强权的国家也不敢公开攻击"人民主权"。

在现代社会，权利平等是不证自明的道德权利，具有天然的道德优势，人人平等参与公共权力与公共事务，便具有道德正当性和现实合理性。并且，人人平等参与、人人平等协商、人人平等决策，是保护每一个人意志和利益的根本途径。但在现代的大型民族国家，民主是直接民主与间接民主、选举民主与协商民主、政治民主与社会民主的结构互撑和功能互补。

民主生活，是一个必然性问题，民主化只是一个时间性问题。东亚各国由于不同的历史背景、发展阶段和现实任务，以各自不同的方式、不同的路径和不同的成本走向了民主化之路。当然，民主化之后的民主制度体系和民主模式也各有不同。

民主生成之难，难在民主观念更多的是个外来理念，在后发民主国家要有一个接受、消化和内在化的过程；难在后发现代化国家，最为紧迫的任务是稳定政局、发展经济和改善民生；难在民主选举的激励机制往往与民族和解、社会和谐存在紧张关系；难在民主文化和公民素质需要一个较长的培育和生成过程；难在从民主理念、民主权利到民主制度、民主生活有一个漫长的发育链条和生成环节。

民主生成之易，易在民主生成与经济发展水平并没有必然联系，穷人也可在一定程度上搞民主；易在民主可以是在民族国家规模中的"大幅民主"，也可以是在家庭、社团和"单位"中的"小幅民主"；易在高文化素质的人中可以搞民主，低文化素质的人中也可以搞民主，只要每个人知道自己的意见和利益是什么；易在只要统治者和民众具有足够的智慧和勇气，并有效地协调和合作。

限制民主生成的客观条件，可以列举无数，饿着肚子的民主，起码是低层次的民主。但民主的积极人为建构更为重要，需要威权统治者的智慧

---

① [法]马南：《民主的本性——托克维尔的政治哲学》，华夏出版社2011年版，第58页。

和宽容，需要人民民主要求的自觉和抗争。

民主不是自然的，也不是自发的，民主生成于统治者与人民的智慧与协调，民主生成中的基本规律是：威权统治者越是富于政治智慧，越是善于妥协协商，越是顾及国家政治现代化的必然趋势，越是容易主动主导民主化进程；反对派和民众越是理智和理性，越是采取非暴力和合作的态度，越是容易推动民主化；当然，威权统治者与反对派及其民众，在民主化的方向、目标和战略、策略上，越是合作协调、越是趋同一致，民主化进程就更为有序和顺利。

每个人都知道自己的意见和利益，凡是和你相关的公共权力与公共事务，允许你参与相关的决策制定和执行过程，并使你的意见和利益在相关的过程中，得到平等地尊重和保护，这一过程即是"民主"。在越来越广的范围、在越来越高的层次，启动和深化这一过程，即是"民主化"。

所以，民主生成并不难，从每一个人的身边做起，从家庭做起、从社区做起、从单位做起，从社团做起、从政府做起、从国家做起。让民众在民主中学会民主，让政府在民主中必须民主，让国家在民主中习惯民主。民主之树，生根、开花、结果。这才是"根"在人民中的民主，"活"在实践中的民主。

"民之所欲，天必从之。"
从"民之主"到"民主之"，一字之转化，民主化生成！
其间何难，其间何易！
但无论多么艰难、曲折，民主的生成及巩固，才能真正达成公民有尊严、政府有威信、国家有希望。

周少来
2012 年 12 月 20 日于北京